普通高等教育通识课规划教材
国家精品课程优秀教材

人际交往与沟通

Interpersonal Communication

孟庆荣　徐向春　主编

暨南大學出版社
JINAN UNIVERSITY PRESS
中国·广州

图书在版编目（CIP）数据

人际交往与沟通/孟庆荣，徐向春主编．—广州：暨南大学出版社，2016.5（2020.2重印）
（普通高等教育通识课规划教材）
ISBN 978－7－5668－1799－0

Ⅰ.①人…　Ⅱ.①孟…②徐…　Ⅲ.①人际关系学—高等学校—教材
Ⅳ.①C912.1

中国版本图书馆CIP数据核字(2016)第084992号

人际交往与沟通
RENJI JIAOWANG YU GOUTONG
主　编：孟庆荣　徐向春

出 版 人：徐义雄
策划编辑：苏彩桃
责任编辑：苏彩桃　曹　军
责任校对：李林达
责任印制：汤慧君　周一丹

出版发行：暨南大学出版社（510630）
电　　话：总编室（8620）85221601
　　　　　营销部（8620）85225284　85228291　85228292（邮购）
传　　真：（8620）85221583（办公室）　85223774（营销部）
网　　址：http：//www.jnupress.com
排　　版：广州联图广告有限公司
印　　刷：湛江日报社印刷厂
开　　本：787mm×1092mm　1/16
印　　张：14
字　　数：345千
版　　次：2016年5月第1版
印　　次：2020年2月第4次
印　　数：4501—6000册
定　　价：38.00元

编委会

主　编	孟庆荣　徐向春
副主编	陈万金　廖云姗
编　委	孟庆荣　徐向春　陈万金　廖云姗　高　敏　黄　键
	张庆丰　张永力　吴良勤　梁　勇　吴心灵　肖　征
	陈元姝　贺存乡　韩开绯　许贵研　雷　莉　蔡文君
	任小平　陈建国　王莉华　张　闯　吴海燕　叶海燕

前　言

曾经有人说过，在东方，人际关系是哲学；在西方，人际关系是资源。在中国传统文化传承中，人际关系的处理或者说为人处世是最重要的组成部分。儒家的“四书五经”中，充满了诸如“满招损，谦受益”“不迁怒，不贰过”“躬自厚而薄责于人”等东方智慧的有关为人处世的名言警句，一部《礼记》更是几千年来中国的知识分子乃至普通大众处理人际关系的最高准则。道家恬淡无为、旷达洒脱的人生态度中也不乏“夫唯不争，故天下莫能与之争”的处世原则，诸如苏秦、张仪之类纵横家则更是把处理人际关系的理论与实践发挥到了极致，而记录整个中华文明历史的“二十五史”中，因为各种复杂人际关系处理而改变个人命运甚至历史走向的史实典故更是比比皆是。西方则在20世纪初正式提出了“人际关系”一词并创立了人际关系论。从1924年到1932年，以梅奥（G. E. Mayo）为首的美国国家研究委员会与西方电气公司合作，在美国西方电气公司霍桑工厂进行了长达9年的实验研究——霍桑试验，并发现了霍桑效应，即一切由“受注意了”引起的效应，创立了人际关系学说。学说的奠基人梅奥教授认为，人际关系是人们在生产或生活活动过程中所建立的一种社会关系。这种关系会对人们的心理产生影响，并在人的心理上形成某种距离感。经过几十年的发展，人际关系学说在西方取得了长足的发展，不仅研究者日众，研究成果累累，成为一门独立完善的学说和商科类专业学生的必修课程，其研究成果也得到了商界人士的充分认可和肯定。

马克思曾经说过：“人的本质不是单个人所固有的抽象物，在其现实性上，它是一切社会关系的总和。”每个人从生下来那一天起，就需要面对各种各样的社会关系。在人生的每一个阶段，都需要主动或被动去处理各种各样的人际关系。这些人际关系处理得是否得当，不仅会影响到个人的身心健康与性格养成，更是直接影响到个人的事业发展与生活质量。据统计资料表明：良好的人际关系，可使工作成功率与个人幸福达成率高达85%以上；一个人获得成功的因素中，85%取决于人际关系，而知识、技术、经验等因素只占15%；某地被解雇的4 000人中，人际关系不好者占90%，不称职者占10%；大学毕业生中人际关系处理得好的人平均年薪比优等生高15%，比普通生高出33%！让在校的大学生系统地学习人际关系理论，掌握一些处理人际关系、提高自己的交际能力的知识和技巧，不仅是有用的，更是必要的。大学是人生最关键的学习阶段，也是年轻人正式踏入社会前的准备期，学好人际关系学，不但可以帮助他们更好地融入社会，更能够让他们在事业发展得更好、更顺畅。记得我在湖南师大读书期间，文学院的各位师长一直向我们传递一个观点：大学里面不仅要学会如何做学问，更要学会如何做人。这个做人当然不是指庸俗社会学里的“厚黑”理论那一套。师长们希望的是，我们在大学里面不仅仅要培养自己作为一名知识分子有所为有所不为的精神风骨，更要学会如何有理有节地处理好各种人际关系。师长们认为，良好的人际关系处理能力能够让学子们在学习的道路上更好地彼此学助和彼此促进，形成更好的学术氛围乃至校园文化，催化出更多优秀的学术团队，从而帮助更多的学生成才。从这个意义上来说，人际关系学说不仅仅是一种让学生去学习理解的理论知识，更是帮助学生在人生道路上走得更顺畅的一种实践指导。

曹雪芹《红楼梦》中有一联："世事洞明皆学问，人情练达即文章。"要学好人际交往与沟通这门学问，不仅要学好书本上的理论与知识，更需要在生活中不断地去观察和实践。对于一个尚未真正跨入社会的大学生来说，身边的师长就是他们很好的观察和学习对象。

本书由广州大学华软软件学院孟庆荣和徐向春两位老师担任主编，由陈万金和廖云姗两位老师担任副主编，由多位富有人际交往经验的教师承担写作任务，并在各章提供了丰富的交际案例与剖析。

由于作者学识所限，书中难免出现疏漏、不足，甚至错误，诚恳期望广大学生、教师同仁、专家学者提出宝贵意见和建议，以便我们及时改正，在此不胜感激！

编　者

2016年5月5日

目　录

第一章　人际交往与沟通概述

学习目标

（1）明确人际交往的概念和功能；

（2）识别人际交往的特点、原则以及人际交往与沟通的联系与区别；

（3）了解人际交往的模式与维度；

（4）掌握人际沟通的形式与功能；

（5）培养与社会各类人进行交往和沟通的能力。

当代社会各项事业的蓬勃发展，极大地促进了社会人际交往的全面发展。可以说，人与人之间的交际应酬不仅是出自个人本能的需要，也是个人适应社会交际发展进步不可或缺的有效手段。由此可见，具有较强的人际交往能力，是当代人立足于社会并求得发展的关键所在。

第一节　人际交往的相关概念

人与人之间的交往和沟通是一门学问，更是一种艺术。善于交往、懂得沟通的人大都是社交高手，他们不仅能够洞悉他人的内心，而且能够运用一定的心理与行为策略去迎合对方，成功与其交往，从而顺利完成交往目标。

一、人际

人际是社会中人与人之间的交际和交往的总称。人是社会的产物，也是社会的主体。人是社会化的人，每一个体的人均有其独特的生命背景、心理、思想、态度、个性、行为模式及价值观，人与人之间的交往对每个人的情绪、生活、工作起着不可或缺的作用，甚至对其所在组织的组织气氛、组织沟通、组织运作、组织效率，以及个人与组织的关系产生极大的影响。

二、人际交往

交往指人与人之间的往来应酬，通常指两人及以上通过语言、行为等表达方式进行交流思想、沟通情感、传递信息以及物质交换等的活动过程。

人际交往是两个及以上的人为了沟通交流有关生物基础性、心理基础性、物质基础性的信息和实物而相互作用、相互交换的过程。简而言之，人际交往就是在社会生活的活动过程中，人与人之间的交流思想、沟通情感、传递信息与相互作用、交换物质的动态过程。诸如《孟子·万章下》："敢问交际，何心也？"宋代朱熹《四书章句集注》："际，接也。交际，谓人以礼仪币帛相交接也。"汉代王符《潜夫论·交际》："语曰：人惟旧，器惟新，昆弟世疏，朋友世亲，此交际之理，人之情也。"宋代洪迈《夷坚乙志·承天寺》："既入试闱，昼减食，夜忘睡，与同院交际，无复笑语。"清代恽敬《文昌宫碑阴录》："天下之大，智者愚者，皆赫然于天人之交际、百神之呵护，则国家之大祉，百世之所以治安也。"

三、人际沟通

人们用于传递信息的媒介就是人际交往的工具，沟通是人们有意识、有目的、有组织地利用人际交往过程的工具和手段。

（一）人际沟通

人际沟通是指人与人之间的交往中彼此交流思想、感情、信息的双向互动过程。沟通主要通过言语、非言语等手段来实现。反过来说，人际交往的直接内在联系就是语言沟通。

（二）人际沟通要素

人际沟通要素包括信息源、信息、通道、目标、反馈、障碍和背景。

1. 信息源

信息源指拥有信息并试图进行沟通的人。沟通的过程通常由"人"发动，沟通的对象和沟通的目的通常也由人来决定。一般说来，信息源的权威性和经验、可值得信赖的特征、信息源的吸引力等都会影响整个沟通质量。比如，人们通常更愿意相信有关领域的专家传递的信息，也更愿意相信具有公正品质、公信力的信息传递者所传递的信息。

2. 信息

信息指信息源试图传递给目标靶的观念和情感，它们必须被转化为各种可以被别人觉察的信号，包括语言的和非语言的。语言信号既可以是声音的，也可以是形象（文字）的，运用语言进行沟通时，沟通各方必须具有共同的理解能力或经验。非语言信号包罗万象，比如人的身体姿态、表情动作、语言声调、人体距离等。

3. 通道

通道指沟通信息的传送方式。面对面的沟通与大众传播各有自己的特点。面对面的沟通除了具有语言或非语言本身的信号以外，沟通者的心理、情绪状态信息、背景信息以及时间快慢的反馈信息等，都容易使沟通双方的情绪被感染，从而产生不同的沟通效果。日常人际沟通中，人们接受的信息绝大多数都是通过视听途径而获得，所以日常发生的人际沟通也主要是指视听角度的沟通。

4. 目标

目标也称为目标靶，目标靶指沟通过程中的信息接受者。目标靶总是有一定程度的个体经验、情感和观念，所以，信息源发出的信息是否能够产生影响，还取决于目标靶是否注意、接收，是否将接收的信息进行编码、转译和理解，并储存在自己的知觉系统中。

5. 反馈

沟通过程是一个交互作用的过程，沟通各方不断地将自己对接收到的信息的反应再次提供给对方，使对方了解自己发送的信息所引起的反作用，了解对方是否接纳、理解了信息，接受信息后的心理状态是怎样的，从而根据对方的反应适当地调整自己，循环往复地发送信息，以便达到预期的沟通目的。

6. 障碍

障碍当然是产生于沟通过程中。障碍可能发生在任何一个环节，比如信息源可能是含糊其辞的、不真实的，发送的信息没有被对方有效、准确地编码，发送信息时选错了通道，目标靶没有能够对信息作出信息源所期望的反应等。另外，沟通各方之间缺乏共同的经验、背景等，比如语言不通、思维模式不同等，也可能很难实现有效的沟通。

7. 背景

背景指产生沟通的情境。背景是影响沟通过程的重要因素。沟通过程中，背景可以提供许多信息，也可以改变或强化语言、非语言本身的意义，所以，在不同的沟通背景下，即使是完全相同的沟通信息，也有可能获得截然不同的沟通结果。

四、人际交往与人际沟通的联系与区别

人是在一定的社会情境下群体生存的，脱离了群体，人将无法生存。原因很简单，自从人类起源，就发生着群体行为，而且人的任何行为都是建立在人与人的互动关系的活动中，因此，人际交往与人际沟通在人际互动关系活动中既有联系又有区别。

（一）人际交往与人际沟通的联系

1. 指向性相同

总体上，人际交往与人际沟通都属于人际关系体系中同一序列的概念与范畴，指向性目标的主体是一致的。

2. 动因相同

由于人际相互联系和相互作用的关系，人际交往与人际沟通共同构成人际关系互动、变化和发展的动力和源头，反之，人际交往与人际沟通推动了人际关系的互动、变化和发展。

（二）人际交往与人际沟通的区别

1. 内涵不同

人际交往包括“软性”和“硬性”两个层面，“软性”即通过言行举止的表达手段进行信息、思想、情感的交流互动，实现这种交往可能靠语言和非语言手段交往；“硬性”即通过物质交换进行交往。人际沟通则只是靠软性的语言和非语言手段进行互动沟通。

2. 互动范围不同

人际交往可以通过心理层面或物质层面进行互动；人际沟通则只是心理层面的语言与非语言的互动，因为人际沟通的本质纯属人的心理沟通。

第二节 人际交往的重要功能

人是一种社会性高级动物，人不可能脱离社会而独立存在。社会活动互动中，交往的重要性在于融洽的人际关系会缩短人与人心理上的距离，产生良好的心理效应；不良的社会关系会导致人的心理距离增大，产生不良的情绪反应。社会关系良好，人的心理就健康，发展潜能的机会亦随之提高。美国著名教育家卡耐基指出：一个人事业的成功，只有15%是由他的专业技术决定的，另外85%则要靠人际关系。人际交往的重要功能体现于以下几个方面。

一、获取信息的功能

获取信息也可称为信息资源共享，由于个人的活动范围有限，直接获取第一手信息资源的机会也就受到一定的限制，众多的信息大多是与他人建立良好的人际关系后在交往中获取的。人际交往比通过各种媒体获得的信息渠道更直接、信息内容更广泛、获取信息的速度更快捷。其实，社会的每个人都是一个信息源，如朋友、同学、熟人、邻居、亲戚、客户、部下、战友、同事、合作伙伴等，与之交往中，往往能够接收到直接的宝贵信息。

二、强化自我认知的功能

人贵有自知之明是自我认知的基本理念。人际间的交往是一种互动行为，交际中可以清楚地感知到人与人的比较，“择其善者而从之，其不善者而改之”（《论语·述而》）“不患人之不己知，患其不能也”（《论语·宪问》），以人为镜，不断取人之长补己之短；要正确看待别人对自己的评价，有则改之，无则加勉。“见贤思齐焉，见不贤而自省也”（《里仁》），比较中见“自省”，“自省”就是自我定性，总结自己的不足与差距，它能促进人的行为的改变。美国心理学家威廉·詹姆斯（William James）把自我认知分为三个要素：物质的自我，即自我的身体、生理、仪表等要素组成的血肉之躯；精神的自我，即对自己智慧、道德标准、心理素质、个性的认识，如自我的性格、气质、能力；社会的自我，即自己在社会关系中的名誉、地位、人际关系、处境等，也是自我在群体中的价值和作用，别人对自我的评价等。由此可知，人，通过与他人建立关系认知社会的自我，以增强自我评价，并作出及时的自我调节。

三、改善人际环境的功能

当今世界，人与人之间的交往日趋密切。生活于现代社会中的每一个体，其知识的积累，能力和水平的提高，以及事业的成功等，都离不开一定的社会条件，离不开与他人、集体、社会的交往。马克思指出：“一个人的发展取决于和他直接或间接进行交往的其他一切人的发展。”只有在广泛的交往中，每个人才可以用别人创造的物质文化和精神文化成果充实自己，使自身得到进步与发展。可以说，离开了交往环境，人就无法生存，更谈不上全面发展，因为在历史唯物主义看来，交往是人类特有的存在方式和活动方式。

四、增进身心健康的功能

古语云：“天时不如地利，地利不如人和。”正常的人际交往和良好的人际关系是人的心理正常发展、维持心理健康的基本前提。良好的人际关系可以使人产生安全感、亲和感、归属感和幸福感。当然，得到了心理上的慰藉、精神上的愉悦、情感上的满足，就能促进人的身心健康。正常的人际交往对于个体心理健康的意义，随着心理健康意识的广泛觉醒，更易于在日常生活实践中表象化地得到认识和意识。交往还是影响个体性格形成的重要因素，自然而然，一个人的个性越健康，与他人的交往的意愿越积极、频率越高，那么与他人的情感联系纽带就越宽厚、长久。与他人保持着良好的交往，有助于建立融洽的心理关系，更易于理解他人，接纳他人，容忍他人，更符合社会的期望和角色要求，从而发展为智力和人格正常的“社会人力资源”。

五、持续社会化的功能

人的社会化是个体在特定的社会环境中，学习、掌握和形成知识、技能、语言、态度、伦理、道德、规范，以及价值观等社会行为方式和人格特征，适应社会并积极作用于社会的过程。它是人与社会相互作用积累的经验结果。人际关系的发展和巩固依赖于交往的往复和深化，逐步摆脱以自我为中心的倾向，意识到他人和社会的存在，意识到自我在社会中的地位和责任，学会与人既和平相处又竞争，养成遵守公序良俗、法律法规以及伦理道德规范的习惯，从而自立于社会，取得社会的广泛认可，成为一个成熟的、正能量的社会化的“人”。并且人的一切实践活动和行为都必须通过社会关系形式表现出来。通过社会化，个体的人学习于社会中的标准、规范，以及价值和所期望的行为，人的社会化不是一个短期行为，而是持续到生命终点为止。

第三节　人际交往的特点

人际交往是人在共同的社会活动中，通过彼此相互接触，互通信息、知识与经验，以及进行欲望、态度、情绪的交流，从中吸取对方的长处和能量，从而增进友情与合作，彼此满足精神慰藉，实现自我价值，促进事业成功。任何人际关系的建立、发展、巩固、调整、改善都必须依靠社交活动的实践。

人际交往的主要特点包括目的性、社会性、复杂性、多重性和多变性。

一、目的性

人际交往是为了获得必要的生活资料而使用的生活协作手段，也是人获得精神上的愉悦和满足的方式，同时也是人世世代代遗传下来的安全感的需要。由此可见人际交往的重要性。在人际关系的建立和发展过程中，均具有不同程度的目的性。随着市场经济的推进，人际交往的目的性更为突出。

二、社会性

人是社会的产物，社会性是人的本质属性，是人际关系的基本特点。随着社会生产力的发展和科学技术的进步，人们的活动范围不断扩大、活动频率逐步增加、活动内容日趋丰富，人际交往的社会属性也不断增强。

三、复杂性

人际交往的复杂性体现于两个方面：一方面，人际关系是多方面因素联系起来的，且这些因素均处于不断变化的过程中；另一方面，人际关系具有高度个性化和以心理活动为基础的特点。因此，在人际交往过程中，由于人们交往的准则和目的不同，交往的结果可出现心理距离的拉近或疏远、情绪状态的积极或消极、交往过程的冲突或和谐、评价态度的满意或不满意等复杂现象。

四、多重性

人际交往的多重性是指人际关系具有多因素和多角色的特点。每个人在社会交往中扮演着不同的角色：一个女人可以在病人面前扮演医生角色，在工作岗位上扮演同事角色，在丈夫面前扮演妻子角色，在孩子面前扮演母亲角色等。在扮演各种角色的同时，又会因物质利益或精神心理因素导致角色的强化或减弱，这种集多角色、多因素的状况，使人际交往具有多重性。

五、多变性

人际交往的多变性是指人际交往活动没有一成不变的规矩，发生交往活动都是根据交际方的具体需要灵活确定，主要以与他人进行往来应酬、交流信息、沟通感情、建立联系、增进情意等人际交往活动为具体形式，随着社会的发展，生活节奏的加快，生存竞争的日趋激烈，人际关系随着年龄的增长、阅历的丰富、心智的成熟、工作环境与生活条件而变化，人际交往就会更加复杂多变。

第四节　人际交往的原则

人际交往既反映了人的存在方式，又显示出人在社会环境实践活动中的创造力，没有社会环境与人的同时存在，人与人之间的交往便不能存在。交际活动是为了满足人的各自需要，其实，这种需要的本质即是社会需要，因而其衡量标准只能使用社会尺度。无论社会意识形态是否相同，交际双方的利益是相互的，既要给予，又要受益。如果徒劳无获，交际就难以维持。因此，人际交往必须遵循如下原则：

一、平等尊重的原则

平等指在社会关系中，人与人之间在政治、人格、价值等方面处于同等的地位，享有同等的权利，“平等”是不可剥夺的“天赋人权”，就人的平等而引申出的要求：一切人或至少是一个国家的所有公民，或一个社会的所有成员在社交场合中，都应当有平等的社会地位。

尊重指敬重或重视。在社会交往中的尊重包括两个方面：自尊和尊重他人。自尊就是在各种社交场合都要尊重自己，维护自己的形象尊严，尊重他人就是要尊重别人的生活习惯、兴趣爱好、人格与价值等。人的内心都渴望得到他人的尊重，也只有首先尊重他人，然后才能赢得他人的尊重。尊重他人是当今社会的一种高尚美德，是个人内在修养的外在表现，尊重他人是一种文明的社交方式，是顺利开展工作、建立良好社交关系的基础。诸如对人诚实守信、不盛气凌人、不戏耍捉弄人、不欺凌羞辱人，真所谓“骗人一次，终身无友”，同时还表现为对他人的正确认知、相信他人，只有付出尊重，方能使双方心心相印，关系越加密切，友谊地久天长。无论是“公交”还是“私交”，尊重都是人与人相处的人间正道。

二、互利互惠的原则

人际交往永远是双向互动的关系。互惠互利包括物质和精神两个方面。受中国传统伦理观念的影响，人们在社会交际中更愿意重视人情味，而忌讳功利目的。事实上，人与人之间的交际需求是多层次的，包括礼仪交际、利益交际和精神交际。现实社会交际中的人，有时是为了满足物质需求，有时是为了满足精神需求。换言之，人际交往最基本的动机，就是希望从交往对象那里获取自己需求的物质上的或精神上的满足。因此，按照社会交际互利互惠原则，良好交际应采取的策略是既要感情，也要功利。而且社会交往的延续且不断加深的一个必要条件是：交往双方的需求和需求的满足必须保持平衡。也就是说，人际交往的发展要在双方需求平衡、利益均等的条件下才能进行下去。积极付出，才能满足交往对象的需要，老子《道德经》中说，“将欲取之，必先予之”，只有这样，才能交到对我们有帮助的朋友。《礼记·曲礼上》：“往而不来，非礼也；来而不往，亦非礼也。”只有单方获得好处的社会交际是无法维持久远的。

三、宽容自律的原则

宽容即宽厚、包容、原谅。《不列颠百科全书》解释为：允许别人自由行动或判断；耐心而毫无偏见地容忍与自己的观点或公认的观点不一致的意见。《现代汉语词典》解释为：宽大有气量，不计较或不追究。例如《庄子·天下》说：“常宽容於物，不削于人，可谓至极。”《宋书·郑鲜之传》：“我本无术学，言义尤浅，比时言论，诸贤多见宽容。”在社会交际中，要容许他人采用个人行动和独立进行自我判断的自由。对不同于自己、不同于大众的行为容忍大度，不必要求他人与自己完全保持一致。宽容是最美丽的一种情感，也是一种良好的心态，宽容更是一种崇高的境界。

自律即自我约束与自我检查监督。自律是自我控制、自我反省，加强自身应对社会交际复杂关系的自我约束能力。

宽容自律的原则是要求人们在社会交际活动中，既要严于律己，更要宽以待人。主动与人交往，广交朋友、交好朋友，释放善意，不但结交与自己相似的人，还要结交与自己性格相异的人，求同存异、互学互补，处理好竞争与相容的关系，在取长补短中不断完善自己。

四、发展进步的原则

发展即建立在社会交际当事方相互协调和相互配合的基础上的一种促进关系，其宗旨是能够满足当事方的可持续发展需求。社会交际中的人际关系的发展和巩固依赖于交往的深化和可持续发展。

进步即社会交际当事方的相互关系不断向前发展，比原来的关系更好。

处于社会关系中的各方在立足现实、面向未来、广结善缘，从现实出发，向和谐发展的理想关系目标前进，是用发展进步的眼光来看事待人，因为现代社会的人都处在相互联系、相互制约、相互作用、相互影响的动态发展之中，社会日新月异的变化，能够培养人对事物的预见性、前瞻性和变异性的认识。切不可用停滞、片面的观念来看人待事，“用完你拉倒”“过河拆桥”“卸磨杀驴”和“用人脸朝前，不用人脸朝后”的行为是恩断义绝的做法，会堵死交友之路。

随着我国经济、社会、文化、伦理观念的不断发展进步，人们的社交理念、交友技能也在发生变化。建立健康的社交网络愈加成为人们追求的正向目标，从根本上说，决定社会交际关系走向的关键因素是人的交际理念的发展进步、升华，以及为社会交际的发展进步注入新的能量和新的内涵，以促进人与人、人与社会的和谐发展进步。

第五节　人际交往的模式与维度

德国心理学家马库斯·海因里希斯（Markus Heinrichs）在一项研究中得出结论：“我们从以前在实验室进行的研究中就已知道，遭遇压力情形之前和一个值得信任的人建立良好的社会关系可减轻压力反应。显然，应对策略根深蒂固，所以人在遭遇压力后可通过积极的社会行为改变压力反应。”

美国心理学家约翰·霍兰德（Holland）提出了职业性向理论，把职业类型和人格类型分成六大类：社会型、管理型、常规型、现实型、调研型、艺术型。比如说，他认为“社会型”的人喜欢与人交往、不断结交新朋友、擅长言谈，关心社会问题，寻求广泛的人际关系，渴望发挥自己的关系作用，看重社会道德。

一、人际交往模式

人际交往是一个通过语言、行为等表达方式进行交流意见、思想、情感、信息以及物质交换的复杂社会活动过程，通常在两人及以上者间进行，交往各方不外乎个体与个体、个体与群体、群体与群体的关系，其交互间呈现出不同的交往模式。

（一）个体与个体的交往模式

个体与个体的交往模式是指个人与个人之间的直接交往，此种交往模式的交往对象单一，目的明确，互动过程简单。如老师与学生的个别谈话、领导电话答复职员的问询、销售人员登门向客户推销产品等均属于此类交往模式。

（二）个体与群体的交往模式

个体与群体的交往模式是指个人与一群人之间的直接交往，此种交往模式的交往对象是一个群体，交往目的往往复杂，互动间可能存在特殊需求，互动过程持续时间较长，沟通程序存在曲折多变的可能。如亲朋好友举行盛大宴会上的交际、部门领导在大会上与员工的对话与讨论、单位竞选会议上的讲演等均属于此类交往模式。

（三）群体与群体的交往模式

群体与群体的交往模式是指群体与群体之间的直接交往，此种交往模式的交往对象众多，话题多，交流互动过程复杂，持续时间更长，沟通结果难度增大。如甲乙丙多方的商务谈判，国事团体的互访，企业间的科研合作交流等均属于此类交往模式。

二、人际交往维度

生活方式的现代化，社会环境的开放状态，致使人们交往频繁，人际关系对人们的生活、学习、工作以及人格的健全发展都起着重要作用，对人的行为及人与人之间的交往，都会产生着积极或消极的影响。

人际间的交往维度呈现三个层面：礼仪层面、利益层面和精神层面。古希腊伟大的哲学家、科学家和教育家亚里士多德曾说过："人看重三件事：令人愉快的事；有用的事；本身卓越的事。""礼仪、利益和精神"正是现代社会的人无比看重的三件事。

（一）礼仪交往

礼仪交往只是通过礼貌礼节表示尊重，这种让彼此在感官上得到的愉悦只是人际交往接触中的浅层次关系，还没有涉及金钱与利益，也没有建立正常感情，更谈不上精神上的共鸣与相融。礼仪交往是初步的、外观的、表象的、肤浅的，还没有触及实质性的、本质性的问题，但它给人留下值得深刻铭记的第一印象，是进一步交往的先决条件。没有这一先前步骤，后续的实质性问题也就无从进展，进一步交往也就受到阻碍和限制。

（二）利益交往

利益交往是指以物为媒介的人与人的交往关系，换言之是指围绕着物质利益而建立并发生的人与人之间的经济关系，其核心是物质利益。利益是交往关系中的重要条件，当两个及以上的人作为利益主体存在时，所结成的利益关系就会成为每个人的各自行为，即利益主体之间的互动。交际实践中，从每个活生生的人到大小规模不等的社会组织，任何人和社会组织都不能没有衣、食、住、行等方面的基本生活资料的利益追求。其实，绝大多数人是工作业务上的交往，利益交往实际上是通过搞好人际关系把事情办妥办好。

（三）精神交往

精神交往是指以发自"心灵、头脑"的想法通过"语言与行为"为媒介的人与人的交往关系，如思想和情感交往等。相对于利益交往来说，思想交往是人们特有的价值观、意识等的相互沟通、理解、共识、支持等，情感交往是人们特有的喜、怒、哀、乐等情绪的相互慰藉、相互挂念、相互祝福等。思想情感的关系是在交往过程中自然产生、水到渠成的。思想和情感的建立，首先要舍得感情投资，对别人倾注感情，别人也会给予相应的回报，感情交往将使人际关系更加融洽，这不仅有利于工作，更对身心健康大有裨益。思想和情感交往是人际交往中最高层次的交往，人际关系当然也是最深层次的关系。

第六节　人际沟通的手段与功能

人们必须借助某种媒介来传递信息，从而交流思想、沟通感情并相互影响，以此达到人际交往的目的。

一、人际沟通的手段

人际沟通的要素为交流行为，交流行为即语言交流行为，包括言语沟通因素和非言语沟通因素。

（一）言语沟通

人际沟通的媒介之一就是“说话”，就广义而言，它是一套沟通符号、表达方式、交流规则的系统。符号通常指文字，它以视觉、声音或者触觉方式来进行传递。严格意义上说，语言是以语音为物质外壳，以词汇为建筑材料，以语法为结构条件而构成的符号系统及信息载体，是人类重要的思维和交流工具。处于先进社会中的人都必须通过学习获得使用语言进行沟通的能力。当然，人们就是利用某种语言进行交往与交流活动的，同时，长此以往，也就形成了自己的个人的言语风格。

言语沟通建立在语言文字基础上，又分为有声口语式沟通、书面式沟通、电子介质式沟通三种形式。

1．有声口语式沟通

有声口语式沟通即口语式沟通，是指运用口头有声语言作为载体进行沟通。有声口语是人们最直接、最方便、最快捷，也是最广泛和重要的交际工具。有声口语沟通方式十分灵活，交际中绝大部分的信息都是通过口头传递的。它既可以是两人间的聊天，也可以是群体中的高谈阔论；既可以是商战中的谈判，也可以是非正式的促膝长谈。它可以采取人与人之间面对面的直接方式进行沟通，也可以通过通信工具作为载体的间接方式进行沟通，如电话、微信等。

2．纸质书面式沟通

纸质书面式沟通即运用无声纸质书面语言作为载体进行沟通，是相对于有声口语而言的。纸质书面式沟通没有口语那样面对沟通对象直接表达，这就要求纸质书面式沟通要想方设法使读者有欲望读下去，并保证表达能够被理解，即所谓的“引人入胜”。

3．电子介质式沟通

电子介质式沟通即运用电子介质作为载体进行语言沟通，这是与上述两种沟通方式相对而言的，它可以是有声语言的，如微信、电话等；也可以是无声语言的，如 E-mail、QQ、电报、传真等。

值得注意的是，针对上述三种沟通方式，我们必须颠覆传统的认知观念，即现代化的电子介质作为载体时，只界定为传统的“口头语”与“书面语”两种方式，已经不能科学、严谨地覆盖言语沟通方式的含义了。因为有时某种沟通方式已经兼顾了两种沟通性质。

（二）非言语沟通

言语属于人的理性活动，人们会因说话时所处的环境、气氛以及交谈者的背景不同而说出不同的话来，可能是违心、相反的话，也可能是由于害羞、内疚、尴尬、惊慌而说出语义不完整的话。因此，言语不一定能坦率地表现出每个人的内心世界，人们往往还借助非言语沟通的交往手段来传递一些微妙的信息。非言语沟通交往手段主要是指借助于其他手段来传递有关的信息，这就是非言语沟通交往。

（三）言语沟通与非言语沟通的关系

言语沟通与非言语沟通在人际沟通中往往是相互依存和互为补充的。有时言语沟通的作用大些，有时非言语沟通的作用大些。近些年来，社会心理学家越来越强调非言语沟通的作用。例如，美国人类学家雷·伯德威斯特尔（Ray Birdwhistell）认为，言语在交谈中只表达不超过 35% 的信息。美国传播学家艾伯特·梅拉比（Albert Mehrabian）给出过这样的公式：“信息的全部表达 =7% 语调 +38% 声音 +55% 肢体语言”。把声音和肢体语言都作为非语言交往符号，人际交往和销售过程中信息沟通就只有 7% 是由言语进行的。进一步解读公式的意思为：情绪信息的 7% 是通过言语表达的，55% 由视觉符号传递，38% 由副言语符号传达。虽然上述数据不见得十分准确，但也说明了言语沟通与非言语沟通是同时存在于人际沟通之中的事实。

（注：“言语沟通”和“非言语沟通”的内容将在本书第五章进行详细阐述）

二、人际沟通的特点

（一）主动性

在人际沟通中，沟通方均有着各自的动机、目的与立场，都设想和期望自己发出的信息会得到回应。因此，沟通各方都处于积极主动的状态，在沟通过程中发生的不局限于单纯的信息流动，而是信息的积极交流、理解与回应，以致沟通的循环往复。

（二）共存性

人际沟通借助言语和非言语两种手段，而这两种手段往往被同时使用。由于沟通不竟的简单与复杂的迥异，二者有时可能相互配合一致，有时也可能相互矛盾。

（三）动态性

人际沟通是一个动态系统，沟通方都处在不断的相互作用之中，刺激与反应互为因果，如张三的沟通言语是对李四的沟通言语的反应，同时张三的沟通言语也是对李四的回激，以致沟通的循环往复。

（四）系统性

人际沟通中，沟通方有着统一的或近似的编码系统和译码系统。这不仅指沟通方应有相同的词汇和语法体系，也要对语义有相同或相近的理解。语义在很大程度上依赖于沟通场合、沟通主体（人）、沟通情境和社会背景，尤其是沟通场合和沟通主体的社会、政治、宗教、职业和地位等的差异，都会对语义的理解产生影响。

三、人际沟通的功能

人际沟通是人与人之间的信息、感情、思想交流的过程。根据 F. 但斯和 C. 拉森的观点，人际沟通有以下功能，即连接功能：在一个人和其所处的环境之间起一种与他人的连接作用；精神功能：通过人际沟通，人们能够满足精神需求，以及可以参照他人的想法有效地修正自身心态和思想，更好地作出自我决策；调节功能：在前两点基础上，人际沟通可以协调人与人之间的行为。综合以上观点，人际沟通的功能可以归纳如下：

（一）心理功能

人为了满足心理需求而与他人沟通。美国心理学家马斯洛曾指出："如果一个人被别人抛弃或拒绝于团体之外，他便会产生孤独感，精神受到压抑，严重的还会产生无助、绝望的情绪，甚至走上自杀的道路。"事实上，与他人沟通后所得的互动结果能够满足心理需求。

【案例赏析】

人情味儿

日本有一家叫木村事务所的企业想扩建厂房，他们看中了一块近郊土地意欲购买。同时也有其他几家商社也想购买这块地。木村事务所董事长木村前后半年多次登门，费尽口舌，但该块土地的所有者——一位倔强的老寡妇，说什么也不卖。

一个下雪天，老太太进城购物顺便来到木村事务所，她本想告诉木村先生让其死了那份心。老太太推门刚要进去，突然犹豫起来，原来屋内整洁干净，而自己脚下的木屐沾满雪水，肮脏不堪。正当老人欲进又退时，一位年轻的小姐出现在老人面前："欢迎光临！"小姐看到老太太的窘态，马上回屋想为她找一双拖鞋，不巧正好没有了。小姐便毫不犹豫地把自己的拖鞋脱下来。整齐地放在老人脚前，笑着说："很抱歉，请穿这个好吗？"老太太犹豫了：她不在乎脚冷？"别客气，请穿吧！我没有什么关系。"等老人换好鞋，小姐才问道："夫人，请问我能为您做些什么？""哦，我要找木村先生"，"他在楼上，我带您去。"小姐就像女儿扶母亲那样，小心翼翼地把老太太扶上楼。于是，老人就在要踏进木村办公室的一瞬间改变了主意，决定把地卖给木村事务所。老人后来告诉木村先生说："在我漫长的一生里，遇到的大多数人是冷酷的。我也去过其他几家想买我地的公司，他们的接待人员没有一个像你这里的职员小姐对我这么好，你的女职员年纪这么轻，就对人那么善良、体贴，真令我感动。真的，我不缺钱花，我不是为了钱才卖地的。"就这样，一位大企业家倾其全力交涉半年也徒劳无功的事情，竟然因为一位女职员有礼而亲切的举动而无意促成了，真是奇妙之极。

（二）社会功能

人是社会的人，人也只有通过社会平台才能维持和发展与他人的关系，借助沟通从而减少和降低群体人际的冲突概率，促进人际关系的改善，协调人际间的行为，提高交际效率以达成既定目标。

（三）决策功能

人在交往和沟通活动中，无时无刻不在进行着“决策”行为。沟通能够实现决策过程中的资讯交换和影响他人的功能。

本章小结

（1）人际交往指人与人之间的往来应酬，通常指两人及以上通过语言、行为等表达方式进行交流思想、沟通情感、传递信息以及物质交换等的活动过程。

（2）人际沟通是指人与人之间的交往中彼此交流思想、感情、信息的双向互动过程。沟通主要通过言语、非言语等手段来实现。人际沟通要素包括信息源、信息、通道、目标、反馈、障碍和沟通背景。

（3）人际交往与人际沟通既有指向性和动因的联系，又存在着内涵和互动范围的区别。

（4）人际交往的重要功能是获取信息的功能、强化自我认知的功能、改善人际环境的功能、增进身心健康的功能、持续社会化的功能。

（5）人际交往的主要特点包括人际交往的目的性、人际交往的社会性、人际交往的复杂性、人际交往的多重性、人际交往的多变性。

（6）人际交往的原则是平等尊重的原则、互利互惠的原则、宽容自律的原则、发展进步的原则。

（7）人际交往的模式分别为：个体与个体的交往模式、个体与群体的交往模式、群体与群体的交往模式。

（8）人际交往的维度是礼仪交往、利益交往和精神交往等三个维度。

（9）主动性、共存性、动态性和系统性是人际沟通的特点。

（10）人际沟通的功能有心理功能、社会功能和决策功能。

关键术语

人际、人际交往、人际沟通、社会化、交往模式、交往维度

案例分析

案例描述：杜明明与曲孝是某大学大二的学生，来自同一个城市，学习同一个专业，又同住一个宿舍。入学第一天，两人就成了互相依靠的好朋友。杜明明活泼开朗，心里不藏事儿，曲孝性格内向，从不多言多语。杜明明于第二学年就竞选上了学院某社团的部长，每天忙得不可开交，而曲孝却每天宅在宿舍抱着书本学习，而不愿参加任何活动，每当有活动杜明明都强拉曲孝，而曲孝几次都是勉强参加，且路途中曲孝还背着杜明明逃跑了，几次下来杜明明就不再强拉曲孝，两人的心理距离越来越大。曲孝心里很不是滋味，她认为杜明明处处都比自己强，占尽风头，时常以冷眼对杜明明。第六学期，杜明明参加一次国家级专业竞赛竟然获得大奖，曲孝听说这一消息先是悲不自胜，而后心中着火一般，趁杜明明不在宿舍之际将她的获奖牌匾故意扔到门口的台阶上。杜明明回来发现后，就知道是曲孝干的，却百思不得其解曲孝为什么这样没有良心？

原因分析：两人由开始的好朋友到最终反目的变化令人十分惋惜。引起这场悲剧的根源，关键是两个字——嫉妒。

解决方法：嫉妒心理是损人损己的病态心理，如何克服呢？一是认清嫉妒的危害，二是友谊要靠双方共同维护。

思考与辩论

(1) 人际交往的重要功能是怎样的？

(2) 人际交往和人际沟通的特点是什么？

(3) 举例说说人际交往和人际沟通的联系与区别。

(4) 利用自身实例，说说如何理解人际沟通的决策功能？

(5) 人际交往应遵循哪些原则？

(6) 举出实例，说说如何掌握人际交往的多变性？

(7) 人际交往中存在几种常态模式？

(8) 如何理解人际交往的三个维度。请将教育家亚里士多德所说的“人看重三件事”联系起来进行辩论。

第二章　人际交往与沟通理论

学习目标

（1）明确世界著名的人际交往与沟通的重要理论；

（2）识别各理论学派的代表人物的学说及其内容的异同；

（3）了解人际交往心理学、人际交往语言学、交际文化学的核心概念；

（4）掌握各理论学派学说知识及人际交往心理学和语言学在社会实践中的功用；

（5）学会运用人际交往与沟通理论指导自己的社会交往实践。

自19世纪至今的一百多年间，世界各国陆续涌现了一大批关于人际交往、人际沟通、社会交际相关的理论流派及其学说。诸如美国社会心理学家、哲学家、现象学家阿尔弗雷德·舒茨的“人际关系理论”；美国社会学家乔治·卡斯帕·霍曼斯的“社会交换理论”；美国社会学家彼得·布劳的“社会交换论”；美国心理学、社会学家乔治·埃尔顿·梅奥的“人际关系理论”；美国社会心理学家、人格理论家、人本主义心理学家亚伯拉罕·哈罗德·马斯洛的“需求层次理论”；德国社会学家、哲学家、思想家尤尔根·哈贝马斯的“交往行为理论”；美国社会心理学家莫顿·多伊奇的“社会相互依赖（合作与竞争）理论”等。

第一节　理论学派及其学说

虽然相关学说中有的不是单纯论述“人际沟通、人际交往和社会交际”理论，但其学说的内涵或多或少与“人际交往、人际沟通、社会交际”的实践有所关联且富含现实的践行价值。以下逐一介绍：

一、阿尔弗雷德·舒茨的人际关系理论

美国社会心理学家、哲学家、现象学家阿尔弗雷德·舒茨于1958年提出“人际关系理论”（人际需求三维理论），他认为，每一个体在人际互动过程中，都有三种基本的需求，即包容需求、支配需求和情感需求。这三种基本的人际需求决定了个体在人际交往中所采用的迥异的行为，以及如何描述、解释和预测他人行为。

（一）阿尔弗雷德·舒茨简介

阿尔弗雷德·舒茨（Alfred Schutz，1899—1959），社会心理学家、哲学家、现象学家，出生于奥地利，早年从师于胡塞尔门下学习现象学。第二次世界大战爆发后，德国吞并了奥地利。舒茨被迫于1939年移居美国，直至去世一直居住在纽约市。期间，他在担任银行法律顾问的同时，还在社会学研究新学院讲授社会学理论教程，传播其现象学的社

会学思想。直至1953年，舒茨才放弃这种双重职业生涯，专心致力于现象学的教学和著述，1959年病逝。尽管舒茨生前没能进入美国主流的社会学界，对当时美国社会学的发展影响不大，但他去世后，其遗著及其学生的著作却对社会学的发展产生了深远影响。其中舒茨的主要著作有《生活世界的现象学》（1934）、《舒茨文选》（1962—1966）、《社会世界构成的现象学》（1974）、《生命形式和意义构造》（1982）。

（二）阿尔弗雷德·舒茨的人际关系理论

阿尔弗雷德·舒茨的人际关系理论植根于人的基本需求（人际需求三维理论），包括包容、支配和情感三种基本需求。

1. 包容需求

包容需求指个体想要与人接触、交往，隶属于某个群体，进而与他人建立并维持一种满意的相互关系的需求。在个体的成长过程中，如果社会交往的经历过于单纯，诸如父母与孩子之间缺乏正常的交流沟通，同时孩子与同龄伙伴也缺乏适量的交往沟通，那么，孩子的包容需求就没有得到满足，他就会与他人形成否定的相互关系，产生不安与焦虑，于是就倾向于形成较低的社会行为，在行为表现上倾向于内部言语，倾向于摆脱相互作用而与人保持一定的距离，厌烦和拒绝参加群体活动。如果个体在早期的成长经历中社会交往过多，包容需求得到过分满足，他又会形成超社会行为，在社会人际交往中就会过分地寻求与他人接触、寻求他人的注意，过分地热衷于参加群体活动。反之，如果个体在早期能够与父母或他人进行有效的、适当的交往，他们就不会产生焦虑和烦躁，而会形成适当的社会行为，这样的个体就会按照具体的情境来决定自己的行为，决定自己是否应该适当参与群体活动，并形成适当的社会行为。

2. 支配需求

支配需求指个体控制别人或被别人控制的需求，是个体在权力关系上与他人建立或维持满意的人际关系需求。个体在早期生活经历中，如果是成长于既有要求又有自由度的民主气氛环境里，就会形成既乐于顺从又可以支配的民主型行为倾向，他们能够顺利解决人际关系中和控制有关的问题，能够根据实际情况适当地确定自己的地位和权力范围。而如果个体早期生活在高度控制或控制不充分的情境里，他们就倾向于形成专制型的或是服从型的行为方式。专制型行为方式的个体，表现为倾向于控制别人，但却绝对反对别人控制自己，他们喜欢拥有最高统治地位，喜欢为别人作决定。服从型行为方式的个体，表现为过分顺从、依赖别人，完全不懂支配别人，不愿意对任何事情或他人负责任，在与他人进行交往时，此类人甘心充当配角。

3. 情感需求

情感需求指个体爱别人或被别人爱的需求，是个体在人际交往中建立并维持与他人亲密的情感联系需求。在早期经验中没有获得爱的满足时，个体就会倾向于形成较低的个人行为，他们表面上对人友好，但在个人的情感世界深处与他人保持距离，总是避免亲密的人际关系，如果个体在早期经历中被过于溺爱，他就会形成超个人行为，这些个体在行为表现上，强烈地寻求爱，并总是在任何方面都试图与他人建立和保持情感联系，过分期望自己与别人有亲密的关系，而在早期生活中经历了适当的关心和爱的个体，则能形成适当的个人行为，他总能适当地对待自己和他人，适量地表现自己的情感和接受别人的情感，也不会产生爱的缺失感，他们自信会讨人喜爱，而且能够依据具体情况与别人保持一定的距离，也可以与他人建立亲密的关系。

也就是说，人际关系需求决定个体与其社会情境的联系，如不能满足，可能会导致其心理障碍，甚至产生更严重的问题，对于这三种基本的人际需求，人们有主动表现和被动表现两种形式，二者相互补充。

（三）基本的人际关系倾向

舒茨认为，基于包容需求、支配需求和情感需求的人际关系需求可以转化为人的行为动机，使个体产生行为倾向，表现为主动与被动两种情况。六种人际关系的行为倾向为：

（1）主动包容式：主动与他人联系交往，积极参与社会活动。

（2）被动包容式：期待他人接纳自己，孤独感强烈，被人邀约往往退缩。

（3）主动支配式：喜欢控制他人，能够运用权力管理他人。

（4）被动支配式：期待他人引导，愿意追随他人，依赖感强烈。

（5）主动情感式：表现对他人喜爱、友善、同情、亲密，帮助他人感到愉快。

（6）被动情感式：对他人冷淡，负面情绪较重，但期待他人对自己亲密友好。

综上所述，舒茨的人际关系需求理论在解释群体形成与群体分解中提出的群体整合原则，即群体形成的过程开始是包容，而后是控制，最后是情感。这种行为循环往复。群体分解的原则是反其序，先是感情不和，继而失控，最后难以包容，导致群体分解。舒茨的人际关系需求理论影响深远，引起了解释社会学的转向，将社会学关注的重点从对重大历史事件和历史进程的意义理解转向对日常生活的结构分析；舒茨的思想作为解释社会学的代表开始进入了社会理论的主流，同时也存在一定的缺陷，他在发展现象社会学过程中面临一种二元困境，其焦点是胡塞尔现象学中关于超验性的概念。舒茨要么完全接受这一主张，而与社会学的经验性相冲突；要么完全放弃这一主张，但由于这一主张就是胡塞尔现象学的核心，因此要使胡塞尔的现象学摆脱超验性是一项注定不可能完成的任务。所以舒茨在研究现象社会学中面临着胡塞尔现象学中的超经验性和社会学中的经验性之间所存在的不可解决的张力，舒茨把极为主观的、人体主体的先验的存在视为社会现象的本体论根源的思想，很难成为社会学研究的一般方法论。

二、乔治·卡斯帕·霍曼斯的社会交换理论

乔治·卡斯帕·霍曼斯主张人的行为在于人与人之间面对面的交往是人类行为的基本形式。人类的一切社会行为都受到某种或明或暗的、能够带来奖励和报酬的交换活动的支配，人类一切社会活动都可以归结为一种交换，人际传播也是一种交换关系。人际关系的发展就是以往强化事例在起作用。

（一）乔治·卡斯帕·霍曼斯简介

乔治·卡斯帕·霍曼斯（George Casper Homans，1910—　）美国社会学家，社会交

换理论的代表人物之一。1910 年生于美国马萨诸塞州的首府波士顿。1932 年毕业于哈佛大学，获文学学士学位，并留校任教。1939—1941 年任大学讲师。第二次世界大战期间在美国海军服役。1946 年回到哈佛大学，转入社会学系，1953 年任社会学教授，1967—1970 年任社会学系主任。1963—1964 年任美国社会学会主席。他早期受结构功能主义的影响，强调小群体研究的重要性，并分析了其中的行为变量，如活动、交往和情感三者的关系，为交换理论奠定了基础。后期，他强调人和人的动机的重要作用，认为人与人之间的互动从根本上说是一种交换过程，把社会学的研究还原为微观的社会心理研究。他把社会看作是个人行动和行为交换的结果，社会结构是个人行为的集合，因而个人行为应成为社会学研究的最高原则。霍曼斯的社会学思想被称为行为主义交换论。主要著作有《人类群体》（1950）、《情感和活动》（1962）、《社会行为：它的基本形式》（1961）、《社会科学的本质》（1967）等。

（二）乔治·卡斯帕·霍曼斯的社会交换理论

人际传播理论研究的一个中心问题是关于什么因素影响人际关系的发展。霍曼斯认为人际关系的发展是以往强化事例在起作用。

1. 人际传播的决策模式

人们愿意重复得到回报的行为，而减少或规避得到惩罚的行为，继而呈现出了人际交往行为的五个命题：

（1）成功命题，即“就人们的所有行动而言，某人的某一行动越是经常得到回报，他就越有可能采取该行动”。这一命题的含义就是人们倾向于重复能获得回报的行动。

（2）刺激命题，即“如果过去某一刺激、或某一系列刺激发生时，某人的某一行动得到了回报，那么目前的刺激和过去的刺激越是相似，此人目前就越有可能采取该行动或相似的行动”。例如夫妻中的一方可能会采取过去在相似境况下获得成功的劝服策略。

（3）价值命题，即“某人某一行动的后果对他越有价值，他就越有可能采取这一行动”。

（4）贬值—饱和命题，即“某人越是在近期经常地接受了某一回报，该回报在未来对他的价值就越小”。这一命题可以看作对成功命题的限制，或对价值命题的补充。

（5）寻衅/赞同命题，该命题由两部分组成，一是如果人们的行动未能获得预期的回报，或者招致始料未及的惩罚，此人就会愤怒，他更可能采取寻衅行为，而这类行为的后果对他来说更有价值；二是如果某人的行动得到了预期的回报，或者未招致预期的惩罚，此人就会高兴，他可能采取赞同的行为，而这类行动的后果对他来说更有价值。

（6）人们面临行动抉择时，总是选择后果价值乘以获取该后果的概率所得积较大的行动。（此命题是由第一、二、三命题总结而来）

2. 人际关系发展理论

人际关系如何发展虽然比较复杂多变，但是还是有规律可循的。在人际交往中把握这些规律，可以帮助提高预测、控制和改变人际关系的能力。

（1）人际关系吸引。

人际关系吸引包括两个方面，一是对他人的喜爱或仰慕，这是对他人的肯定或情感的反应，二是表现为愿意亲近他人，以及与他人交往。被他人吸引是对刺激的一种反应，这一反应之所以可能重复，是因为它产生的后果在起作用。只要人际关系吸引带来有价值的回报，反应就得到了强化，在未来类似的情况下就会再次表现出来。因此假如某人希望吸引他人，就应该对他人的感情或行为的反应给予回报。

人际吸引的原因，可能是权势的作用，且包括两类，第一类权势来自沃勒和希尔的“最少兴趣律”，即对继续交往关系的兴趣最少者有能力决定交往关系。例如，如果甲方对回报乙方的兴趣少于乙方回报甲方的兴趣，甲方就具有更大的权势，乙方只有设法使甲方对保持关系产生兴趣才能具有吸引力。也就是平衡的权势分配更有可能使关系双方增加对彼此的行为吸引与感情吸引。第二类权势来自如何能获取回报的知识。这类权势通常产生感情上的吸引，因为人们感激对方的指点使自己能获取回报。由此看来，产生人际吸引的原因在于被吸引者能否从交往关系中获取回报。

（2）人际关系改变的标记。

随着人们持续在某一领域里相互交换，他们往往就会把交换扩展到其他领域。关系扩展的前提是必须在其他领域取得一致，倘若双方在其他领域达成一致的意见，他们的关系就会持续，甚至会扩展；反之关系就会因交换的终止而渐渐消失。人际关系扩展的后果是随着交换领域的扩展，人们越来越对交换双方负有义务。

（3）自我披露的传播。

自我披露是某人对本身以往强化事例经历的描述，只要能够带来回报，人们就会进行自我披露。它为关系双方相互提供确切的信息，从而有助于关系的发展，同时它又是使关系扩展的另一个交换领域。关系双方在某一领域进行交换之后可能交换扩展到自我披露的阶段。假如双方的自我披露都得到回报，保持一种平衡的关系，他们就能继续交换；反之，他们的关系就会面临危机。

（4）人际冲突理论。

从人际传播的决策模式中，霍曼斯提出人际冲突的起因有两个：①“寻衅/赞同”命题中，假如某人受到了意料之外的惩罚，或者未能获得意料之中的回报，就会导致人际冲突；②“贬值—饱和”命题中，过多提供某一资源会使其贬值，这样，通常得到的强化行为无法得到回报而产生人际冲突。关于解决人际冲突的方法，霍曼斯认为，选用某种解决方法与这种方法是否曾获得过成功有很大关系，一旦使用某种方法成功解决了冲突，在未来的类似情况就会被再次使用。

综上所述，人类的一切社会行为都受到某种或明或暗的，能够带来奖励和报酬的交换活动的支配，人类一切社会活动都可以归结为一种交换，人际传播也是一种交换关系，人际关系的发展就是以往强化事例在起作用等。但是霍曼斯的社会交换理论也存在着缺陷：一是理论仅集中于两个人面对面的交换行为，没有分析更大范围和规模的交换条件、过程和结构，是“一种微观的和人际层次上的理论，对社会群体和社会结构的解释力极其有限”；二是将一切人际传播行为归结为简单的心理行为，进行心理调节；三是片面强调人际传播中人的动机的自私性和自我中性，忽视环境对人际传播的影响。

三、彼得·布劳的社会交换论

美国社会学家彼得·布劳思考和解释了这样一个基本问题：社会生活如何被组织成由人类交往构成的日益复杂的结构？布劳试图从社会交换的理论视角解答这个问题，即通过对人们之间交换关系的微观社会学分析，为发展对社会结构和制度的宏观社会学研究提供一个理论基础。

（一）彼得·布劳简介

彼得·布劳（Peter Michael Blau，1918—2002），美国当代著名社会学家，曾先后任教于康奈尔大学、芝加哥大学和哥伦比亚大学，曾任美国社会学协会主席。布劳的学术影响广泛而深刻。他是交换关系的微观社会学研究的创始人，并且在阶层分析理论、组织社会学等领域中有很大的影响。

他的社会交换论也被称为结构交换理论，以区别于霍曼斯的行为主义交换理论。他认为，人际间的社会交换始于社会吸引。他用对等性解释部分社会交换，用不对等性解释另外一部分社会交换。不对等性交换产生社会的权力差异和社会分层现象。因而，他用交换理论解决了社会学中微观研究与宏观研究之间的鸿沟，这是他对社会学最突出的贡献。他的著作有《社会生活中的交换与权力》（1987 译）等。

（二）彼得·布劳的社会交换论

布劳认为，社会交换是人类行为的一部分。人类行为成为社会交换必须满足两个条件：一是该行为的最终目标只有通过与他人互动才能达到；二是该行为必须采取有助于实现这些目的的手段。所以，社会交换是当别人作出报答性反应就发生、当别人不再作出报答性反应就停止的一种自愿性行为，它是个体之间的关系与群体之间的关系、权力分化与伙伴群体的关系、对抗力量之间的冲突与合作的关系、社区成员之间间接关系与亲密关系等的基础。人们之间之所以相互交往，是因为他们能通过交往得到某些东西。

正因为社会交换是一种以期待回报和换取回报为目的的行为，所以，社会交换活动的参与者同“经济人”有类似之处。“经济人”理性选择的特点同样会出现在社会交换领域，经济交易中的“边际效益递减”原理也同样适用于社会交换领域。但是，社会交换与经济交换还是有许多重大区别的。第一，经济交换是根据明文规定的契约合同进行的，而社会交换不作任何具体的规定和明文的承诺。第二，经济交换不会引起个人的责任、感激和信任感，而社会交换则会。第三，从经济交换中得到的利益可以精确计算和预测，货币是经济交换中衡量一切价值的媒介；而从社会交换中得到的利益则没有统一的衡量标准，报酬的价值具有相对性和模糊性，比如爱、感激、社会赞赏等都无法用货币来衡量。

1. 社会交换的形式

布劳是根据社会交换得到的社会报酬来划分社会交换形式的。社会报酬有两类：一是内在性报酬，即从社会交换活动本身取得的报酬，比如乐趣、爱、感激和社会赞赏等；二是外在性报酬，即从社会交换关系以外所取得的报酬，比如金钱、商品、劝告、邀请、帮助和服从等。社会交换有三种形式：

（1）内在性报酬的社会交换。社会交换活动的参与者把交换活动本身作为目的，比如一个男孩与他所爱慕的女孩进行交往，所依据的就是内在性报酬。

（2）外在性报酬的社会交换。社会交换活动的参与者把交换看作是实现更远目标的手段，它为人们合理选择交往伙伴提供了客观的独立标准。

（3）混合型的社会交换。这种交换既有内在性报酬，也有外在性报酬。比如，一个人接受邀请赴宴，可能是为了享受饮食之乐，同时也可能是为了得到与老朋友相处的愉悦，甚至更可能是后者；工人参加某个工会，不仅仅是为了改善其雇用条件，也可能是他们内在地喜欢该工会中的伙伴关系，并能从帮助工会实现其目标中得到某种满足。

2. 社会交换的基本过程

在确定了社会交换的概念之后，布劳把注意力集中于分析社会交换的基本过程。根据布劳的分析，社会交换的过程始于社会吸引。他所讲的社会吸引，是指与别人交往的倾向性。一个人期望与别人的交往会带来报酬，不论这些报酬是内在性的还是外在性的，他会受到能提供报酬的人的吸引。要使对方承认自己，愿意与自己交往，就必须向对方证明自己也是一个有吸引力的人，表明也能从与自己交往中得到报酬。如果他能够成功地做到这一点，对方接受了他，交往行为就会随之发生。如果双方都从交往中得到了期望的报酬，则会进一步加强双方的相互吸引。当不断的相互吸引使双方建立起稳定化的共同纽带时，便形成了某种社会群体。

在交换中，各交换主体都会尽力展示自己的报酬能力，以吸引其他人同自己交换。因此，在社会交换中必然发生竞争。但是，由于人们拥有的资源在数量、质量、种类、稀缺程度等方面是不均等的，那些拥有丰富资源或稀缺资源的人在群体中会获得较高的交换地位。他们作为为数不多的资源提供者，可以自由地选择交换对象。相反，那些没有多少资源的其他成员，只能处于较低的交换地位，没有或很少有自由选择其他交换对象的余地。当社会地位差距较大的双方进行社会交换时，处于弱势的一方会选择尊敬、服从等作为回报，这就使另一方获得了权力，群体中就出现了权力分化。

权力的分化会导致两个结果的产生。一方面，为了获得利益，处于弱势地位的人会甘居臣属地位，这就等于认可了权力。他们能够在多大程度上沟通并表达这种认可，权力就在多大程度上得到了合法化。权力的合法化使每个成员都有了固定的位置，只要按照自己的角色办事，就可以得到相应的回报，从而减少了交换中的竞争和摩擦，有助于促进群体的整合。另一方面，如果权力的实施没有带来所期望的报酬，人们会产生被剥夺感。这种被剥夺感会逐渐瓦解合法权威赖以存在的基础，并导致对权力的反抗。人们为了有效地表达他们的反抗，会形成对抗性组织，比如社会运动、政党和工会等。解决问题的办法是对原有权力结构进行调整，或者推翻现存权力结构并代之以新的权力结构。布劳以社会吸引、竞争、分化、整合和反抗等概念为核心，形成了分析社会交换过程的基本框架。

3. 宏观社会结构中的间接交换

布劳不仅分析了社会生活中的微观交换过程，而且运用社会交换基本过程的分析框架，考察了宏观社会结构中更为复杂的交换过程。宏观社会结构中的交换不仅包括人际互动，还包括群体之间、组织之间的交换；不仅包括直接的面对面的互动，还包括间接的、时空间隔较大的交换。尽管宏观社会结构中的交换也包含吸引、竞争、分化、整合和反抗等一般过程，但是，宏观社会结构中的交换与微观社会结构中的交换还是有重大区别的。首先，微观社会结构中的交换是人与人之间的直接交往，交换双方能够提供彼此所期望的报酬是产生社会吸引的基础；宏观社会结构中的交换则主要是间接交换，共同价值成为间接交换的媒介。共同价值为宏观社会结构中复杂的间接交换提供了一套共有的标准，使交换各方能以同样的情景定义进行交换，因而共同价值在宏观社会结构的交换中也起着基础性作用。其次，宏观社会结构中的交换是以制度化为特征的，历史上业已确立的制度约束着群体之间和组织之间的吸引、竞争、分化、整合、反抗的基本交换过程。共同价值为宏观社会结构中交换关系的形成提供了可能，要使宏观交换关系得以维持、稳定和发展，必须有一个制度化的过程。制度化的核心是在共同价值的基础上提出一整套涉及各种具体交换关系的、稳定和普遍的规范，以调整各社会群体、社会组织之间的交换关系。社会规范禁止人们通过损害集体共同利益而获取个人利益的行为，集体成员也不能在缺少社会规范的情况下实现个人利益。遵从规范的结果，使集体与它的成员之间的交换取代了个体之间的直接交换。比如，富人阶层的成员从事慈善性捐赠，是他们遵从其所属阶层的规范并因而获得社会的赞赏，而并不是为了赢得施舍对象的感激。

综上所述，布劳在很多方面修正和发展了霍曼斯的交换理论。社会交换理论通过交换概念发现社会资源分布的不平等和由此产生的权力地位的分化，并从各个权力层次之间的对立和冲突中找到社会系统发展、变迁的动力。它更贴近研究社会现实，更加强了社会学与社会运行之间的相互联系。霍曼斯先打下了理论根基，强调心理因素对人类行为的影响，算是行为心理学在社会学中的开山老祖。理论是人类一切行为都受到某种或明或暗，且能够带来奖励和报酬的交换活动的支配。因此人类的一切社会活动都可归结为一种交换，而人们在从事经济活动和交往中所形成的社会关系也只能是一种交换关系。所以霍曼斯理论完全功利取向，完全不强调“非物质”报酬的理论主张，所以无法解释类似史怀哲医生的奉献行为。而布劳的理论则补足了霍曼斯理论上的不足，他认为社会交换是个体之间的关系与群体之间的关系、权力分化与伙伴群体关系、对抗力量之间的冲突与合作、社区成员之间间接的联系与亲密依恋关系等的基础。社会的微观结构起源于个体期待社会报酬而发生的交换。个体之所以相互交往，是因为他们都从相互交往中通过交换得到了某些需要的东西。更重要的是布劳区分了两种社会报酬：内在性报酬和外在性报酬。内在性报酬即从社会交往关系本身中取得的报酬，如尊敬、乐趣、赞同、爱、感激等；外在性报酬则是霍曼斯理论强调的实质报酬，如金钱，商品、邀请、帮助、服从等。

四、乔治·埃尔顿·梅奥的人际关系理论

美国心理学家、社会学家乔治·埃尔顿·梅奥（George Elton Mayo，1880—1949）通过在芝加哥西方电器公司霍桑工厂进行的长达5年的实验研究，在1933年发表的《工业文明中人的问题》中提出了人际关系学说，认为影响生产率的最重要因素不是物理和生理因素，而是社会和心理因素，特别是生产中发展起来的人际关系。因此，梅奥主张从改善

人际关系，提高职工士气着手，即要注意倾听和沟通职工意见，掌握进行咨询、激励、引导和信息交流等处理人际关系方面的技能，来提高生产率。

（一）乔治·埃尔顿·梅奥简介

美国心理学家、社会学家，1880 年生于澳大利亚，曾在布里斯班的昆士兰大学任教。后移居美国，在宾夕法尼亚大学沃顿财政商业学院任教。1926—1947 年在哈佛大学从事工业管理研究。他最早把临床心理学的面谈方法运用于对工业组织的研究，并把人类学、社会学和心理学运用于管理。他是霍桑实验的领导者和组织者，人际关系理论的创始人。1949 年 9 月 7 日逝世，主要著作有《工业文明中人的问题》（1933）、《工业文明的社会问题》（1945）。

梅奥创立的人际关系理论是西方管理理论的重要内容。他一直对个人如何适应工业革命的问题有着浓厚兴趣，并认识到必须把这些问题放到组织和社会的结构中加以研究。他认为工业革命破坏了传统社会中人与人之间的关系，使社会和工业生产普遍存在冲突，只有依靠在知识与技能方面都训练有素的行政管理精英，才能解决这些冲突。他通过霍桑实验，向 F. W. 泰勒等的传统管理理论提出了挑战，并逐步创立了人际关系理论。

（二）乔治·埃尔顿·梅奥人际关系理论

梅奥认为人不只是凭经济刺激驱使而各自追求最大经济利益的经济人，而首先是社会人，不仅有纯物质的需求，还有社会和心理的需求。提高效率不仅要依靠工资报酬和工作条件，还要依靠士气。士气的高低主要取决于工人心理上的社会需求的满足程度。他还认为根据组织目标设计的正式组织不是达到最高效率的唯一保证，硬性的从属关系和制度、组织的正规化都与人的本性不相容。在通过共同劳动和相互交往而自然形成的非正式组织中，人们却相互信任，自觉遵守行为惯例和准则。正式组织要与工人因各种需求而形成的非正式组织相互结合，互相补充，才能提高效率。梅奥人际关系理论是在霍桑试验的基础上而获得。

1．人际关系理论

梅奥的人际关系理论在 20 世纪三四十年代对西方管理理论发展有重大贡献，并推动了 40 年代末行为科学的正式诞生。梅奥所进行的霍桑试验的研究结果否定了传统管理理论对于人的假设，表明了工人不是被动的孤立的个体，他们的行为不仅仅受工资的刺激，影响生产效率的最重要因素不是待遇和工作条件，而是工作中的人际关系。据此，梅奥提出了自己的观点。

（1）员工是“社会人”而不是“经济人”。

人们的行为并不单纯出自追求金钱的动机，还有社会方面、心理方面的需求，即追求人与人之间的友情、安全感、归属感和受人尊敬等，而后者更为重要。因此，不能单纯从技术和物质条件着眼，而必须首先从社会心理方面考虑合理的组织与管理方式。

（2）企业中存在着非正式组织。

企业中除了存在着古典管理理论所研究的为实现企业目标而明确规定各成员相互关系和职责范围的正式组织之外，还存在着非正式组织。这种非正式组织的作用在于维护其成员的共同利益，使之免受内部个别成员的疏忽或外部人员的干涉所造成的损失。为此非正式组织中有自己的核心人物和领袖，有大家共同遵循的观念、价值标准、行为准则和道德规范等。

梅奥指出，非正式组织与正式组织存在重大差别。在正式组织中，以效率逻辑为其行为规范，而在非正式组织中，则以感情逻辑为其行为规范。如果管理人员只是根据效率逻辑来管理，而忽略员工的感情逻辑，必然会引起冲突，影响企业生产率的提高和目标的实现。因此，管理当局必须重视非正式组织的作用，注意在正式组织的效率逻辑与非正式组织的感情逻辑之间保持平衡，以便管理人员与员工之间能够充分协作。

（3）新的领导能力在于提高员工的满意度。

在决定劳动生产率的诸因素中，置于首位的因素是员工的满意度，而生产条件、工资报酬只是第二位的。职工的满意度越高，其士气就越高，从而生产效率就越高。高的满意度来源于员工个人需求的有效满足，不仅包括物质需求，还包括精神需求。

梅奥据此成功地完成了“霍桑试验”。

2. 霍桑试验

梅奥通过“霍桑试验”对古典管理理论进行了大胆的突破，第一次把管理研究的重点从工作和物的因素上转到人的因素上来，不仅在理论上对古典管理理论作了修正和补充，开辟了管理研究的新理论，还为现代行为科学的发展奠定了基础，而且对管理实践产生了深远的影响。

（1）人才是企业发展的动力之源。

人、财、物是企业经营管理必不可少的三大要素，而人力又是其中最为活跃，最富于创造力的因素。即便有最先进的技术设备，最完备的物质资料，但没有人的准确而全力的投入，所有的一切将毫无意义。对于人的有效管理不仅是高效利用现有物质资源的前提，而且是一切创新的最基本条件。尤其是在高科技迅猛发展的现代社会，创新是企业生存和发展的唯一途径。而创新是人才的专利，优秀的人才是企业最重要的资产。谁更有效地开发和利用了人力资源，谁就有可能在日益激烈的市场竞争中立于不败之地。

但是人的创造性是有条件的，是以其能动性为前提的。硬性而机械式的管理，只能抹杀其才能。“只有满意的员工才是有生产力的员工”，富有生产力的员工才是企业真正的人才，才是企业发展的动力之源。因此，企业的管理者既要做到令股东满意、顾客满意，更要做到令员工满意。针对不同的员工，不同层次的需求，应分别对待，要悉心分析他们的思想，了解他们的真正需求：不仅要有必要的物质需求满足，还要有更深层次的社会需求的满足，即受到尊重，受到重视，能够体现自我的存在价值。例如，在管理过程中为了满足员工的社会需求，可以加强员工参与管理的程度，通过民主管理、民主监督的机制，增加他们对企业的关注，增加其主人翁的责任感和个人成就感，将他们的个人目标和企业的经营目标完美地统一起来，从而激发出更大的工作热情，发挥其主观能动性和创造性。

对于困难重重、举步维艰的中国国有企业来说，尊重人才尤为重要。要想盘活存量资产，首先要盘活现有人力资源。因为只有“活”的人才能激活“死”的资产，这是企业走出困境的唯一出路。员工不是企业的包袱，而是企业自救的中坚。只有尊重他们，才能使他们发挥创造力，与企业同呼吸、共命运，共同渡过难关。

（2）有效沟通是管理中的艺术方法。

管理是讲究艺术的，对人的管理更是如此。新一代的管理者更应认识到这一点。高谈阔论，教训下属，以自我为中心的领导方式已不适用了。早在霍桑访谈试验中，梅奥已注意到，亲善的沟通方式不仅可以了解到员工的需求，而且可以改善上下级之间的关系，从而使员工更加自愿地努力工作。倾听是一种有效的沟通方式，具有成熟智慧的管理者会认为倾听别人的意见比表现自己渊博的知识更重要，他要善于帮助和启发他人表达出自己的思想和感情，不主动发表自己的观点，善于聆听别人的意见，激发他们的创造性的思维，这样不仅可以使员工增强对管理者的信任感，还可以使管理者从中获取有用的信息，更有效地组织工作。适时地赞誉别人也是管理中极为有效的手段。在公开的场合对有贡献的员工给予恰当的称赞，会增强员工的自信心和使命感，从而努力创造更佳的业绩。采用“与人为善”的管理方式，不仅有助于营造和谐的工作气氛，而且可以提高员工的满意度，使其能继续坚持不懈地为实现企业目标而努力。

（3）企业文化即是寻求效率逻辑与感情逻辑之间的动态平衡的有效途径。

发现非正式组织的存在是梅奥人际关系理论的重要贡献，作为企业的管理者，也应对此有所重视。员工不是作为一个孤立的个体而存在，而是生活在集体中的一员，他们的行为很大程度上是受到集体中其他个体的影响。怎样消除非正式组织施加于员工身上的负面影响也是当代管理者必须正视的一个问题。只有个人、集体、企业三方的利益保持均衡时，才能最大限度地发挥个人的潜能。培养共同的价值观，创造积极向上的企业文化是协调好组织内部各利益群体关系，发挥组织协同效应和增加企业凝聚力最有效的途径。

综上所述，梅奥开启的人际关系理论的重要贡献主要有四个方面：发现了霍桑效应，即一切由“受注意了”引起的效应；职工是社会人；企业中存在非正式组织；新的领导能力在于提高员工的满意度。霍桑效应有很大的实用性，如承包制试点时，受注意了，一路开绿灯，一推广，虽有些成绩，但也是不宣而败。试点—推广模式值得再思考。另一方面，作为第一要素的人在管理方面的回归自然也是梅奥等人的重大贡献。国有企业吸引不到第一流的人才，必然是其积重难返的重要原因之一。当然，梅奥等人的人际关系理论，也可称为组织行为学的先驱，也存在着缺陷——过于强调人。管理的成功，甚至人生的成功，均在于“过犹不及”。

五、亚伯拉罕·马斯洛的需求层次理论

社会心理学家，人格理论家、人本主义心理学家亚伯拉罕·马斯洛（Abraham Harold Maslow，1908—1970），美国社会心理学家、人格理论家、人本主义心理学的主要发起者。马斯洛对人的动机持整体的看法，他的动机理论被称为“需求层次论”。1968 年他当选为美国心理学会主席，1933 年在威斯康星大学获博士学位，第二次世界大战后转到布兰代斯大学任心理学系教授兼主任，开始对健康人格获自我实现者的心理特征进行研究。

（一）亚伯拉罕·马斯洛简介

亚伯拉罕·马斯洛出生于纽约市布鲁克林区，美国社会心理学家、人格理论家和比较

心理学家，人本主义心理学的主要发起者和理论家，心理学第三势力的领导人。1926 年进入康乃尔大学，三年后转至威斯康星大学攻读心理学，在著名心理学家哈洛的指导下，1934 年获得博士学位，之后留校任教。1935 年在哥伦比亚大学任桑代克学习心理研究工作助理。1937 年任纽约布鲁克林学院副教授。1951 年被聘为布兰戴斯大学心理学教授兼系主任。1969 年离任，成为加利福尼亚劳格林慈善基金会第一任常驻评议员。第二次世界大战后转到布兰代斯大学任心理学教授兼系主任，开始对健康人格或自我实现者的心理特征进行研究。1967—1970 年任美国心理学学会主席。他是《人本主义心理学》和《超个人心理学》两本杂志的首任编辑。马斯洛在自己漫长的生命历程中，不仅将毕生精力致力于此，更以独特的人格魅力证明了这一思想，成功地树立了一个具有开创性的形象。他的主要著作有《动机和人格》（1954）、《存在心理学探索》（1962）、《科学心理学》（1967）、《人性能达到的境界》（1970）。

（二）亚伯拉罕·马斯洛的需求层次理论

马斯洛的理论阐释为，人的个体成长发展的内在力量是动机。而动机是由多种不同性质的需求所组成，各种需求之间，有先后顺序与高低层次之分；每一层次的需求与满足，将决定个体人格发展的境界或程度。

1．需求层次理论

马斯洛认为，人的需求层次由低到高是：生理需求、安全需求、社会需求、尊重需求、自我实现需求。

（1）生理需求。

生理上的需求是人们最原始、最基本的需要，如吃饭、穿衣、住宅、医疗等。如果不能得到满足，则威胁到生命的存在。这就是说，它是最强烈的不可避免的最底层需要，也是推动人们行动的强大动力。

（2）安全需求。

安全需求包括劳动安全、职业安全、生活稳定、希望免于灾难、希望未来有保障等。安全需求比生理需求较高一级，当生理需求得到满足以后就要保障这种需求。每一个在现实中生活的人，都会产生安全感的欲望、自由的欲望、防御的实力的欲望等。

（3）社会需求。

社会需求指社会交往，社会交往的需求也叫归属与爱的需求，是指个人渴望得到家庭、同事、朋友、上司、组织的关怀爱护与理解，是对友情、信任、温暖、爱情的需求。社会交往的需求比生理和安全需求更细微、更难以捉摸。它与个人性格、经历、民族、国度、生活区域、生活习惯、宗教信仰等有着无法区隔的关系，这种需求是难以察觉，无法度量的。

（4）尊重需求。

尊重需求既包括对成就或自我价值的个人感觉，也包括他人对自己的认可与尊重。有尊重需求的人希望别人按照他们的实际形象来接受他们，并认为他们有能力，能胜任工作。他们关心的是实力、成就、名声、地位和晋升机会，希望得到他人的赏识和高度评价。这是由于别人认识到他们的才能而得到的。当他们得到这些时，不仅赢得了人们的尊重，同时就其内心因对自己价值的满足而充满自信。不能满足这类需求，就会使他们感到沮丧。如果别人给予的荣誉不是根据其真才实学，而是徒有虚名，也会对他们的心理构成威胁。

（5）自我实现需求。

自我实现的需求是最高等级的需求。满足这种需求就要求完成与自己能力相称的工作，最充分地发挥自己的潜在能力，成为所期望的人物，这是一种创造的需求。有自我实现需求的人，总是会竭尽所能，使自己趋于完美。自我实现意味着充分地、活跃地、忘我地、全神贯注地体验生活。

2. 需求层次理论内涵的解析

马斯洛认为，人类价值体系存在两类不同的需求，一类是沿生物谱系上升方向逐渐变弱的本能或冲动，称为低级需求和生理需求。另一类是随生物进化而逐渐显现的潜能或需求，称为高级需求。人都潜藏着五种不同层次的需求，但在不同的时期表现出来的各种需求的迫切程度是不同的。人的最迫切的需求才是激励人行动的主要原因和动力。人的需求是从外部得来的满足逐渐向内在得到的满足转化。在高层次的需求充分出现之前，低层次的需求必须先得到适当的满足。

（1）五种需求像阶梯一样从低到高，按层次逐级递升，但次序不是完全固定的，可以变化，也有种种例外情况。

（2）需求层次理论有两个基本出发点，一是人人都有需求，某一层需求获得满足后，下一层需求才出现；二是在多种需求未获满足前，首先满足迫切需求，该需求满足后，后面的需求才显示出其激励作用。

（3）一般来说，某一层次的需求相对满足了，就会向高一层次发展，追求更高一层次的需求就成为驱使行为的动力。相应的，获得基本满足的需求就不再是一股激励力量。

（4）五种需求可以分为两级，其中生理上的需求、安全上的需求和感情上的需求都属于低一级的需求，这些需求通过外部条件就可以满足；而尊重的需求和自我实现的需求是高级需求，它们是通过内部因素才能满足的，而且一个人对尊重和自我实现的需求是无止境的。同一时期，一个人可能有几种需求，但每一时期总有一种需求占支配地位，对其行为起决定作用。任何一种需求都不会因为更高层次需求的发展而消失。各层次的需求相互依赖和重叠，高层次的需求发展后，低层次的需求仍然存在，只是对行为影响的程度大大减小。

（5）马斯洛和其他的行为心理学家都认为，一个国家多数人的需求层次结构，是同这个国家的经济发展水平、科技发展水平、文化和人民受教育的程度直接相关的。在发展中国家，生理需求和安全需求占主导的人数比例较大，而高级需求占主导的人数比例较小；在发达国家则刚好相反。

综上所述，通过多年实践，马斯洛发现真正达到自我实现的人，一般都处于中年或老年，年轻的人通常很难达到自我实现。这是因为年轻人还有许多较低层次的需要，如安全、爱、自尊等还没有得到适当程度的满足，没有形成持久的价值观、智慧、意志力及稳定的爱情关系，也未明确选择自己要为之终生奋斗的事业。不过，年轻人具有极大的发展潜力，他们通过积极努力，是可以逐渐接近这一水平或目标的。马斯洛的需求层次理论有积极的一面，也有消极的一面。

积极的方面在于：人的需求有一个从低级向高级发展的过程，这在某种程度上是符合人类需求发展的一般规律的；需求层次理论指出了人在每一个时期，都有一种需求占主导地位，而其他需求处于从属地位，这一点对于管理工作具有启发意义；需求层次论的基础是他的人本主义心理学，人的内在力量不同于动物的本能，人要求内在价值和内在潜能的实现乃是人的本性，人的行为是受意识支配的，人的行为是有目的性和创造性的。

消极的方面在于：需求层次理论存在着人本主义局限性；人的动机是行为的原因，而需求层次理论强调人的动机是由人的需求决定的；需求归类有重叠倾向；需求层次理论具有自我中心的倾向；需求满足的标准和程度是模糊的。

六、尤尔根·哈贝马斯的交往行为理论

由于尤尔根·哈贝马斯的交往行为理论思想庞杂而深刻，体系宏大而完备，他也被公认是“当代最有影响力的思想家”，威尔比把他称作“当代的黑格尔”和“后工业革命的最伟大的哲学家”，他在西方学术界占有举足轻重的地位。

（一）尤尔根·哈贝马斯简介

德国社会学家、哲学家和思想家尤尔根·哈贝马斯（Juergen Habermas，1929—　），曾先后在德国哥廷根大学、瑞士苏黎世大学、德国波恩大学学习哲学、心理学、历史学、经济学等，并以论文《论谢林思想中的矛盾》获哲学博士学位；1961年以《公共领域的结构转型》（已有中译本）一书获得教授资格。1961—1964年任海德堡大学哲学教授，1964—1967年任法兰克福大学哲学—社会学教授、法兰克福大学社会研究所所长，1971—1983年任德国马克斯·普朗克研究院科技世界生活条件研究所所长，1983—1994年任法兰克福大学哲学—社会学教授。哈贝马斯是当代西方理论社会学家、哲学家，是已经被载入各国哲学教科书和社会学理论教科书的重要思想家。主要著作有《公共领域的结构转型》（1962）、《作为意识形态的技术与科学》（1968）、《社会科学的逻辑》（1970）、《交往行为理论》（1981）、《道德意识与交往行为》（1983）、《交往行为理论的先期研究和补充》（1984）、《人生现实与有效性》（1994）等。

（二）尤尔根·哈贝马斯的交往行为理论

哈贝马斯的交往行为理论坚持认为基础的问题是可以解决的。他的最终目的是要建立一个框架结构，它能够兼收并蓄社会科学研究中许多显然是互相匹敌的方法，其中包括意识形态批判、行动理论、社会制度分析以及进化理论等。

1. 交往行为概念的内涵及其实质

哈贝马斯认为，研究交往问题，在哲学层面上必须从相互关系入手。由于相互关系是指不同的主体之间的相互关系，因此必须求助于未受干扰的主体之间的经验。他试图追溯到相互关系的最初状态，即未受干扰的主体之间的经验，通过考察不同的有语言和行为能力的主体间的相互理解的过程，包括相互理解所需求的媒介和背景，来阐明他的交往行为理

论。哈贝马斯对行为类型进行了分析，在他的交往行为理论中，将人的行为分为四种类型。

（1）目的性行为。

主要集中在生产领域，是借助于工具理性从事改造客观世界的活动。然而，受客观条件的制约，这种行为不但不能发挥人的主体性，反而成为压制人的手段，所以不具备合理性。

（2）规范调节性行为。

这是以行为者共同的价值取向为目标的行为，主要体现在人们的主观世界和社会世界中的价值认同和规范遵守。

（3）戏剧性行为。

这一类行为与培根的剧场假象相类似，他认为社会是一个舞台，每一个体都要在观众或对象面前表演自己，背诵着早已准备好的“台词”，让观众去领会他的“潜台词”，因此这也不是一种合理性的行为。但是社会却需要这种行为，因为它是人的社会交往的一种方式。

前面的三种行为或者压制人的主体性，或者使人变为一种社会化符号而异化为某种工具，因而都是不合理的行为，于是哈贝马斯提出了交往行为。

（4）交往行为。

交往行为使用语言或非语言符号作为理解他们各自行动的工具，以便使他们能够在如何有效地协调自身的行为上达成一致。它是主观世界、客观世界和社会世界的综合与扬弃，所以就必然是合理性的行为。

交往行为所涉及的至少是两个具有语言能力和行为能力的主体之间的关系，是至少两个具有语言能力和行为能力的主体之间通过符号协调的互动，遵循着一定的规范，借助语言媒介，通过对话达成人与人之间的相互理解和一致。

哈贝马斯认为，四种行为侧重于不同的世界。目的性行为主要考虑客观世界；规范调节性行为与社会世界相联系；戏剧行为涉及主观世界与客观世界特别是社会世界的关系，其关键是自我表现；交往行为导向客观世界、社会世界和主观世界。哈贝马斯认为，交往行为本质上更具有合理性的要求，因为它把各种不同经验导向合理的协调和发展。交往行为组成的世界，也就是人们的日常语言所支撑的世界，哈贝马斯称为“生活世界”。

2. 交往行为是以理解为核心的行为

哈贝马斯认为：“理解这个词是含混不清的，它最狭窄的意义是表达两个主体以同样的方式理解一个语言学表达；而最宽泛的意义则是表达在与彼此认可的规范性背景相关的话语的正确性上，两个主体之间存在着某种协调；此外还表示两个交往过程的参与者能对世界上的某种东西达成理解，并且彼此能使自己的意向为对方所理解。”哈贝马斯还认为，理解是一种展开于主体之间的交互性的意识活动，要真正实现“理解”就必须借助于语言媒介。哈贝马斯提出，在目的性行为中，语言是许多媒介中的一种，行为者通过语言试图影响他人，实现行为者对于客观世界的意图。在规范调节性行为中，语言首先是一种可以提供文化价值、取得意见一致的媒介，它主要是帮助人们建立规范和行为导向，建立社会世界的合法关系。在戏剧行为中，语言是自我表现的媒体，表现行为者的认识和情感，再现行为者的主观世界。在上述三种行为中，都只注重了语言的一种功能，而没有同时注意到语言的所有功能。只有在注重相互关系的交往行为中，语言才同时承担陈述并判断事实的功能，使行为者与客观世界发生联系，承担帮助人们达成共识的理解媒体的功能，使行为者与社会世界发生联系，并承担表现表达者的功能，使行为者展示自身的主观世界。哈贝马斯还认为，通过参与者在相互作用中达到他们相互提出的有效性声明的交互主体性的确认，这样理解才可以使协调行动的动机发挥作用，他认为，现代理论注重意义的追问，人们在语言的交往活动中最终会达成共识。在交往过程中所形成的普遍共识是一种理想化的过程，即交往理性。为了有效沟通，哈贝马斯认为在交往过程中需要遵循三项语言学规范要求：真实性、正确性和真诚性。哈贝马斯认为，目的性行为涉及真实性要求，规范调节性行为涉及正确性要求，戏剧行为涉及真诚性要求，而交往行为与这三个要求有关联。交往行为同时可以满足真实性、正确性和真诚性三个有效性要求，所以交往行为才是最合理的社会行为。

3. 系统与生活世界的双层理论架构

哈贝马斯认为，生活世界是由文化、社会和个性三个层次构成。“我所说的‘文化’，指的是可随时动用的知识储备——在这种储备中，交往的参与者，当他们对属于某一个世界的事物相互交换看法时，最大限度地做出他们的解释。我所说的‘社会’，指的是那些合法的秩序——借助于这些秩序，交往的参与者调整着他们的隶属于社会群体的成员，并因而保证他们之间的团结一致。我所说的‘个性’，指的是主体由此获得言语和行动的功能的那种能力和资格。”由此观之，哈贝马斯的“生活世界”在本质上是由知识构成的。

与“生活世界”相对应的是“系统”概念。其一，系统是一种方法，把社会作为一个整体来对待，重视其结构和功能层面；其二，系统是作为社会的制度和组织影响着人类的生活。系统机制的产生必须以生活世界的合理化达到相应程度为条件，系统产生的目的是服务于生活世界的。在货币和权力得以通过法的形式组织起来以前，生活世界合理化已经达到了很成熟的程度。这两个相互作用的子系统，又反作用于使他们自身成为可能的、合理化了的现代社会生活形式。在一定的程度上，金钱化和官僚化已经渗透到生活世界的核心领域。

哈贝马斯认为，现代社会的一个基本特征就是系统和生活世界的严重分离。现代社会陷入困境的一个主要原因是系统控制了生活世界，即“生活世界的殖民化”。作为现代文明系统的市场经济体制和官僚政治体制，凭借货币和权力两个媒介，侵蚀原本属于非市场和非商品化的私人领域和公共领域，使之金钱化和官僚化，从而引起了生活世界的交往行为被金钱和权力所掌控，生活世界的意义和价值丧失，交往行为的社会整合作用被抵消。同时，科学技术的进步服务于生产的发展，现代文明放逐了早期资产阶级的自由、平等和公正的思想，文化世界荒芜化。既然晚期资本主义社会的病因和现代文明的危机在于系统与生活世界的分离、在于生活世界的殖民化，那么克服晚期资本主义的社会危机、拯救现代文明的途径也就在于系统与生活世界的重新协调，其关键在于交往理性的重建。

4. 实现交往行为合理化的路径探索

（1）共同的规范标准。

哈贝马斯认为规范标准的普遍化原则应该能够为大家普遍所接受和遵循。为了论证实现交往行为合理化必须由共同的、普遍的规范标准来指导，他提出了商谈伦理学。商谈伦理学试图向现代社会提出一个相互理解并为各个交往共同体成员所同意的规范道德体系。

（2）选择恰当的语言。

在哈贝马斯看来，凡是有交往的地方就会有言语行为的出现，凡是言语行为受到阻碍和被歪曲的地方就不会有合理的交往。人们之间的交谈交往，无非涉及实情、人情和心情三个方面，而这三个方面都得通过相应的语言加以表现，通过语言使交往者、交谈者达到相互理解。语言是交往行为的杠杆和促使交往合理化的关键。为了顺利达到协调行为的目的，在进行对话的时候，对话双方必须选择一种能够让对方了解自己的正确的语言来表达自己。

（3）进行对话活动。

交往必须对话，对话就是交往。在对话活动中，交往双方的利益才能被考虑到，交往双方提出的各种要求才可以成为讨论的对象，在民主、平等、和谐的协商氛围中，人们才能在没有任何外在强迫的氛围中充分论证自己的观点。对话是人们达成统一共识的最为有效的办法和最为便利的途径。

综上所述，重建交往理性，实现社会合理化，是哈贝马斯交往行为理论的目标。可以说哈贝马斯交往行为理论是富有建设性的，哈贝马斯交往行为理论把语言和言语行为作为立论的出发点，强调知识的内在增长是交往形式和交往关系进化的必要条件，该理论的核心内容是通过语言媒介达成一致和共识。哈贝马斯的“交往行为理论”是以建立人与人之间和谐关系为核心的理论。他主张人们应该以真诚的对话来解决社会矛盾、社会争端和冲突，加强人与人之间的沟通，让人们在相互理解的基础上达成共识，取得一致，构建社会的和谐。

七、社会心理学家莫顿·多伊奇的社会互相依赖（合作与竞争）理论

（一）莫顿·多伊奇简介

莫顿·多伊奇（Morton Deutsch，1920— ），美国社会心理学家，出生于美国纽约。他对心理学的兴趣曾受到20世纪30年代纽约市立大学理性气氛的影响。在当时的纽约市立大学，精神分析、马克思主义、勒温心理学非常活跃。由于这种影响，他决定选择心理学为自己的毕生专业，1939年他获得纽约市立大学理学学士学位。他的合作与竞争的理论丰富了后来合作学习研究的实务基础。

莫顿·多伊奇曾先后供职于纽约大学、贝尔电话实验室、哥伦比亚大学师范学院。他还曾任心理学社会问题研究学会主席，纽约心理学会、东部心理学协会主席，国际政治心理学会主席，并荣获美国科学发展协会社会心理学奖、霍夫兰纪念奖、勒温纪念奖、G·W·奥尔波特奖。1987年获美国心理学会颁发的杰出科学贡献奖。他的主要著作有《社会关系研究方法》（1949）、《冲突的解决》（1973）。

（二）莫顿·多伊奇的社会互相依赖（合作与竞争）理论

他的工作主要研究重要的社会问题。他在团际关系、合作和竞争、社会遵从以及团体

动力学方面的研究也卓有成效。1949 年他在勒温的群体动力学理论的基础上从目标结构角度提出了“合作与竞争理论”。互动是一个过程，是由自我互动、人际互动和社会互动组成的。人际互动专指人们在心理和行为方面的交往、交流，是社会心理学研究较多的领域，它在结构上更强调角色互动。人们希望社会的交往来自于人际吸引，具有较强人际吸引力的个人之间更倾向于进行交往。人际互动的主要形式是合作与竞争。

1. 人际互动方式的目标结构

不同的依赖决定了个体间不同的互动方式：正向的依赖（合作）导致正面的互动；负向的依赖（竞争）会导致负向的互动；无依赖（个体努力）则没有互动产生。

（1）个体性结构。在这种结构中，个体指向目标的动力与他人的目标达成无关。

（2）竞争性结构。在这种目标结构中，个体指向目标的努力会阻碍他人的目标达成。

（3）协作性结构。在这种结构中，个体指向目标的努力有利于他人的目标达成。

研究结论表明：合作小组更能积极地展开合作、分工行动、注意同伴的表现，小组作品和讨论的品质也较高。而竞争小组的表现并未增加学习的投入和兴趣。结果为：良好表现和组织生产力，源自合作的互动关系；当为了某种外在的目标而采取竞争时，团体的和谐和效率会中断；合作较竞争能产生更多的人际互动。

2. 人际互动的形式

在合作和竞争关系中，不同的人，在不同的时间和场合，面对不同的对象，可能会采用迥异的人际互动形式。

（1）利人利己：助人也利己，助人一臂之力，自己也成长。

（2）损人利己：你死我活，打压他人，获得自己成长的资源。

（3）利人损己：燃烧自己，照亮别人。

（4）损人损己：鹬蚌相争，最终两败俱伤。

（5）不损人利己：无涉他人，独善其身。

（6）利人不损己：举手之劳，济人于急难。

除了极端对抗性的情境，比如战争和部分竞技体育项目，日常的经济和社会生活中，大多数情况下人际互动是可以达到双赢和多赢效果的，我们要多做利人利己的事情，少做损人利己的事情，绝不做损人也损己的事情。

综上所述，社会互相依赖（合作与竞争）理论表明，个体行为的目标或手段与他人行为目标与手段间如存在相关依赖关系时，他们之间就会产生互动作用。当不同个体的目标与手段之间存在积极关系、正向效应时，即只有与自己有关的他人采取某种手段实现目标时，个体的目标和手段才能实现，他们之间是合作关系，就像足球队球员的关系。当不同个体的目标手段存在消极或否定性的依赖关系时，即只有与自己有关的他人不能达到目标或实现手段时，自己的目标和手段才能实现，他们之间是竞争关系，就像拳击一类的竞技体育比赛。“合作与竞争理论”丰富了后来合作学习研究的实务基础，后来，多伊奇的学生戴维·约翰逊（D. W. Johnson）和荣·约翰逊（R. T. Johnson）兄弟将这一理论进行统整与拓展，形成了社会相互依赖理论。

第二节　人际交往与沟通基础理论学科

“人际交往与沟通”是一门以多重学科为基础和以多重学科交叉作为支撑的综合性学科。它涉及的学科众多，比如心理学、语言学、行为学、社会学、公共关系学、组织行为学等。人际交往与沟通必须运用多种学科的知识与方法，研究、领会并应用人际交往与沟通过程中“人”的综合活动规律。

以下选取几门重点学科，着眼于学科基础概念的阐释和学习任务进行阐述，即心理学范畴的普通心理学、社会心理学、人际交往心理学以及人际关系学范畴的交际文化学、人际交往语言学。

一、心理学

主要涉及普通心理学、社会心理学和人际交往心理学，三者是心理学分支中最基础与一般的学科。

（一）普通心理学

1．定义

普通心理学是研究心理现象发生、发展和活动规律的科学。普通心理学中，心理现象一般规律的研究常分为多个领域：如感觉与知觉、学习与记忆、思维与言语、情感与意志、人格与个性等心理特征。这些领域包括了人的心理活动的极为重要的方面。

2．基础概念

普通心理学的基础概念有：认知、需要、动机、情绪、情感、意志、气质、性格、态度、人格、感觉、知觉、记忆、思维、注意。

（1）认知。

认知也可称为认识，是指人认识外界事物的过程，或者说是对作用于人的感觉器官与外界事物进行信息加工的过程。认知作为人类行为基础的心理机制，其核心是“输入”与“输出”之间发生的内部心理过程。认知包括了感觉、知觉、记忆、思维、想象、言语等认识活动的过程，也即个体对感觉信号接收、检测、转换、简约、合成、编码、储存、提取、重建、概念形成、判断和问题解决的信息加工处理过程，它体现了个体思维进行信息处理的心理功能。

（2）需要。

需要是个体在生活中感到某种欠缺而力求获得满足的一种内心状态。它是人脑对生理和社会要求的反映。人是自然属性与社会属性的统一体，对其自身与外部条件有各种需要，如对空气、食物等自然条件的依赖，对交往、劳动、学习、运动等社会条件的需要。需要是人的活动的基本动力。从需要的起源来说，需要包括生理需要和社会需要。生理需要自不必讲，而社会需要是人们为了提高自己的物质和文化生活水平而产生的社会性需要，包括对知识、艺术创作的需要，对人际交往、尊重、友谊的需要等。

(3) 动机。

心理学一般被认为涉及行为的发端、方向、强度和持续性。动机是推动人从事某种活动，并朝向一定目标前进的内部动力。当人意识到自己的需要时，这种需要就变成了活动动机。动机是由需要与诱因共同组成的，动机的强度或力量既取决于需要的性质，也取决于诱因力量的大小。

(4) 情绪。

情绪是人对客观事物是否符合自身需要而产生的态度体验。个体对本身需要和客观事物之间关系的短暂而强烈的反应，是一种主观感受、生理反应、认知的互动，并表达出特定的行为。情绪是由外而内的感受和互动，然后又由内而外的表现和行动。也就是说，由外界环境影响使人产生情绪，而情绪又会通过特定的表情、语言和动作表现出来。情绪的产生是一种自然的反应，本身没有好坏，我们不需要谈“情绪”色变，但是不同的情绪所引发的行为则会带来不同的后果。

(5) 情感。

情感是人对客观事物是否满足自己的需要而产生的态度体验。其实，情绪和情感都是人对客观事物所持的态度体验，但两者细微差别在于：情绪出现较早，大多与人的生理性需要相联系，情感出现较晚，多与人的社会性需要相联系；情绪具有情境性和暂时性，情感则具有深刻性和稳定性；情绪具有冲动性和明显的外部表现，情感则比较内隐和不易察觉。情绪和情感是不可分割的。一般来说，情感是在多次情绪体验的基础上形成的，并通过情绪表现出来；反过来，情绪的表现和变化又受已形成的情感的制约。可以说，情绪是情感的基础和外部表现，情感是情绪的深化和本质内容。

(6) 意志。

意志是有意识地确立目的，调节和支配行动，并通过克服困难和挫折，实现预定目标的心理过程，简单地说，意志是人的思维决策见之于行动的心理过程。意志是人的意识能动性的集中表现，是人类特有的心理现象。它在人主动地变革现实的行动中表现出来，对行为（包括外部动作和内部心理状态）有发动、坚持和制止、改变等方面的控制调节作用。

(7) 气质。

气质是心理活动动力特征的总和，即表现在心理活动的速度、强度和稳定性方面的人格特征。气质是指人典型的、稳定的心理特点，包括心理活动的速度（如语言、感知及思维的速度等）、强度（如情绪体验的强弱、意志的强弱等）、稳定性（如注意力集中时间的长短等）和指向性（如内向性、外向性）。这些特征的不同组合，便构成了个人的气质形态。气质是人的个性心理特征之一，它是在人的认识、情感、言语、行动中，心理活动发生时力量的强弱、变化的快慢和均衡程度等稳定的动力特征，主要反映在情绪体验的快慢、强弱、表现的隐显以及动作的灵敏或迟钝方面，因而它为人的全部心理活动表现染上了一层浓厚的色彩。

(8) 性格。

性格是指表现在人对现实的态度和相应的行为方式中的比较稳定的、具有核心意义的个性心理特征，它是一种与社会关系最密切的人格特征。性格主要表现了人们对现实和周围世界的态度，并表现在他的行为举止中。性格主要体现在对自己、对别人、对事物的态度和所采取的言行上。性格是在后天社会环境中逐渐形成的，是人的核心的人格差异。性格有好坏之分，能最直接地反映出一个人的思想道德面貌。

（9）态度。

态度是人在自身道德观和价值观基础上对事物的评价和行为倾向。态度表现于对外界事物的内在感受（道德观与价值观）、情感（喜欢与厌恶、爱与恨）和意向（谋虑与企图）三方面的构成要素。如果激发态度中的任何一个表现要素，都会引发另外两个要素的相应反应。态度中的认知、情感和意向三个因素一般来说是相互协调一致的，彼此没有矛盾，有时三个要素之间也会发生不一致的情况，当三者发生矛盾时，其中的情感因素起主要作用。态度具有多项功能：认知功能，即为个体的行为反应提供具体的信息，对后继词激发挥理解作用和判断作用；情绪功能，即态度决定了个体的某种期望和目标，与态度相符的事物会带来满足，与态度相反的事物则唤起失望或不满足感；动机功能，即态度驱使人们趋向或逃离某些事物。

（10）人格。

人格是指一个人区别于他人的、在不同环境中一贯表现出来的、相对稳定的思维方式和外显的行为模式的心理特征的总和。人格的心理特征包括人的能力、气质和性格。能力是顺利有效地完成某种活动所必须具备的心理条件；气质是表现在心理活动的强度、速度和灵活性等动力特点方面的心理特征；性格则是表现在人对客观事物的态度以及与这种态度相适应的行为方式上的人格特征。人格是一个复杂的结构系统，它包括许多成分，其中主要有气质与性格、认知风格、自我调控等方面：一是气质与性格（前已讲述）；二是认知风格，认知风格是指个人所偏爱使用的信息加工方式，也叫认知方式，如有人喜欢与别人讨论问题，从别人那里得到启发，有人则喜欢自己独立思考；三是自我调控，自我调控是指个体控制和指导自己的行动的方式，自我调控强调的是个体对自己的思维、情感和行为进行监察、评价、控制和调节的过程，其作用是保证人格的完整、统一与和谐。自我调控系统是人格中的内控系统或自控系统，具有自我认知、自我体验、自我控制三个子系统。

（11）感觉。

感觉是客观刺激作用于感觉器官所产生的对事物个别属性的反映。人对客观事物的认识是从感觉开始的，它是最简单的认识形式。例如当菠萝作用于我们的感觉器官时，我们通过视觉可以反映它的颜色；通过味觉可以反映它的酸甜味；通过嗅觉可以反映它的清香气味，同时，通过触觉可以反映它的粗糙的凸起。每个感觉器官对物体一个属性的反映就是一种感觉。

（12）知觉。

知觉是外界刺激作用于感官时，人脑对外界的整体的看法和理解，它为我们对外界的感觉信息进行组织和解释。知觉反映的是由对象的各样属性及关系构成的整体。例如，看到一个苹果、听到一首歌曲、闻到花香等，都是知觉现象。

（13）记忆。

记忆是人类心智活动的一种，属于心理学或脑部科学的范畴。记忆代表着一个人对过去活动、感受、经验的印象累积，有相当多种分类，主要从环境、时间和知觉来区分。在记忆形成的步骤中，可分为下列三种信息处理方式：①译码：获得信息并加以处理和组合。②储存：将组合整理过的信息做永久记录。③检索：将被储存的信息取出，回应一些暗示和事件。

（14）思维。

思维最初是人脑借助于语言对客观事物概括和间接的反应过程。思维以感知为基础又超越感知的界限。它探索与发现事物的内部本质联系和规律性，是认识过程的高级阶段。思维对事物的间接反映，是它通过其他媒介作用认识客观事物，及借助于已有的知识和经验，已知的条件等来推测未知的事物。思维的概括性表现在它对一类事物非本质属性的摒弃和对其共同本质特征的反映。

（15）注意。

注意指心理活动对一定对象的指向和集中。注意分为无意注意和有意注意。注意是伴随着感知觉、记忆、思维、想象等心理过程的一种共同的心理特征。注意有两个基本特征，一个是指向性，是指心理活动有选择的反映一些现象而离开其余对象；二是集中性，是指心理活动停留在被选择对象上的强度或紧张程度。指向性表现为对出现在同一时间的许多刺激的选择；集中性表现为对干扰刺激的抑制。注意的产生及其范围和持续时间取决于外部刺激的特点和人的主观因素。

3. 学习任务

总体来说，普通心理学的学习任务是揭示人的心理现象，探讨心理活动发生、发展的规律，并应用这些规律为人际交往与沟通活动的实践服务。由此，学习任务可以分为理论任务和实践任务两方面。

（1）理论任务。

通过学习和探讨，揭示客观现实对人的主观精神或心理的决定作用，揭示心理与大脑的联系、心理发展与社会历史条件的关系，并说明人的感觉、知觉、记忆、思维、情绪等是如何产生，它们又是怎样实现对行为调节等；学习和探讨成果力求帮助人们正确认识自己的精神世界，树立正确的人际交往的价值和世界观；学习和探讨有助于结合所学专业取得进步和发展，对成人成才起到积极的推动作用。

（2）实践任务。

揭示人际交往实践中各自心理现象的特殊规律，并根据其心理现象的特殊规律来解决具体的心理问题：实践作用在于心理预测与控制，心理学研究人的心理活动的规律，其目的在于指导人们在实践中如何了解、预测、控制和调节人的心理。如人们可以根据智商、性格、气质等心理和行为状况，因人施学，因人施交（交往、交流、交际），有效地利用有利因素，避免不利因素，更好地调节人的心理活动，从而提高交际活动的效率和质量；由于人类的各种实践活动都涉及人的心理问题，因此需要把普通心理学所揭示的一些基本规律应用到交往实践的各个环节，与应用心理学知识结合起来，并渗透到各种业务实践领域，从而产生广泛的实用社会价值，直接服务于生活、学习、工作以及社会活动。

（二）社会心理学

社会心理学是心理学与社会学之间的一门边缘学科，受到来自两个学科的影响。社会心理学是系统地研究社会心理与社会行为的科学，研究的是人的社会心理的基本过程及其变化发展的条件和规律。社会心理活动不仅与个体所处的即时情境有关，而且与其过去形成的经验以及个体的人格特征有密切关系。社会行为与社会心理二者紧密相连，前者是外显的，客观存在的，比较容易观察，后者是内隐的，属个体的主观世界，不容易被直接观察。

1. 定义

社会心理学是研究个体社会心理现象、群体的社会心理现象以及发展规律的学科。个体社会心理现象指受他人和群体制约的个人的思想、感情和行为，群体社会心理现象指群体本身特有的心理特征。

2. 基础概念

社会心理学学习的重要理论概念有：社会化、社会角色、社会动机、社会认知、认知失调、社会态度、自我意识、性格差异、人际关系、人际沟通、社会影响、个体心理、群体心理、民族心理、社会心理等。

（1）社会化。

社会化是人的个体在特定的社会文化环境中，学习和掌握知识、技能、语言、规范、价值观等社会行为方式和人格特征，适应社会并积极作用于社会、创造新文化的过程。它是人和社会相互作用的结果，社会化是由自然人到社会人的转变过程，每个人必须经过社会化才能使外在于自己的社会行为规范、准则内化为自己的行为标准，这是社会交往的基础。人通过社会化，学习社会中的标准、规范、价值和所期望的行为。可以说，人的社会化是一种持续终身的体验。社会化包括两个过程：一是社会对人进行教化的过程；二是与其他社会成员交往互动，成为合格的社会成员的过程。

（2）社会角色。

社会角色是在社会系统中与一定社会位置相关联的符合社会要求的一套个人行为模式，也可以理解为个体在社会群体中被赋予的身份及该身份应发挥的功能。换言之，每个角色都代表着一系列有关行为的社会标准，这些标准决定了个体在社会中应有的责任与行为。每个人在社会生活中都在扮演自己应该扮演的角色，这不仅意味着占有特定社会位置的人所应完成的行为，同时也意味着社会、他人对占有这个位置的人所持有的期望。社会角色主要包括了三种含义：社会角色是一套社会行为模式；社会角色是由人的社会地位和身份所决定，而非自定的；社会角色是符合社会期望的。

（3）社会动机。

社会动机是以人的社会文化需要为基础，在社会生活环境中通过学习和经验而获得的。它是直接推动个体活动达到一定目的的内部动力、内部刺激，是个人行为的直接原因。社会动机推动人们努力学习和工作，积极与他人交往，获得社会和他人的赞许性评价等。

（4）社会认知。

社会认知是指个人对他人的心理状态、行为动机、意向等作出推测与判断的过程。社会认知对象的范围很广，包括对他人表情的认知、对他人性格的认知、对人与人之间关系的认知、对人的行为原因的认知等。社会认知的过程既是根据认知者的过去经验及对有关线索的分析而进行的，又必须通过认知者的思维活动来进行。社会认知是个体行为的基础，个体的社会行为是社会认知过程中作出各种裁决的结果。

（5）认知失调。

认知失调是指一个人的行为与自己先前一贯对自我的认知（而且通常是正面的、积极的自我）产生分歧，从一个认知推断出另一个对立的认知时而产生的不舒适感及不愉快的情绪。其中有两个重点或难点：一是认知成分，即人们所谓的思维、态度和信念等；二是推断，即所谓逻辑推理是否正确。这两点同时又是产生失调的原因。

（6）社会态度。

社会态度是指人对外界事物一贯的、稳定的心理准备状态或一定的行为倾向。一般的情况下，态度决定行为，行为是态度的外部表现。社会态度是由认知的、情感的、行为的三种成分构成的一个整体，是对态度对象的理解、情感和行为的相互关联的，比较持续的、某一个人内部的系统。认知成分是主体对态度对象的认识和评价，是人对于对象的思想、信念及其知识的总和。情感性成分是主体对态度对象的情绪的或情感性体验。行为倾向成分是主体对态度对象向外显示的准备状态和持续状态。这三种成分各有自己的特点，认知成分是态度的基础，其他两种成分是在对态度对象的了解、判断基础上发展起来的；情感性成分对态度起着调节和支持作用；行为倾向成分则制约着行为的方向性。

（7）自我意识。

自我意识是对自己身心活动的觉察，即自己对自己的认识，具体包括认识自己的生理状况（如身高、体重、体态等）、心理特征（如兴趣、能力、气质、性格等）以及自己与他人的关系（如自己与周围人们相处的关系、自己在集体中的位置与作用等）。自我意识具有意识性、社会性、能动性、同一性等特点。自我意识的结构是从自我意识的三层次，即知、情、意三方面分析的，是由自我认知、自我体验和自我调节（或自我控制）三个子系统构成的。自我意识的形成原理包括：正确的自我认知、客观的自我评价、积极的自我提升和关注自我成长。人生不同的发展阶段，其自我意识的形成各有特点。自我意识是一个人对自己的认识和评价，包括对自己心理倾向、个性心理特征和心理过程的认识与评价。正是由于人具有自我意识，才能使人对自己的思想和行为进行自我控制和调节，使自己形成完整的个性。

（8）性格差异。

性格是一个人对现实的态度以及与之相适应的习惯化的行为。性格是个性心理特征中最重要的方面，它通过人对事物的倾向性态度、意志、活动、言语、外貌等方面表现出来，是人的主要个性特点即心理风格的集中体现：人们在现实生活中显现出的某些一贯的态度倾向和行为方式，如大公无私、勤劳、勇敢、自私、懒惰、沉默、懦弱等，都反映了自身的性格特点，而性格差异就是人与人的性格之间的差异。性格差异体现于性格的态度特征、理智特征、情绪特征和意志特征：性格的态度特征即表现为个人对现实的态度的倾向性特点，如对社会、集体、他人的态度，对劳动、工作、学习的态度以及对自己的态度等；性格的理智特征即表现心理活动过程方面的个体差异的特点，如在感知方面是主动观察型还是被动感知型，在思维方面是具体罗列型还是抽象概括型，是描绘型还是解释型，在想象力方面，是丰富型还是贫乏型等；性格的情绪特征即表现个人受情绪影响或控制情绪程度状态的特点，例如，个人受情绪感染和支配的程度，情绪受意志控制的程度，情绪反应的强弱、快慢，情绪起伏波动的程度，主导心境的性质等；性格的意志特征即表现个人自觉控制自己的行为及行为努力程度方面的特征，例如，是否具有明确的行为目标，能否自觉调适和控制自身行为，在意志行动中表现出的是独立性还是依赖性，是主动性还是被动性，是否坚定、顽强、忍耐、持久等。古语云："积行成习，积习成性，积性成命。"西方也有名言："播下一个行为，收获一种习惯；播下一种习惯，收获一种性格；播下一种性格，收获一种命运。"

（9）人际关系。

人际关系是社会的人与人之间情感上的关系。（详见专题章节）

（10）人际沟通。

人际沟通是人们在社会活动中为了解彼此、相互合作，而通过语言等多种媒介而进行的信息传递、思想交流的行为，是将信息编译并通过各种媒介在人与人之间传递和理解的过程。主要通过言语、副言语、表情、手势、体态以及社会距离等来实现的。最基本的要素包括信息发出者、信息、讯道、信息接受者：信息发出者是信息沟通的主体，他不仅有目的地传播信息，还对传出的信息进行编码，即把信息加工、组织成便于传递的形式；信息是指沟通的内容，表达沟通主体的观念、需要、愿望、消息等；讯道即信息传递的途径，信息必须载入讯道才能存在和传递，声、光、电、动物、人以及报纸、书刊、电影、电视等，都是信息传递的媒介；信息接受者即接收信息的人。

（11）社会影响。

社会影响是指一个人用一种被别人所乐于接受的方式，控制他人、改变他人思想和行动的所重视的力量。构成社会影响的基础有权力性影响和非权力性影响。权力性影响主要源于法律、职位、习惯和武力等。构成非权力性影响的因素主要有：品格因素、才能因素、知识因素、情感因素等。

（12）个体心理。

个体心理是指个体在特定的社会组织中所表现的心理现象和行为规律，包括个体身上表现出来的一切心理现象和特点，如认知、情绪、情感、动机、能力、人格等。通过对个体心理的学习，可以了解和把握个体行为的原因，进一步预测和控制个体的行为，充分挖掘个体的潜能，激发个体工作积极性，使个体心理和行为符合的目标。

（13）群体心理。

群体心理是指人们在共同活动中所产生的群体本身特有的心理现象，包括竞争、合作、依赖、侵犯、利他等行为，决策、研究、国民心态、群体内聚力、社会心理气氛等。群体的许多特点，是通过群体共同或主导的心理倾向表现出来的，如凝聚力、心理气氛、士气、态度倾向等。由于群体成员的相互影响的存在，这种状态与倾向已不简单是个人的特征，而是群体的特点。群体心理与个体心理是密切关联的。没有个体心理，群体心理就没有基础。另一方面，个人作为群体的成员，其心理状况必定会受到群体心理倾向的感染与影响。一个人心情不快时，欢乐的群体心理气氛会使他受到感染，忘记烦恼。相反，如果群体有不良的心理气氛，如不信任、猜忌，这些特征也最终会投射到个人身上，成为个人的特点。

（14）民族心理。

民族心理指一个民族作为一个大群体所具有的典型心理特点，是特定民族在长期的自然环境与社会环境的制约与历史文化的积淀过程中形成的，并通过一定的生产和生活方式以及各种文化产品得以表现出来。

（15）社会心理。

社会心理是指在一段特定的时期内弥漫在社会及其群体中的整个社会心理状态，是整个社会的情绪基调、共识和价值取向的总和。人们对社会现象的普遍感受和理解，是社会意识的一种形式。表现于人们普遍的生活情绪、态度、言论和习惯之中。社会心理是自发的、零乱的，是对社会生活初级的多含直觉成分的反映。人们的社会心理状况最终取决于社会生活实际，直接形成于种种现实生活迹象对人们的刺激和人们的理解与感受，社会心理促成一定的社会风气。

3. 学习任务

总体来说，社会心理学的学习任务是揭示社会各种情境中人的心理过程及其行为规律，探讨不同社会交往情境中的人的心理活动的发生发展规律，并应用这些规律灵活地为社会交际活动实践服务。由此可以分为理论任务和实践任务两方面。

（1）理论任务。

社会心理学要针对社会各种情境中的“人”的心理过程及其行为规律进行学习和探讨。社会心理学学习的理论任务分为个体、人际（人与人）、群体、社会四个层面。

①个体层面：如个体社会化与自我意识、社会知觉、社会态度、社会动机、社会学习等。

②人际层面：如人与人之间的相互作用，如人际沟通、人际关系等。

③群体层面：如群体凝聚力，群体心理氛围，个体与群体的相互作用，社会影响等。

④社会层面：如人际交往风俗、时尚、阶层、阶级，民族心理特征、国民性等。

（2）实践任务。

准确认知和判断个体、人际、群体、社会四种不同的心理现象及其行为规律，应用这些规律灵活地为社会交际活动实践服务。

①提示人与社会相互作用中，心理活动发生、发展和变化的规律，解释、预见、调控人们的社会交际心理及其行为。

②认识自己以及自身的角色义务，提高自身素质，将生活意识转化成人际交往的科学意识。

③从社会人的本质和规律性的高度，认识周围发生的事情，在更高的水平上俯瞰社会

交际现象，发挥社会心理学理论的预测、调节和控制的实践作用。

（三）人际交往心理学

人际交往心理学是指交际过程中人与人之间的相互作用的心理。人际交往是人们用一定的工具传递信息交流思想，以求达到某种目的的社会活动。

1. 定义

人际交往心理学是在人与人交往的心理方面的客观事实和规范的基础上，运用现代心理学的研究方法和知识去探讨人际交往心理方面的客观规律的心理科学。

2. 基础概念

人际交往心理活动是一个比较复杂的逻辑过程。人际交往心理学基础理论概念有人际需求、人际交换、人际知觉、人际归因、人际印象、人际态度、人际吸引、人际冲突、人际攻击、社会知觉、自我知觉、心理控制、人际影响、群体行为。

（1）人际需求。

美国心理学家亚伯拉罕·马斯洛在《人类激励理论》一文中提出了人类需求像阶梯一样从低到高按层次分为五种，分别是生理需求、安全需求、社交需求、尊重需求和自我实现需求，显然，社交需求是人与人交往的产物。

其实，上述每一种需求的满足都离不开人际交往。交往活动伴随人的一生。缺乏或被剥夺了正常的交往活动，人就会出现消极情绪反应和心理紊乱，久之便导致心身疾病。因此，人际交往是维持人的正常心理、生理健康的必要因素。

（2）人际交换。

个体期待人际交往是对自己有价值的，即在交往过程中能够得大于失，或至少等于失。人际交往是双方根据自己的价值观进行选择的结果。

20 世纪 60 年代于美国兴起了社会交换理论。此理论强调了人类行为中的心理因素，即主张人类的一切行为都受到某种能够带来奖励和报酬的交换活动的支配，人际交往在本质上是一个社会交换的过程。因此，人类一切社会活动都可以归结为人的交换心理，人们在社会交换中所结成的社会关系也是一种交换关系。社会交换理论由美国社会学家、心理学家霍曼斯创立，后被布劳、埃默森等人加以改进。

（3）人际知觉。

知觉是客观事物直接作用于人的感官时，大脑产生的对事物整体的反应。人际知觉是指对人与人之间关系的知觉，包括对人的外部特征、个性特点、处事风格等的了解，对人的行为的判断与理解。此种知觉主要是在人际交往中发生，并以各种交际行为获取知觉目标。交际行为指人们在交往中相互接触和交换的言语、态度，以及动作如礼节、交谈、表情、援助、侵犯等行为。

（4）人际归因。

人际归因指关于知觉者推断和解释他人和自己行为原因的社会心理学理论。是由奥地利社会心理学家弗里茨·海德在《人际关系心理学》中提出的，后由维纳、阿布拉姆森等人继承和发展。

人际归因理论把人看作是理性的，在归因上是进行因果分析的，即人们心理活动发生的因果关系。人们用它来解释、控制和预测相关的环境，以及随环境而出现的行为，即通过改变人们的自我感觉、自我认识来改变和调整人的行为的理论。

（5）人际印象。

人际印象是指主体通过人际交往，在知觉基础上的脑海记忆中所留下的对人际客体的形象。对主体而言，人际印象会促成自我角色形象的形成；对客体而言，人际印象会产生来自他人的期望效应；对主客体而言，人际印象会直接决定主客体之间的互动交往。人际印象中的第一印象是非常重要的，这在心理学中被称为“首因效应”，即人们容易受到最初所见事物状况的影响，其影响容易长久持续地保留在记忆中。

（6）人际态度。

态度作为一种心理现象，既是指人们的内在体验，又包括人们的行为倾向。人际态度是指个人对交往客体所持的评价与心理倾向。态度是潜在的，主要通过人们的言论、表情和行为反映出来。人们对态度所表现出来的肯定、接受、赞成和否定、拒绝、反对等评价倾向就是态度。态度处于一种心理上的准备状态，但这种准备状态支配着人们对观察、记忆、思维的选择，更决定着人们未来想做些什么。人际态度的心理结构有三个因素，即认知因素、情感因素和意向因素。认知因素指个人对态度对象带有评价意义的叙述；情感因素指个人对态度对象的情感体验，如尊敬—蔑视，同情—冷漠，喜欢—厌恶等；意向因素指个人对态度对象的反应倾向或行为的准备状态，也就是个体准备对态度对象做出何种反映。

（7）人际吸引。

人际吸引指人与人之间在相互交往过程中所产生的情感方面相互亲近的心理倾向。人际交往中，有的一见如故，有的“鸡犬之声相闻，老死不相往来”，这反映出吸引力程度的强弱问题。造成人际吸引的因素有几种：长相因素、性格因素、能力因素、相近因素、相似因素、相补因素、人格因素等。

（8）人际冲突。

人际冲突指两个或更多社会成员间，由于反应或希望的互不相容性，而产生的紧张状态。一般是个人与个人之间的冲突。冲突的发生，往往由于生活背景、教育、年龄和文化等因素的差异，而导致对价值观、知识及沟通等方面的影响，因而增加了彼此相互合作的难度。

（9）人际攻击。

人际攻击又称侵犯行为，指有目的、有意图地伤害或试图伤害他人心理或身体状况及破坏其他目标的行为。攻击往往会以行为的方式表现出来，攻击可以是身体的也可是语言的；可以是直接的，也可是间接的；可以是显形的，也可是隐形的。人际交往实践中的人际关系失衡，即一方明显处于强势，而另一方明显处于弱势，且强势一方攻击性很强，同时又不允许弱势一方表达他的感受，此时人际攻击一触即发。

（10）社会知觉。

社会知觉是人对社会客体的感知和认识过程，与对自然客体的感知和认识过程相对应。包括对他人、对自己和对群体的知觉。

（11）自我知觉。

自我知觉是个体对自己的认识，以自我为认识的对象，也是指一个人通过对自己行为的观察而对自己心理状态的认识。自我知觉理论认为，人们通过自己的行为和行为发生的情境了解自己的态度、情感和内部状态。也就是说，通过我们的外显行为，我们对自己内部状态有了了解，正像他人了解我们一样。

（12）心理控制。

行为主体不仅要对心理活动作出正确的判断，更要随之作出相应的心理调整，“灵活应变”使其心理状态受到调控和制约。但所谓的“心理控制”，并不是说可以把自己的意志扭曲变形，彻底消灭掉，而是暂时保留想法，求同存异，使事物向好的方向发展。

（13）人际影响。

人际影响是在他人影响下，个人的信念、态度、情绪和行为所发生的变化。人际影响是人际关系中一种普遍存在的现象。通过人际影响，个人往往会按照自己所生活的文化环境中占优势的模式来改变自己的态度或行为，使个人向社会或群体同化方面发展，并使人们的行为发生相应的同化反应。

（14）群体行为。

群体行为是指为了实现某个特定的目标，由两个或更多的相互影响、相互作用、相互依赖的个体组成的人群集合体。组织、群体和个体是不可分割的整体。群体介于组织和个人之间。

3．学习任务

总体来说，人际交往心理学主要揭示与阐明人际交往中，人与人关系的发生、发展的一般规律与机制，探讨与分析人际关系的理论基础，清楚个人与个人、个人与群体的交互方式与作用，以及人在人际关系体系中的如何运作等。人际交往心理学是揭示人际交往情境中的人的心理过程及其行为规律，并应用这些规律为人际交往活动实践服务。由此可以分为理论任务和实践任务两方面。

（1）理论任务。

针对社会人际交往中的人的心理过程及其行为规律进行深入学习和探讨，加强完善该学科理论体系。

①学习与探讨人际交往中人际关系的理论基础，不断优化人际交往心理学的理论内涵。

②学习与探讨，了解与明晰个人、群体、个人与个人、个人与群体之间的交互方式及其作用。

③深化人际态度、社会知觉、自我知觉、心理控制、人际影响、人际吸引、人际冲突、群体行为等对人际关系的影响。

④为进一步完善人际交往心理学的科学理论体系提供充足的依据。

（2）实践任务。

准确认知和判断人际交往中的心理现象及其行为规律，应用这些规律灵活地为人际交往活动实践服务。

①树立正确的人际交往态度和价值观，积极主动地与他人交流沟通，使彼此之间互相了解、信任，建立正确的人际关系思想基础。

②建立优质的人际关系是一个技术问题，必须从我做起。“己所不欲，勿施于人”，相互交往中，你如何对待别人，别人将来也可能会怎样对待你。应该主动积极地为自己想要建立的人际关系迈出行动的第一步。

③人无完人，在交往活动中，可能由于不经意的某种失误，给交往造成障碍，此时需要改善失当的交往心态和行为，有效地调整交往措施和策略，逐步改善人际关系。

④处于社会政治、经济、文化、思想、意识形态快速发展的当下，社会人际关系正在悄悄地发生着变化，人们经济实力的改变，引起了人们社会地位的变化；中外多元思想文化的相互激荡引起了人们交往的世界观、人生观、价值观和道德观的改变。此时，如何超越金钱、地位、权势等不良的思想行为，纠正畸形的人际关系、树立和发展新型的人际关系是一个新的实践课题。

二、人际关系学

人际关系学是一门研究人际关系形成与发展规律，并据此指导人们的交往实践，优化人际关系的科学。处理人际关系的社会实践中，运用最多的是交际文化学和人际交往语言学等学科知识。

（一）交际文化学

文化是指人类社会历史实践过程中所创造的物质财富与精神财富的总和。语言学家把文化分为知识文化和交际文化。所谓知识文化，指的是直接影响交际的背景知识，如社会、政治、经济、文学、艺术、历史、哲学、科技成就等称为知识文化，交际文化指的是直接影响交际的背景知识和普通的文化模式，其中的文化模式指一个民族文化或一种文化的各个文化特质丛（内容）相互联系整合成为协调一致的系统（整体）的结构状态。交际文化能够直接影响人际交往行为和交际文化模式。

美国著名人类学家，鲁斯·本尼迪克特（Ruth Benedict）在《文化模式》中指出：“文化行为同样也是趋于整合的。一种文化就如一个人，是一种或多或少一贯的思想和行为的模式”，“所有各种各样的行为，诸如谋生、择偶、战斗和神氏崇拜，都依据文化内部发展起来的无意识选择规范而被融合到了统一模式之中。”譬如，夸扣特尔人喜爱心醉神迷，追求个人荣誉、大胆、虚荣、傲慢；祖尼人追求安宁、恬静、适度、和谐；多布人则以阴险、嫉妒为美；中国人谦虚、勤劳、中庸、厚道；日本人优雅、凶残等。这些不同的文化模式，是由不同的心理特点、集体无意识、文化追求、共性行为所决定的。人际交往实践中的人，以各种文化特质通过整合才能成为协调一致的行为模式。

能够体现交际文化的涉及面非常广泛，从日常见面问候、称赞、致谢、道歉等，到委婉语、禁忌语、体态语言、环境语言乃至非语言行为运用等，都体现交际文化。简而言之，与交际相关的语言行为、民风民俗、生活习惯、思维方式、价值观念及行为准则等都称为交际文化。

1．定义

交际文化学是以人类交际中的文化背景知识和普通的文化模式的现象为研究对象，研究人类如何运用文化进行沟通活动的一门应用学科。

2．基础概念

在人们的交际活动中，涉及多个有关交际文化的基础概念：价值观念、民族性格、心理环境、自然环境、社会环境、思维方式、思维风格、思维习惯、跨文化交际、交际文化、文化差异、文化过滤、文化传统、文化冲突、语言规范、交际规范、性别文化、性别角色、语言行为、语言能力等。

（1）价值观念。

价值观念是指在某种世界观的基础上对各种事物、行为以及可能做出的选择等进行评价的标准和据此采取的某种行为的态度及倾向，人类社会的各种规范，实际上是特定的价值观或价值标准的具体体现。

（2）民族性格。

民族性格是指各民族在形成和发展过程中凝结起来的表现在民族文化特点上的心理状态。民族性格又称国民性，即一个国家的人民由于生存的自然环境所决定的生产方式，形成了与之相适应的社会心理、社会意识，由此产生出自己稳定的、独特的社会经济—政治结构形态。这种结构形态反过来又是国民的社会心理、社会意识定型化，形成牢固的社会风俗、习惯传统。两者相互交错影响，经过历史积淀，就形成了国民性。

（3）心理环境。

心理环境指对人的心理事件发生实际影响的环境，通俗的指人的大脑中对人的一切活动发生影响的环境事实，即对人的心理事件发生实际影响的环境。

（4）自然环境。

自然环境是社会环境的基础，而社会环境又是自然环境的发展。自然环境是环绕人们周围的各种自然因素的总和，如大气、水、植物、动物、土壤、岩石矿物、太阳辐射等。

（5）社会环境。

社会环境是指人类生存及活动范围内的社会物质与精神条件的总和，包括整个社会经济文化体系。

（6）思维方式。

思维方式是指看待事物的角度、方式和方法，它对人们的言行起支配和决定性作用。不同国籍、文化背景的人看待事物的角度、方式不同，便是思维方式的不同。

（7）思维风格。

思维风格是指人们所偏好的进行思考的方式。它不是一种能力，而是一种偏好的表达和使用能力的方式，具有相同能力的个体可能会具有完全不同的思维风格。

（8）思维习惯。

思维习惯是指一个人在日常生活中思考问题时所偏爱的一种方式和方法。思维习惯决定着思想和行为。思维习惯让人们偏爱某种看待问题的角度和方式方法。思维决定情绪，有什么样的思维就会产生什么样的情绪。

(9) 跨文化交际。

跨文化交际是指本族语者与非本族语者之间的交际，也指任何在语言和文化背景方面有差异的人之间的交际。

(10) 交际文化。

交际文化指的是直接影响交际的背景知识和普通的文化模式，其中的文化模式指一个民族文化或一种文化的各个文化特质丛（内容）相互联系整合成为协调一致的系统（整体）的结构状态。

(11) 文化差异。

文化差异是指因地域环境、民族环境异同，各地域、各民族的人们所特有的文化异同而产生的差异。所谓文化是在同一个地域环境、民族环境中的人们所具有的“共同的心理程序”。因此，文化不是一种个体特征，而是具有相同地域、民族以及社会经验、受过相同教育的许多人所共有的心理程序。不同的群体、不同的国家或地域的人们的这种心理程序之所以会有差异，是因为他们向来受着不同的教育、有着不同的社会经历。

(12) 文化过滤。

文化过滤指在跨文化的交流、对话中，由于文化传统、社会环境、审美习惯等不同，接受主体有意无意地对交流信息进行一番选择、变形、改造、渗透、创新，从而造成交流信息在内容和形式等方面发生的变异现象。文化过滤肯定了文化在传播过程中发生变异、变形、转化的合理性，同时，接受者对文化的误读也存在着不可避免性。

(13) 文化传统。

文化传统是指贯穿于民族和国家各个历史阶段的各类文化的核心精神。每一个民族、每一个国家的文化既因时因地而异，又有一定的稳固性和延续性，这就是文化传统所起到的作用。

(14) 文化冲突。

文化冲突是指两种或两种以上的文化相互接触时所产生的相互抵触、相互排斥、相互竞争和对抗状态。它集中体现在人们对问题的分析角度、思维模式和评判标准的差异上。

(15) 语言规范。

语言规范是指使用某种语言的人所应共同遵守的语音、词汇、语法、书写等方面的标准和典范。语言规范化指根据语言发展的规律，在某一种语言的语音、词汇、语法等方面分歧或混乱的现象中，找出甚至确定大家都应遵循的规范，指出不合规范的东西，通过语言研究著作如语法书、词典、语言学著作等明文规定下来，并通过各种宣传教育的方法，推广合乎规范的现象，限制并逐渐淘汰不合规范的现象，使人们共同遵守语言规范而进行有效的交际，使语言循着一条统一的正确道路向前发展。

(16) 交际规范。

交际规范就是在交际中各方共同遵循的约定俗成的一种习惯与准则。

(17) 性别文化。

性别文化是指社会对男性、女性及其相互关系的观点和看法，以及与之适应的性别规范和组织结构。依据人类性别关系的性质，可将性别文化分为平等型和不平等型。平等型性别文化是先进的性别文化，不平等型性别文化是落后的性别文化。不平等的性别关系文化可以分为两种情况，一种是与女性地位高于男性地位相适应的性别文化，另一种是与男性地位高于女性地位相适应的性别文化。

（18）性别角色。

性别角色是指根据性别而规定的一种行为及思维模式。性别角色体现为在一定社会文化的两性规范影响下形成的性格、态度、价值取向和行为上的特征。性别角色存在于特定历史或文化情境中。

（19）语言行为。

语言行为是指交际时作为一个功能性单位的语句的运用。

（20）语言能力。

语言能力是指具体情境中对语言的使用能力。

3. 学习任务

总体来说，交际文化学主要认知和掌握人际交往中能够直接影响交际的背景知识和普通的文化模式。交际文化能够直接影响人际交往行为和交际文化模式，并应用这些理论知识为人际交往活动实践服务。由此，交际文化的学习任务可以分为理论任务和实践任务两方面。

（1）理论任务。

针对社会人际交往中的交际文化进行深入学习和探讨，加强完善该学科理论体系。

①重视理论创新，注重理论与实践有效结合。社会交际实践中总结归纳出的科学理论，为今后人们的人际交往提供科学指导。

②分析和研究交际文化学与相近学科的联系与区别，清晰界定交际文化学本身独特的、不可替代的研究对象与特殊的规律，从理论上划清相近学科的界线。

③建立一门独立的、系统的、完善的“交际文化学”，形成特有的概念、原理、命题、规律，构成严密的逻辑理论体系。

（2）实践任务。

灵活应用交际文化学的理论知识，在人际交往活动勇于实践，着力提高人际交往的质量和能力。

①重视学习交际文化学理论知识，达成理论与实践有效结合，提高交际文化作用的意识，学会在实践中协调人际关系。

②克服人际交往中的心理障碍，调整固有的认知、情感、意向，预防心理健康问题，消除、杜绝人际冲突。

③提高个人修养，营造包容和宽松的人际环境，促进身心健康，与社会和谐发展。

④培养人际交往能力，通过交往建立起和睦的家庭关系、亲属关系、邻里关系、朋友关系、同学关系、同事关系以及与陌生人的关系。

【案例赏析】

礼 物

北京格朗外贸公司与印度哈哒商贸公司的商业伙伴关系已经有十五年了。为延续今后良好的发展势头，努力拓宽商贸业务，北京市格朗外贸公司在公司成立二十周年庆典之际，邀请所有与本公司有商业往来的伙伴前来北京参加庆典活动。活动结束后还准备赠送给各公司的大咖们一套真牛皮皮具，包括拉杆皮箱、皮包和皮带。北京市格朗外贸公司的刘德雨副总经理负责这批礼品的策划、定制和赠送。

河北一家皮具制品厂如期保质保量地交货了。然而当庆典结束即将赠送时，北京市格朗外贸公司行政总监王彬突然发现了纰漏：印度奉牛为神明，“吃牛、用牛”是绝不允许的。很难想象如果将这套牛皮礼品赠送给印方公司会产生怎样的后果。

幸好行政总监王彬发现及时，才使北京格朗外贸公司避免一场礼仪错误，造成不必要的误会。原来刘德雨副总经理是由东北深沟养殖场调职到此，比较年轻，社会经验不足，且时间匆忙，才险些犯下失礼的大错。

（二）人际交往语言学

人际交往语言学是研究人际交往与语言运用相互关系的现象、手段和规律的理论学科。它对人际交往与语言的相互影响的各种现象做出解释；对人际交往与语言的相互制约的关系做出理论性的解释；对人际交往与语言艺术相互促进的方法作出规范。

1. 定义

人际交往语言学是以人类交际中的语言现象为研究对象，研究人类如何运用语言进行沟通活动的一门应用语言学科。

2. 基础概念

在人们的交际活动中，涉及多个基础概念：交际主体、语言沟通、非语言沟通、言语沟通、言语环境、言语障碍、沟通能力等。

（1）交际主体。

交际主体指语言交际的参与者，包括说话者和听话者，即从事语言交际活动的个人或团体。

（2）语言沟通。

语言沟通是指以一种语言体系为载体实现的沟通，主要包括有声口语式沟通、书面式沟通、电子介质式沟通三种形式。

（3）非语言沟通。

非语言沟通是相对于语言沟通而言的。非语言沟通是指通过某些媒介而不是通过说话或文字来传递信息的过程。例如人的身体动作、眼神、微笑、体态、语气、语调、空间距离等方式。在人际交往中，沟通的大部分内容都是通过语言来表达的，而少部分则通过非语言方式来表现的。

【案例赏析】

微　笑

飞机起飞前，一位乘客请求空姐给他倒一杯水吃药。空姐很有礼貌地对他说："先生，为了您的安全，请稍等片刻，等飞机进入平稳飞行后，我会立刻把水给您送过来，好吗？"

15 分钟后，飞机早已进入了平稳飞行状态。突然，乘客服务铃急促地响了起来，空姐猛然意识到：糟了，由于太忙，忘记给那位乘客倒水了！当空姐来到客舱，看见按响服务铃的果然是刚才那位乘客。她小心翼翼地把水送到那位乘客面前，面带微笑地说："先生，实在对不起，由于我的疏忽，延误了您吃药的时间，我感到非常抱歉。"这位乘客抬起左手，指着手表说道："怎么回事，有你这样服务的吗？"空姐手里端着水，心里感到很委屈，但是，无论她怎么解释，这位挑剔的乘客都不肯原谅她的疏忽。

接下来的飞行途中，为了补偿自己的过失，每次去客舱给乘客服务时，空姐都会特意走到那位乘客面前，面带微笑地询问他是否需要水，或者别的什么帮助。然而，那位乘客余怒未消，摆出一副不合作的样子，并不给空姐好脸色。

临到目的地前，那位乘客要求空姐把留言本给他送过去，很显然，他要投诉这名空姐。此时空姐心里虽然很委屈，但是仍然不失职业道德，面带微笑地说道："先生，请允许我再次向您表示真诚的歉意，无论你提出什么意见，我都将欣然接受您的批评！"那位乘客脸色一紧，嘴巴准备说什么，可是却没有开口，他接过留言本，开始在本子上写了起来。

等到飞机安全降落，所有的乘客陆续离开后，空姐本以为这下完了。没想到，等她打开留言本，却惊奇地发现，那位乘客在本子上写下的并不是投诉信，相反，是一封热情洋溢的表扬信！

是什么使得这位挑剔的乘客最终放弃了投诉呢？在信中，空姐读到这样一句话："在整个过程中，您表现出的真诚的歉意，特别是你的十二次微笑，深深打动了我，使我最终决定将投诉信写成表扬信！你的服务质量很高，下次如果有机会，我还将乘坐你们的这趟航班！"

（选自《北京娱乐信报》，2002 年 10 月 18 日）

（4）言语沟通。

言语沟通是一个说与听的，以人际交往为目的的、具有个性化的、主观的心理互动的言语交流过程。

［注明：这里首先应将"语言"与"言语"的内涵界定为两个彼此不同而又紧密相连的概念。语言是一个体系，是以语音或字形为物质外壳（形态），以词汇为建筑构建材料，以语法为结构规律而构成的体系。其中，语言以其物质化的语音或字形而能被人所感知，它的词汇标示着一定的事物，它的语法规则反映着人类思维的逻辑规律，因而语言是人们沟通活动中进行心理交流的重要工具；而言语则是人们运用语言材料和语言规则所进行的交流活动的过程。人们在交际沟通过程中，还可以掺杂其他各种语言，如蒙语、英语等，这些语言都是交际的工具。使用多种语言的人们，如"说、听、读、写"行为，就是人际交往过程中对言语的运用。从解释定义便可知道，语言是社会生活的客观现象，对于使用

某个语种的人来说是统一的，每种语言都有发音、词汇、语法、句法等方面的一整套确定的规则，这些规则一经产生，就有着较大的稳定性。而言语则是人们各自的一种心理现象，在交际过程中表明的是一种具有个性化的心理交流过程，具备个体性和灵活性。因为个别人的言语不仅已经偏离了某种语言的统一标准和语法结构而互有较大区别，而且，同一个人的言语在不同场合，针对不同交际对象的情况下也会表现出言语方式和风格的不同。语言是有限的，言语是无限的，世界上没有两个人说话会完全一样，但是没有一个人能脱离共同的语言规则而达到人际沟通。言语就是说话，是一种行为动作及结果。因此说，“言语”不同于“语言”之处就在于它是人的主观的心理交流过程。人际交往最主要使用言语沟通方式进行，言语沟通分为言语方式和非言语方式两类。]

（5）言语环境。

言语环境即语境，它包括言语因素，也包括非言语因素。如说话的时间、空间、情景、对象、上下文、话语前提等都是语境因素。

（6）言语障碍。

言语障碍是指对口语、文字或手势等的应用或理解的各种行为异常。言语行为通过运用各种方式或符号（手势、表情、口语、文字）来表达思想或与他人进行交流，是后天习得的、人类独有的复杂的个性心理活动。言语障碍影响人的正常交流与沟通。

（7）沟通能力。

沟通能力是指一个人与他人有效地进行沟通信息的能力，包括外在技巧和内在动因。其中，恰如其分和沟通效益是判断人的沟通能力的基本尺度。恰如其分是说沟通行为符合沟通情境和彼此相互关系的标准或期望，沟通效益是说沟通能力通过活动在功能上达到了预期的目标，或者满足了沟通者的需要。

3．学习任务

总体来说，人际交往语言学是研究人际交往与语言运用相互关系的现象、手段和规律的理论学科。它对人际交往与语言的相互影响的各种现象做出解释，对人际交往与语言的相互制约的关系做出理论性的解释，对人际交往与语言艺术相互促进的方法作出规范。人际交往语言揭示人际交往语言是如何运用规律的，并应用这些规律为人际交往活动的实践服务。由此可以分为理论任务和实践任务两方面。

（1）理论任务。

对人际交往与语言运用相互关系的现象、手段和规律进行深入学习和探讨，加强完善该学科理论体系。

①学习与探讨人际交往中语言的运用，不断优化人际交往语言学的理论内涵。

②深入研究和探讨语言对人际关系的作用。为进一步完善人际交往语言学的科学理论体系提供充足的实践依据。

（2）实践任务。

准确认知和判断人际交往中的语言现象及其规律，利用这些规律灵活地为人际语言交流活动实践服务。

①积极主动地与他人进行语言交流沟通，使彼此之间互相了解、信任，建立友好的人

际关系。

②建立优质的人际关系是一个语言技术的问题，必须从我做起。

③在语言交流沟通活动中，可能由于使用语言不当，给交流造成误会，此时需要改变失当的语言行为，有效地调整语言技术措施，逐步改善人际关系。

本章小结

（1）世界著名的人际交往相关的重要理论有美国社会心理学家、哲学家、现象学家阿尔弗雷德·舒茨的“人际关系理论”；美国社会学家乔治·卡斯帕·霍曼斯的“社会交换理论”；美国社会学家彼得·布劳的“社会交换论”；美国心理学家、社会学家乔治·埃尔顿·梅奥的“人际关系理论”；美国社会心理学家、人格理论家、人本主义心理学家亚伯拉罕·马斯洛的“需求层次理论”；德国社会学家、哲学家、思想家尤尔根·哈贝马斯的“交往行为理论”；美国社会心理学家莫顿·多伊奇的“社会相互依赖（合作与竞争）理论”等。

（2）人际交往是一门多重学科为基础和多重学科交叉作为支撑的综合性学科。它的基础理论学科知识涉及：普通心理学、社会心理学、人际交往心理学、交际文化学、人际交往语言学。

（3）普通心理学、社会心理学、人际交往心理学、交际文化学、人际交往语言学的着重学习点在于四个方面：学科定义；学科基础概念；理论任务；实践任务。

关键术语

人际关系理论、社会交换理论、社会交换论、人际关系理论、需求层次理论、交往行为理论、社会相互依赖（合作与竞争）理论、普通心理学、社会心理学、交际文化学、人际交往心理学、人际交往语言学

案例分析

不该发出的电子邮件

案例描述：章理是北方一所民办独立学院某系的主任，领导和管理着38人的教师和辅导员队伍。

星期一早上七点半，他故意早到半小时，走近办公室时，却看到走廊上一伙下属正三三五五成群地激烈嚷嚷着。当他们看到主任走来时，立即鸦雀无声。这种陡然的沉默和愤怒的注视，使章理立刻明白了他们正在议论的话题。章理走进自己的办公室卡好门插。两分钟后，学院王副院长紧急叩门。

他开门见山地说：“院长那儿还有一帮人告状呢。章主任，上周末你发给他们的那份

电子邮件忒草率、忒狠了点吧？谁受得了呀？”“怎么了？”章理极力辩解道，“上周在院长会上，不是都通过了嘛，向每个人通报我们系的招生困难和准备裁员的事儿。我所做的不过是执行领导的决定吧。”“可你是怎么做的？方式合适吗？”王副院长很失望地说，“我们需要为教职工的生存着想，你应该先直接找他们一个一个地谈话，先铺垫一下，告诉他们学院目前的困难，一点儿一点儿、谨慎地透露这个坏消息，还得允许他们提出疑问和要求，这样的话才能在很大程度上减少对他们在情感上的打击。可你倒好，‘唰’一下子，给他们统统发了电子邮件，还是周五晚上，他们在家收到邮件后，整个周末，两天啊，炸窝了，差不多都处在极度焦虑狂躁中，受不了啦，等不到今天上班再说啦，到处打电话诉说自己的不幸、倒霉啊，现在是流言满天飞，说学院要黄了，要破产了，学院现在正处于一种近乎骚乱的局面。”

评析： 章理为了避免面对面交谈产生尴尬，选择电子邮件的方式来传递可能裁员的信息是不合适的。由于这一消息会使教职工产生恐慌和不安定的感觉，在这种情况下，章理沟通传递信息的方法需要保证教职工的心理承受度，同时能使学院领导们留有缓冲时间能够迅速处理潜在的危机。最好的方法是口头婉转地透露和传达。把这种预想不到的坏消息以电子邮件的方式发送给教职工（周五下班回家时间才知道此信息），无疑是极大的错误。

思考与辩论

（1）怎样理解人际交往与沟通是维持人的正常心理健康、生理健康的必要因素？

（2）在本章第一节中选择一种理论学说，对照解析中国的某种人际交往现象。

（3）举例说说“物体语言”在人际交往中的作用。

（4）如何理解“语言沟通”与“言语沟通”的内涵差异？举实例说明。

（5）请思考与讨论：如何将人际交往与沟通的理论学习任务转化为实践任务？怎样做才能真正将人际交往与沟通的理论知识内化为实践能力？

（6）请辩论：电子介质式沟通是一种新兴的沟通方式，请谈谈它的发展前景。

第三章　人际关系与社会关系

学习目标

（1）明确人际关系的本质、特征、作用，以及社会交际系统；
（2）识别人际关系的基本模式和互动模式；
（3）了解人际关系的形成、变化以及影响人际关系的因素；
（4）掌握人际关系的交际手段；
（5）学会在社会实践中如何处理好人际关系。

第一节　人际关系

人际关系是通过人与人之间的交往和相互作用而形成的。人在生活或生产活动过程中构建起各种社会关系，诸如亲属关系、发小关系、同学关系、师生关系、邻里关系、同事关系、战友关系、朋友关系、上下属关系等。人的成长、发展以及提升幸福质数都与和谐的人际关系密切相关，妥善处理好人际关系将能更有效地提高人们在人际关系上的运作效率。

一、人际关系的定义

人际关系是指社会中人与人之间情感上的关系。它表现为双方产生好感或憎恶，对他人行为的接受或排斥，与他人积极交往或封闭自己，与他人心理相容或不相容等。

人际关系的概念是20世纪初由美国人事管理协会率先提出的，也被称为人际关系论（或人群关系理论），具体理论内涵由美国心理学、社会学家乔治·埃尔顿·梅奥（George Elton Mayo）于1933年创立。

人际关系主要由心理认知、情感倾向、行为模式三个要素构成。

心理认知是人际关系的基础，反映了个体对人际关系状况的认知与理解。人际关系的发展、变化，往往是由心理认知因素的改变而引起的，相互之间的信息交流越多，了解越深刻，彼此之间的心理距离就越近。人与人之间在心理上的距离趋近，则双方都会感到心情舒畅，如果发生不悦甚至矛盾，心理上的距离就会加大，那么彼此都会产生不愉快的情绪体验，继而感到抑郁和忧伤。

情感倾向指交往双方相互间在感情上的好恶程度及对交往现状的满意程度，如深切的好感、留恋，使人们彼此心理相容，继而产生强烈的与其合作或结合的行为倾向，相反，则可能产生分离性的情感，如反感、憎恶，使人们疏远、排斥。可见，人际关系就是人与人之间情感上的关系，它表现为双方产生好感或憎恶，对别人的行为容易接受或排斥，与他人积极交往或封闭自己，与他人心理相容或不相容等。

行为模式是交往各方实际交往的外在表现和结果，如表现出的言谈举止、表情仪态、仪表风度、角色定位等。彼此的如上行为越相似，越易形成良好的人际关系，反之，就会加速彼此的关系紧张甚至破裂。

二、人际关系的本质

人际关系的本质是情感的相互联系。人际关系的互动中，包含着目标、步骤、环境、角色和规则。

人际关系的目标是要建立幸福人生、和谐组织、安定社会；步骤是建立良好人际关系须从自身品德修养做起，推己及人，扩充于团体到社会之中；环境条件是人与环境互动，因环境改变，人际关系也会产生改变，因此人际关系的状况会受环境影响；角色是不同角色会有不同的功能与态度，人在环境中应先认定自己的角色，再设定应当有的人际关系；人际关系的进行需按一定规则进行，诸如法律规则、礼仪规则和道德规则。

人际关系从属于社会关系，在社会实践中，人与人产生了交往关系，此种关系的建立受到个人因素的直接影响。在复杂的人际关系中，既有先天性，也存在着后天性，二者均具有发展性前景。不同角色会在人际关系环境中具有不同的态度与功能，人在关系环境中应首先认定自己的角色，然后再付诸行动。

德国哲学家亚瑟·叔本华（Arthur Schopenhauer）认为，所谓人际关系，简单讲就是体现为人的基本社会关系。人年轻的时候以为人际关系存在着理念性，即人们基于相同的气质、思维、情趣等才走到一起来，到年长后意识到人际关系存在着现实性，即人们的交往是以某种物质利益为前提的。于是，人们一个个自觉不自觉地像商品一样被贴上各种标签，反而忽略了个人自身的素质。

三、人际关系的特征

人际关系是人与人之间由于交往而产生的一种关系，表现为人与人之间交往过程中关系的深浅、亲密、融洽和协调等的程度。它主要表现在交往过程中人与人之间的心理距离上，反映着个人或群体在寻求满足社会心理需要、事业需要的心理状态。人际关系的产生、变化和发展具有如下特征：

（一）社会性

人存在于各种社会关系之中，人的社会关系产生于社会的生产关系，以及在此基础上所广泛形成的经济、政治、文化和业务等关系，同时社会关系也是社会角色之间的关系，是不以人的意志为转移的客观关系，如邻里关系、朋友关系等。

（二）需求性

人际关系以人们的需求为基础，需求是建立人际关系的动力，人际关系的优劣，主要反映了人们在相互交往中需求能否得到满足的心理状态。如果交往双方的需求能得到一定程度的满足，就会产生喜欢、亲近或愿意交往的情绪反应，人们的心理距离就会缩短；反之，就会产生厌恶、憎恨等情绪反应，心理距离就会加大。

（三）情感性

人际关系以情感为纽带。人际关系总是带有鲜明的情绪和情感色彩，是以情感为纽带表现出来的。实际上，人与人的交往即是心与心的交融，正如俗话所说，“以‘仁’心换人心”。人们相处中呈现出来的满意、愉快或疏远、冷漠的情绪状态是人际关系好坏的基本评价指标。人际关系所具有的情绪性，使人与人之间的心理距离成为可以直接观察的心理关系。

（四）互动性

人际关系以交往互动为手段。人际关系是人们借助于交往，努力消除陌生感，缩短心理距离的结果。交往是人们实现人际关系的手段，是人们交流信息、消除生疏、加深了解、获得肯定或否定体验的途径。不仅如此，交往的频率还是人际交往亲疏的调节器。一般说来，交往频率越高，人际关系越向纵深发展；交往频率越低，人际关系越趋于淡化，当交往完全不存在时，原有的实际意义上的人际关系也会成为名义上的人际关系。

四、人际关系的作用

人的成长、发展、成功、幸福都与人际关系密切相关。没有人与人之间的关系，就等于没有生命活动的基础环境。对人而言，正常的人际交往和良好的人际关系都是其心理保持健康、个性正常发展和生活具有幸福感的必要前提。美国著名人际关系学大师戴尔·卡耐基经过长期研究得出结论说：“专业知识在一个人成功中的作用只占 15%，而其余的 85% 则取决于人际关系。”这说明人际关系是一个人通往成功的阶梯。

（一）促进个性发展

人际关系是个性发展与人格健全的必经之路。个体只有通过与其他个体发生联系，才有可能学习社会知识、技能与文化，才能取得社会生活的资格。离开社会的交际环境，离开与他人的合作，个体是无法成为一个合格的社会人的。人生在世，需要与他人、社会交流信息、沟通情感。处于困难与危机之时，他人一句温暖的话语、一个真诚的关怀、一个助力之举，会令你倍感亲切和慰藉；在成功时，与他人分享你的快乐与喜悦亦会令你开心与畅快。

（二）促进心理健康

健康的心理总是与健康的人际交往相伴随的。心理健康水平越高，与别人的交往就越积极，越符合社会的期望，与别人的关系也越深刻。如果一个人长期缺乏与别人的积极交往，缺乏稳定的良好人际关系，那么这个人往往有明显的性格缺陷。心理学家奥尔波特发现，个性成熟的人，都同别人有良好的交往与融洽的关系，他们可以很好地理解别人，容忍别人的不足和缺陷，能够对别人表示同情，具有给人以温暖、关怀、亲密和爱的能力。亚伯拉罕·马斯洛研究发现高水平的“自我实现者”，对别人有更强烈、更深刻的友谊与更崇高的爱。

（三）促进成人成才

21 世纪是人才竞争的时代，知识的更新换代极为频繁，每个人都需要不断地进行知识的补充与更新，对于一个事业成功的人来说，他若想在人才竞争中脱颖而出，靠的不仅仅是出众的才华，更在于有良好的适应社会生活的能力和良好的人际协调的能力。因为，个人的能力是有限的，光靠书本上的知识很难适应社会发展的实际需要，而积极的人际沟通与交往，是获取新知识的有效途径。“独学而无友，孤陋而寡闻”，彼此间的畅所欲言、互通有无，将会使人们在思想碰撞中产生新的火花，促使他们在事业、人生上获得成功。

（四）促进营销自我

良好的人际交往有利于人们在更广阔的空间内表现自己。每个人都希望别人了解、理解、信任自己。要使这一美好的愿望成为现实，就必须与人交往，才可能让人家了解你的能力、才干、特长、学识以及你的为人、品格、性格，才可能有更多的人赏识你，从而获得更多发展的机遇。人际交往给自己提供了表现和营销自我的可能性，也为人的才能得到发挥、抱负得以施展提供了可能性。同时也通过与他人比较和吸纳他人的建议以不断改进、完善自我。

五、中国传统人际关系的基本模式

中国传统人际关系的基本模式是由人情、人缘和人伦构成的三位一体，它们彼此包含又各有自身的功能。“人情”是核心，中国人以传统的“亲”为基本的心理和行为模式；“人伦”为这一模式的规范化，使人们在交际互动中遵守规范维持着秩序；“人缘”是人们对这一模式的总体设定。进一步来讲，“人情”解释为“是什么”，体现为发自人际的心理需求而变成行为价值；“人伦”解释为“什么样”，体现为人际行为的规范；“人缘”解释为“为什么”，体现人际行为的心理。

从上述中国人际关系模式的分析中可知，人与人之间的心理是相通的。人情是传统人际关系的价值取向；人伦是调节传统人际关系的基本原则；人缘是构成传统人际关系的纽带。

（一）人情

“人情”是人的亲情或友情，如家庭、亲属、朋友、邻里、陌生人等之间的理解和关心与呵护。人情是人的喜、怒、哀、乐，是有价值的，体现于社会人与人之间的相互交换行为，如“送人情”“互通有无”“礼尚往来”“礼薄情义重”。《礼记·曲礼上》曰：“礼尚往来，往而不来，非礼也；来而不往，亦非礼也。”

（二）人伦

“人伦”是人与人之间的尊卑长幼之间的关系，如父子、上下级、夫妇、兄弟、朋友之间的关系。《孟子·滕文公上》曰：“父子有亲，君臣有义，夫妇有别，长幼有序，朋友有信。”人与人交往是有一套约定俗成的行为规范的，做到“这样”合乎规范，而做到“那样”就不合乎规范。人伦是调节人际关系的基本原则。交往实践中，人们对规范的接受过程，就是一种内化过程，也就是说，规范的接受是把外在于人们的规范行为要求转化为内在的彼此心理需要的内化过程，从而使人际交往保持着良性运行秩序。

（三）人缘

“人缘”是指与别人的关系。在中国，人缘是构成传统人际关系的纽带。包括先天资源，如血缘、地缘、性别、辈分、家世等；后天资源，如婚姻、财产、身份、地位、权力、名望、金钱、信息、人品等，人际交往行为就是充分利用上述资源来实现人际的互利互惠，这就是说，人缘是人与人相处中“赢”来的。下面的小故事会告诉我们如何赢来人缘：一个小孩儿不懂得见到大人主动问好，也不懂得跟小伙伴们友好团结。聪明的妈妈为了教会他如何与人相处，就把他领到一个山谷中，让他对着周围的群山大喊：“你好！你好！”山谷回应：“你好！你好！”妈妈又让小孩儿再喊：“我爱你！我爱你！”自不必说，山谷也回应道：“我爱你！我爱你！”这时，小孩儿惊奇地问妈妈这是怎么回事，妈妈告诉他：“朝着天空吐唾沫的人，唾沫也会落在他自己的脸上；尊敬别人的人，别人也会尊敬他。所以说，以后不管你是平常见面，还是远隔千里，都要心中想着处处尊敬别人。”小孩儿朦朦胧胧地明白了：“原来如此。”

综上所述，人情、人伦、人缘构成了一个包含价值、心理和规范的人际交往系统。中国人际交往偏重于“情”，而在“情”中又必然融入了伦理的成分，“伦”是中国传统伦理思想对人情的限定，其外在形式是“礼”，其内在心理是“仁”，“缘”的作用是通过“有来无往非礼”来达到人际交往过程中的心理平衡的。

六、人际关系的互动模式

人际关系的互动就是人际相互作用，可能是信息、情感等心理因素的交流，也可能是行为动作的交流。互动是一个过程，是由自我互动、人际互动和社会互动组成的。人际互动专指人们在心理和行为方面的交往、交流，是社会心理学研究较多的领域，它在结构上更强调角色互动。人们希望社会的交往来自于人际吸引，具有较强人际吸引力的个人之间更倾向于进行交往。人际互动模式就是人际关系的相处方式。

根据美国心理学家雷维奇（Lewicki）对人际关系的研究，人际关系分为以下相处模式：

1. 主从式

表现为关系一方处于支配地位，而另一方处于从属地位。如上司与职员、上级机关与下级机关的关系。

2. 合作式

表现为各关系方为了达到共同目标，彼此相互配合并宽容对方。如同事关系、师生关系。

3. 竞争式

表现为各关系方为实现各自目标展开激烈竞争。如“商”场上的同行关系、竞技比赛中的队友关系。

4. 无规则式

表现为双方关系毫无规则，不清楚要做什么、怎么做，以及达到何种目标。这种人际关系在社会上并不少见，如餐宴上的偶遇“酒友”关系，舞会上的随机的舞伴关系。

5. 主从—竞争式

这是一种混合式的人际关系。各关系方于相处中，有时是主从式关系，有时又是竞争式的关系，这种变换使双方难以把握相处程度。如职场上的“师徒”关系。

6. 主从—合作式

这是一种互补与对称的混合式人际关系，各关系方在其中使支配与被支配方和谐共处，关系更为融洽。如“亚洲基础设施投资银行”伙伴关系。

7. 竞争—合作式

各关系方在这种人际关系中，时而竞争，时而合作。为维持这种类型的人际关系，各关系方平常一般保持一定的心理距离。如同学关系。

8. 主从—合作—竞争式

这种兼混合式的人际关系兼有上述第5、6、7种模式的特点，矛盾较多，各关系方时而平稳配合，时而陷入纷争，时而携手合作，时而焰硝弥漫。如体育场上的“竞赛团队”中的队友关系。

七、人际关系的形成与变化

人际关系的形成与变化是有一定规律的，它有时可以沿着关系方预计的轨道进展，而有时它又不能以关系方的意志发生改变。通常人际关系的形成与进展会经历建立和破裂相反的两个方向的过程，以下就人际关系的相反的两个方向分别进行论述。

（一）人际关系的建立

人际关系的建立要经历五个阶段：始创阶段、试验阶段、加强阶段、融洽阶段、盟约阶段。

1. 始创阶段

人们从陌生到开始接触交谈时，以第一印象为基础，做出是否愿意与对方发展相互关系的意向。选择或定向阶段。人生是有限的，不可能广泛与每个人建立关系，所以，人们交往的对象都是自觉或不自觉地经过“高度”选择的结果。选择是建立人际关系的第一步，即人际关系的定向阶段。你可以从各个阶段评价对方，如服装、外表的吸引力，信念，态度，言谈举止等。根据观察决定是否与之发展相互关系，了解对方是否愿意与自己发展关系。

2. 试验阶段

试验与探索阶段。在这一阶段，人们有意识努力寻找共同的兴趣和经历，表达自己的观点、态度和价值观，观察对方的反应。在这一阶段，每件事似乎都是很愉快、轻松和非批评性的。许多人际关系都停留在这一阶段，沟通双方都喜欢这个水平的相互关系，但没有表现出进一步推进它的意愿。

3. 加强阶段

这是感情的进一步探索，双方愿意花更多的时间在一起，喜欢互相陪伴，并开始相互坦白，互相信任，比如互相使用昵称，开别人不能理解的玩笑，谈话中出现共同的期望和假设。这时候，开放是一种风险，因为自我袒露既可能使相互关系加强，也可能受到伤害。

4．融洽阶段

这是人际关系中双方个性开始融合的阶段，他们不仅相互包容、理解，也能很好地相互预测和解释对方的行为，只有当人们形成深入的、重要的关系时候，才会达到融合阶段。达到这一阶段的人通常是最好的朋友、恋人或父母和孩子。

5．盟约阶段

人际关系的最后一个阶段是双方做出某种正式的承诺，比如宣布婚约或结婚。处于这一阶段的人，任何一方想脱离这种关系都比较困难。所以，这是双方对彼此关系有某种长期承诺才采取的步骤。

人际关系可以建立在任何一个阶段上，是否从一个阶段发展到下一个阶段取决于关系方的主观努力程度。大多数人由于受到时间与精力制约不能进一步加强关系，因此只是把人际关系保持在比较靠前的阶段。

（二）人际关系的破裂

人与人的交往是人类社会中不可或缺的组成部分，人的许多需要都是在人际交往中得到满足的，如果人际关系满足需要的愿望受到挫折，那就意味着人际关系相处得不融洽、不顺利，甚至导致恶性循环，因而预示着关系的可能破裂。

人际关系既然有建立，那么就会有破裂。人际关系的破裂也同样分为五个阶段：差别阶段、划界阶段、停滞阶段、回避阶段、终止阶段。

1．差别阶段

人际关系的本质是情感的相互联系，进而相互融合、相互拥有。情感存在，彼此的关系就存在，情感消失，彼此的关系就破裂。而关系的一方在情感上一旦发生淡化，使融洽的情感开始发生差别，此差别就是情感消失的开端，这种差别即意味着人际关系方的不同点扩大，心理距离增加，彼此的接纳性下降。随之而来的是关系方在直觉和理解上都朝着不利的方向倾斜，彼此都感到开始难以准确地判断对方和再进一步接纳对方了。

2．划界阶段

关系方开始出现裂痕时，沟通的频率会逐渐下降，各自体验到的不愉快情绪逐渐地积累增加，进而变为对彼此关系的反感乃至厌恶。厌恶的不良情绪一经产生，便很快蔓延到彼此交往的各个方面，从认知、评价到态度、意向，最终在行为上具体地表现出来。当然，关系方的发展还没有足以明确表示对彼此的关系不再有兴趣和断然拒绝，在表面上仍试图维系着关系。一般而言，如果这个阶段出现的疏远没有得到改善，就会导致关系方在长时间都以收敛的方式划清界限不再交往，彼此关系会出现进一步的恶化。

3．停滞阶段

当关系方感情疏远的时候，原因不外是考虑到自身的利益，从而使关系方更加疏远，很难适应突然失去某种关系的支持。交往的双方开始放弃增进沟通的努力，人际关系的气氛变得冷漠。此时人们已不太愿意进行直接的谈话，而是凭借非言语方式来实现必要的沟通和协调，非言语沟通是缺乏热情的，目光是冰冷的，也没有热情的期待，许多人际关系在这一阶段维持很长的时间，原因有二，一是期望关系仍然朝好的方向发展，因而不愿意一下子就明确终止关系，二是考虑到自身的利益，很难一下子适应突然失去某种关系的支持，这就会促使人们在一定程度上维系某种若即若离的关系。

4．回避阶段

随着关系长时间的疏远，关系方都会尽可能地相互回避，特别是避免只有两个人在一起时无所适从的窘境。关系恶化到这一阶段，人们往往感到很难判断双方的情感状态和预言对方的行为反应。许多人在关系达到这一回避状况时，都会经过第三方介入来实现彼此的沟通。在知觉和理解上，这一阶段很容易发生纯粹主观的误解。因为人们都有强烈的自我保护倾向，对许多本来正常的人际行为都会有过敏的反应。

5．终止阶段

人际关系的终止似是经由冷漠、疏远的合乎逻辑的推断，事实上，也应是必然的。终止的方式可能是各种各样的，双方沟通的隔断，情感的依赖和利益的依存关系的解除，是前两个阶段的自然延续。在一般的情景中，人际关系的终止有一个明显的标志，即双方直接的激烈的冲突、交往的隔断、彼此利益依存关系的解脱等，这里有必要强调，并不是所有的人际关系的终止或结束都必然是损失，而应采取具体分析的策略，某些有害的、不道德的关系的终止显然是有益的。

八、影响人际关系的因素

人际交往是人与人之间相互接触，交流信息，沟通思想，联络感情的过程，人际之间的交往是必然的也是必需的。和谐的人际交往可协调人们的认识、情感、行动、增进人们的了解，团结一致形成群体规范，利于个体身心健康发展及个性良好发展。在由人组成的社会中，每个人都参与人际之间的交往活动，但每个人的交际质量却有所不同：有的人左右逢源、灵活应变；而有的人捉襟见肘，举步维艰。究其原因，不外受到以下因素的影响：

（一）社会背景

社会背景因素主要指交往主体的社会地位、社会角色、年龄、性别等。社会地位的不同造成的交往障碍，常常带有某种先定性。优势地位者与劣势地位者的行为方式乃至说话的语气都会出现明显差别，扮演社会角色的不同往往意味着所承担的社会义务、所代表的社会期望不同，这种种不同都可能在某种程度上造成交往困难。年龄因素的影响主要表现在长辈与晚辈之间的交往障碍，也就是所谓“代沟”或“代差”的制约作用。性别差异的影响在我国传统观念中体现得非常明显。从心理意义上讲，男女两性间的社会交往，有助于培养健康的性心理，提高对性的道德价值的认识。尽管如此，日常生活中，异性交往仍是一个比较敏感的话题。

（二）文化背景

文化背景因素是人际交往最基础的背景，由于社会文化已内化为人的价值观和行为习惯而为关系方的“人”本能的体现着，交往关系方时刻都用不同的文化经验并对不同的文化进行比较，如交往的语言差异、语意差异、交往态度差异，以及接受教育程度、文化素质和文明水平差异等，这些因素均可造成交往障碍。例如，语言不通的异族、异国的人无法突然间在新环境中相互成为朋友。随着社会的不断开放，个人的认识范围和交往范围已随之拓展，文化对人们交往的影响，由于关系方使用的语言文字的不同，或对同一词汇有着不同的理解，信息内涵的歪曲或误解就极易发生，造成语意障碍，进而影响了交际。交往双方存在种族偏见、地域偏见则会造成交往的态度障碍。另外，交往双方的受教育程度、文化素质差距过大也会影响交往过程。

（三）心理背景

心理背景因素对交往的影响主要体现在认知、情绪、个性等方面。交往双方在信息交流中看问题的视角不同、思维方式不同等，都会造成认知失调而影响交往。愤怒、焦虑、悲伤等不良情绪，以及激情状态或长期心境不佳都可能导致对信息的曲解。个性方面的差异是交往中最主要的障碍来源。交往双方气质相似、性格相近、趣味相投，双向沟通便可顺利进行，但若脾气各异、志趣不同，交往遇到困难便是可想见的。在交际关系中，一个性格开朗、活泼，心胸开阔、坦荡，性情和善、宽厚，富有同情心，能体谅他人的人，易受到其他成员的欢迎，因而也易同他人建立良好的人际关系。相反，一个性格孤僻、古怪、固执、自私、自大、执拗、敏感多疑，或者情感贫乏的人，就难以与他人相处，难以形成良好的人际关系。

【案例赏析】

秘书面对面

胡晓阳和吴明明先后脚进入俞州汽车集团股份有限公司任经理办公室秘书，处于一个办公室的对桌位置。胡晓阳为人随和、性格开朗，喜欢开玩笑，吴明明不喜言辞、腼腆内向。俩人关系处得比较好，周末经常一起吃饭、逛街。然而不知哪天开始，吴明明一再婉拒了胡晓阳的邀请，不但如此，还经常当着胡晓阳的面摔摔搭搭、脸色阴沉、爱理不理的，胡晓阳有点不适应同事的突然变化，她纳闷到底自己哪儿出错了？

正好晚上被领导分派任务陪同办公室余主任出差去北京办事，胡晓阳就将此事向余主任吐露了。

结果，余主任在回来的周一例会上就不点名地批评了吴明明，暗示她不要再“耍小性子，女人见识”等，语言比较尖刻。

这之后，胡晓阳和吴明明的关系就更加糟糕了，在没有外人进来的情况下，经常是两人面面相觑、相对无言，室内如死一般的沉寂。

第二节　社会关系

人存在于现实的、发展变化着的复杂的社会关系之中，也即人存在于群体互动过程之中。马克思说：“人的本质不是单个人所固有的抽象物，在其现实性上，它是一切社会关系的总和。”具体表现为，人不仅作为社会关系的总和而产生，而且作为一切社会关系的总和而存在与发展。

一、社会关系

（一）社会关系的概念

人们的群体活动和社会过程是由互为条件和结果的社会行动为基础的。当相关方相互采取社会行动时就形成了社会互动以及社会关系。社会关系的互动也称社会交往。社会交往体现于人们对他人采取社会行动和对方作出反应性社会互动的过程，社会互动是人类存在的重要方式。

社会关系，即社会中人与人之间关系的总称。社会关系源于人，因为有了人类，人与人之间便产生了各种复杂的关系，这些关系就统称为社会关系。马克思指出：人的本质是一切社会关系的总和。包括来自于先天的和后天形成的关系。

（二）社会关系的分类

随着人类改造自然、改造社会的实践活动日益深入和扩展，历史地形成了复杂多样的、多种层次的社会关系。可从不同角度对社会关系进行分类：

（1）从结成社会关系的主体上可划分为个人与个人的关系，它是全部社会关系的起点，是社会中最简单、最基本的关系；个人与群体的关系，如一个职员与公司的关系；群体与群体的关系，它更集中地体现了社会关系的基本倾向；社会现象之间的关系，这是高层次、大范围的社会关系，如失业现象与犯罪现象的关系。

（2）从社会关系存在的形态上可分为静态关系与动态关系。前者指社会关系的构成模式，亦称社会结构，如家庭结构、阶级结构、职业结构。后者指社会关系的相互作用模式，亦称社会互动，主要形式有暗示、模仿、顺应、同化、交换、合作、竞争、冲突、强制等。

（3）从交往的密切程度上可分为初级关系与次级关系，亦称首属关系与次属关系。前者指建立在感情基础上的社会关系，它反映人们之间广泛、深入、直接的交往，如夫妻关系、朋友关系等。后者则与此相反，它是以事缘为基础的社会关系，如同行关系、上下级关系等。

（4）按社会关系矛盾的性质可分为对抗性关系和非对抗性关系。前者指交往双方的根本利益不一致、发展方向完全相反，如剥削与被剥削关系。后者指交往双方的根本利益一致、发展方向大致相同，但局部和眼前利益上有不一致之处，如同一阶级内部各成员间的关系。

（5）从社会交往的方向与选择上可分为垂直关系与水平关系。中国古代社会的君、臣、父、子、夫妻之间的关系主要是垂直关系，现代社会的夫、妻与兄、弟之间主要是水平关系。中国传统社会价值观重垂直关系而轻水平关系。

（6）从社会关系规范化程度上可分为正式关系与非正式关系。前者指已经制度化、比较稳定、有一定程序、受一定原则制约的关系，如法律关系等。后者指未制度化、没有固定模式、不受原则制约的关系，如恋爱关系、朋友关系等。

（7）从社会关系建立的基础上可分为血缘关系、地缘关系和业缘关系。

二、社会交际

社会是人们相互交往的产物，是全部社会关系的总和。社会由自我繁殖的个体构建成社群，占据一定领土，并且逐渐形成其独特的文化与风俗习惯。社会是人类所特有的，人与社会密不可分，人生活在社会之中，社会是由人组成的。对于现实的社会来说，既没有脱离社会的人，也不存在没有人的社会。正如马克思所说："首先应当避免重新把'社会'当作抽象的东西同'个人'对立起来，个人是社会存在物。""社会本身即处于社会关系中的人本身"，社会构成要素主要是实体构成与关系构成。因此，人是构成社会的基本要素之一，社会就是以一定的物质生产活动为基础而存在一定互相联系的人的总和。

美国人本主义心理学家亚伯拉罕·马斯洛（Abraham Maslow）于1943年在《人类激励理论》一文中提出了"需求层次理论"，该理论将人的需求分为五种，按层次逐级递升，分别为生理的需求（身体基本需求）、安全的需求、社交的需求（社会关系的需求）、尊重的需求（社会承认的需求）、自我实现的需求。马斯洛认为，个体的人成长发展的内在力量是动机，而动机由多种不同性质的需求组成，各种需求之间，有先后顺序与高低层次之分，每一层次的需求与满足，将决定个体人格发展的境界或程度。从马斯洛的基本需求层次理论可以看出，社会交际纯属于"人"的现实需求。美国斯坦福研究中心的一项调查研究报告的结论表明："一个人赚的钱，12.5%来自知识，87.5%来自人脉。"同样，一个人事业的成功，80%归因于与别人相处获得的帮助，20%才是来自于自身的努力。

三、社会交际系统

社会交际的主体与客体不是抽象的、孤立的个人，而是具体的、社会的、现实的人。人们之间有目的的互动、相互作用或相互影响，构成复杂的社会交际系统。

（一）社会交际系统的基本要素

社会交际系统的基本要素包括社会交际的主体、客体、交际工具、交际力、社会交际关系、交际意识、交际需要和交情等。它们是一个有机整体。

社会的人是社会交际的主体与客体。交际工具是交际力发展水平的标志，主要有语言、通信手段、输送工具等。交际力指人们进行社会交际活动的能力。社会交际关系指人们在社会交际活动中的地位和相互关系，交际关系和生产关系都是社会关系整体的组成部分，生产关系是交际关系的基础。交际意识指人们进行社会交际活动的社会意识。交际需要指人们进行社会交际活动的需要，也是社会交际的动机。交情指人们在社会交际活动中培养起来并且表现出来的感情。

（二）社会关系网的构成

人与自然之间，人与社会之间由于各种需求和互动行为而结成纵横交错的关系网络，从不同视角看，就存在着不同的社会关系，而且这些社会关系以自己独特的运行机制运动、变化和发展着。

（1）从社会存在与经济发展角度，包括生产力、生产关系（经济关系）、政治法律关系、道德关系等要素。

生产力指人们解决社会同自然矛盾的实际能力，是人类征服和改造自然使其适应社会需要的客观物质力量。

生产关系（经济关系）指人们在物质资料生产过程中所结成的社会关系。

政治法律关系是人们建立在建立经济关系基础上的、以维护自身经济地位和根本利益为目标的权力关系。

道德关系是社会关系的一种特殊形式或方面，指在一定社会经济基础上，通过相应的道德活动和道德意识所体现的个人和社会整体、个人和他人之间特殊利益的关系。

（2）从社会关系纽带角度，包括亲缘关系、地缘关系、业缘关系、泛缘关系等。

亲缘关系指人类群体在系统发生上所显示的某种血缘关系等要素。

地缘关系指以地理位置为联结纽带，由于在一定的地理范围内共同生活、活动而交往产生的人际关系，如同乡关系、邻里关系。故土观念、乡亲观念就是这种关系的反映。

业缘关系指人们由职业或行业的活动需要而结成的人际关系。如行业内部的领导与被领导关系、上下级关系和同事、同级关系，行业外部的彼此合作关系、伙伴关系、竞争关系、制约关系等等。

泛缘关系指在特定的时空以及特殊因素条件下建立起的联系。偶然性与不确定性是它的特征，如有的人交往意识和能力强，那他的泛缘关系就会成为他人生中重要的关系。

（3）从主体规模状态角度，包括人际关系、公共关系、民族关系、国际关系等要素。

人际关系指人们在生产或生活活动过程中所建立的一种社会关系，也指人们在交往中心理上的直接关系或距离，它反映了个人寻求满足其社会需求的心理状态。

公共关系指某一组织为改善与社会公众的关系，促进公众对组织的认识，理解及支持，达到树立良好组织形象、促进商品销售的目的的一系列公共活动。它本意是社会组织、集体或个人必须与其周围的各种内部、外部公众建立良好的关系。它是一种状态，任何一个企业或个人都处于某种公共关系状态之中。

民族关系指民族与民族之间的关系，各民族之间在政治、经济、文化、语言等方面的相互关系。民族关系是具有特定内涵的特殊的社会关系。它是一种在人们的交往联系中，不仅具有社会性，而且具有民族性的社会关系，本质上是涉及民族这个社会人们共同体的地位和待遇，民族这个社会利益群体的权力和利益，民族及其成员的民族意识和感情的社会关系。民族关系的基本特征是由民族关系的性质决定的，是受时代发展和社会性质制约的，也是与当时要解决的民族问题的主要内容及解决的方式和途径相联系着的。不同社会、不同社会发展阶段的民族关系基本特征各有特点。

国际关系是政治学的一个分支，研究国际社会之间的外交事务和关系，如国家、政府国际组织、非政府国际组织、跨国公司等。国际关系既是学术的领域，也是公共政策的领域。简而言之，国际关系指人们超越国家界限建立起来的一种特殊社会关系，它主要包括政治、经济、军事、社会等关系。

综上所述，各种关系要素在社会关系活动中是相互作用、相互影响、相互制约的。

第三节　人际关系与社会关系的联系与区别

人际关系与社会关系既有紧密的联系，又有明显的区别。

一、人际关系与社会关系的联系

人际关系是社会关系的产物，人际关系从属于社会关系，体现为三个层面：任何一种人际关系都是在一定的社会关系中产生和发展的，例如夫妻关系就是婚姻关系的产物、犯人与法官的关系是法律关系的产物、领导与部下关系是生产关系的产物；人际关系的变化是由社会关系的变化所决定的，例如先前的同学关系，一旦参加工作又同在一个岗位工作，就改变为同事关系；个人人际关系的复杂性也是由社会关系的复杂性决定的，例如家庭里的一对夫妻，同在一个单位工作有可能又是上下属关系。

二、人际关系与社会关系的区别

人际关系与社会关系是两个不同级别的概念，具有不同的理论内涵。人际关系作为角色间的一种社会关系，不仅受生产关系的制约，而且还要受其他社会关系的影响，因而人际关系处于社会关系之中，自然，人际关系是社会关系真正的实实在在现象。

虽然人际关系与社会关系是同时产生的，但社会关系强调“关系”的整体方面，非个性方面，而人际关系则更多地从个体方面来体现现实的表现。人际关系是在社会关系的基础上形成的。社会关系是社会学研究的对象，它不仅研究人与物的关系，还研究人与意识形态的关系，诸如法律的关系、道德的关系等。而人际关系则是人与人直接的心理关系，它受社会关系所制约和影响，是社会关系的反映，但却具有某种相对的独立性。

本章小结

（1）人际关系的本质是情感的相互联系。人际关系的互动中，包含着目标、步骤、环境、角色和规则。

（2）人际关系的特征是社会性、需求性、情感性、互动性。

（3）人际关系的作用是促进个性发展、促进心理健康、促进成人成才、促进完善自我。

（4）中国传统的人际关系的基本模式是由人情、人伦和人缘构成的三位一体，它们彼此包含又各有自身的功能。

（5）美国心理学家·雷维奇人际关系相处互动模式分为：主从式、合作式、竞争式、无规则式、主从—竞争式、主从—合作式、竞争—合作式、主从—合作—竞争式。

（6）人际关系的形成与进展会经历建立和破裂两个相反方向的过程。人际关系的建立要经历过五个阶段：始创阶段、试验阶段、加强阶段、融洽阶段、盟约阶段。人际关系的破裂同样分为五个阶段：差别阶段、划界阶段、停滞阶段、回避阶段、终止阶段。

（7）影响人际关系的因素有社会背景、文化背景、心理背景。

（8）社会关系即社会中人与人之间关系的总称。社会关系体现为多种层次和类型。

（9）社会交际的主体、客体、交际工具、交际力、社会交际关系、交际意识、交际需要和交情等要素构成了社会交际系统。

（10）人际关系的交际手段有言语沟通交往和非言语沟通交往。

（11）人际关系与社会关系既有紧密的联系，又有明显的区别。

关键术语

人际关系互动模式、人际关系的建立、人际关系的破裂、社会交际系统

案例分析

聚　餐

案例描述：美国著名的福特汽车公司位于新泽西的一家分工厂，曾因管理混乱差点倒闭。后来总公司派去了一位精明强干的人。

他到任后的第三天，就发现了问题的症结：偌大的厂房里，流水线如同一道道屏障隔断了工人之间的直接交流；机器的轰鸣声，试车线上滚动轴发出的噪音更使人们关于工作的信息交流难以实现。

问题存在不是一天两天了。由于工厂濒临倒闭，过去的领导一味地追求生产任务，即经济目标，而将大家一同聚餐、厂外共同娱乐时间、面对面沟通情感的时间压缩到了最少。使得员工们彼此谈心、交往的机会微乎其微，工厂的凄凉景象更使他们工作的热情大减，人际关系的冷漠也使员工本来比较糟糕的心情雪上加霜。组织内出现了混乱情形，人们口角不断，不必要的争吵也开始增多，有的人还干脆消极怠工、破罐子破摔，工厂的情势每况愈下。

这位新上任的领导敏锐地觉察到问题的根本原因后，果断做出决定：以后员工的午餐费由厂里负担，希望所有的员工都能留下来共进午餐。他希望员工明白，工厂可能到了最后关头，需要大干一番了，作为工厂的一分子，有责任与其他人共渡难关，挽救工厂危局，所以心甘情愿地努力工作。

其实这位领导的真实意图就在于给员工们一个互相沟通、了解、增进感情的机会，以建立彼此包容、理解、信任、亲近的空间，使组织的人际关系有所改观。

后来每天中午大家就餐时，这位领导还亲自在食堂的一个角落架起了烤肉架，为每位员工服务。他的一番苦心没有白费，在这段日子里，员工们餐桌上谈论的话题都是有关组织未来生存与发展的走向问题，大家纷纷献计献策，并就工作中的问题主动拿出来讨论，寻求最佳的解决途径和方案。

当然，这位领导的决定是有相当风险的。但他冒着成本增加的危险，拯救了组织不良

的人际关系，使所有的成员又都回到了一个和谐的氛围中来。尽管机器的轰鸣声、流水线上滚动轴发出的噪音还是狂响不止，但已经无法挡住员工们内心深处交流的心声，由此增强了人际间的凝聚力。两个月后，经济业绩回转直上，5个月后，奇迹般地开始赢利了。

这个企业至今还保持着这一传统，中午的午餐大家欢聚一堂，仍然由这位领导亲自烧烤和派送烤肉。

思考与辩论

（1）举例谈谈人际关系的本质。

（2）中国人际关系的基本模式是由人情、人缘和人伦构成的三位一体。从“人情、人伦和人缘”三种角度，解释这种社会现象。

（3）如何解析“人际关系的建立与破裂”是一种规律？

（4）当想要与领导处理好关系时，领导却犯了严重的原则性错误，讨论与辩论你该怎么办。

（5）为了维持“竞争—合作式”类型的人际关系，各关系方平常一般保持一定的心理距离，对此你如何理解？

（6）影响人际关系的因素很多，心理因素是最重要的因素吗？请讨论与辩论，说出你的理由。

第四章　人际交往能力与相关策略

学习目标

（1）明确人际交往的能力、关系要素、障碍、差异、形式；
（2）识别人际交往冲突和心理问题；
（3）了解人际交往的社会实践意义以及人际交往中的心理学效应；
（4）掌握人际交往三法则以及提升人际交往能力策略；
（5）学会在社会交往实践中，提升人际交往能力。

人的人际交往能力不是天生的，它要经过一个学习、历练、改善的循序渐进的过程。交际既是一门大学问，又是一个难以掌握的变通艺术，需要人们根据自己的人格特点、个性需求在各种社会交际场合中运用灵活的交往策略，创造性地进行思想与心灵的沟通交流，巧妙地建立和谐融洽的交际氛围，实现自己的交际目的。

第一节　人际交往能力

人，既是天性生物的人，同时又是经过社会化的人。从时空角度讲，他（她）处于各种类型社会群体（或组织）以及人际交往关系之中，与多方面的接触者发生着事务关联，并且在形形色色的人际交往活动中，逐渐汲取、形成、发展着自己的认知与交际能力，诸如语言、行为、心理、情感、道德、性格、经验与规范等。人际交往实践活动中人们会经常看到：有的人想关心他人却不知从何做起；有的人想赞美别人却不知说些什么；有的人想与人为善却遇事控制不住自己的冲动而出口伤人；有的人想援手协调别人的矛盾关系却束手无策，如此种种都是人际交往能力低下的原因。

涉及人际交往能力的相关概念很多，这里选择几个重点加以阐述。

一、人际交往能力的定义

人际交往是人们运用语言符号系统或非语言符号系统相互之间交流信息、交往情感的过程。人际交往有时又叫人际沟通。其区别在于，沟通侧重于信息，而交往则是全方位的信息、情感、态度、行为等的交流。人际交往是人的基本需要，总是为达到某种目的而进行的。人际交往能力是与周围人际环境建立广泛联系且进一步妥善处理上下左右交往关系的能力，也包括对外界信息的吸纳、释放、转化的能力。

二、人际交往关系要素

影响人际交往关系的因素比较复杂，这里讲述三个重点因素，即交往需要、交往有效和交往品质。

1. 交往需要

交往需要也称需要交往度。有需要而交往，称交往需要。交往是社会上的每个人都需要的，但是每个人的需要程度并不相同，即便对于同一个人，也不是一成不变的，往往是因人因时因地因事而时刻发生着改变。交往的需要程度不仅影响着人际交往的主动性，也影响着交往的数量与质量。因此说，交往的主观需要程度越大，交往的有效性则越高。人际交往实践结果表明，“锦上添花”之所以远不如“雪中送炭”更使人刻骨铭心，顺境中的就势援手之所以远不如逆境中的鼎力支持更使人感动，是因为此两者的需要程度有着悬殊的反差。自然，善于交往的人，大多具有善用慧眼识别需要并适时适度给予满足的能力，比如人家需要帮助的时候，你能够即时给予帮助；相反，人家不需要照顾的时侯，你却大献殷勤，如此交往再频繁，恐怕也都属于不甚和谐的交往。人际交往是一种艺术，掌握了交往艺术，你的交往能力和人际关系水平就会大大提升。

2. 交往有效

交往有效即交往有效性。能使人产生快感或优良结果的交往，叫作“有效交往”。人们彼此的交往，不能没有一定的“数量”，但更关键的还是要看“质量”，要看交往能给交往方带来什么，当然，能够产生快感和好结果的交往就有效，未能产生快感和好结果的交往就无效，相反能够产生反感的交往就是交往失败。有的人与别人的交往并不少，但相互关系一般，甚至越交往关系越糟，这大多是由于交往的有效性不够。例如，有的人喜欢做锦上添花的事情，而不善于雪中送炭；有的人与别人讲话随心所欲，常使对方尴尬或难堪，甚至冒犯、伤害了人家还没有感觉；诸如此类的交往都属不和谐的交往。有时在交往实践中，人们会发现，同样的交往方式，在不同的条件下，也会产生不同的结果，如朋友之间无拘无束的聊天、调侃，这是彼此赤诚相待的表现，有利于交往友谊的深化；可是在交往水平较低甚至彼此有隔阂的人们之间，说话直爽，往往让使人误解，更谈不上和谐了。当一个人身处逆境时，即使一句宽慰的话，对方也可能铭记恒久，甚至认你为患难之交；反之，当一个人正“春风得意”时，你一再地“添花”，他却未必会领情。人际交往应视条件、情况的不同而注意分寸与适度。

3. 交往品质

交往品质也称交往优质度。人与人交往所产生结果的质量，叫作交往品质。交往品质具有优劣之分，即便是优良的交往结果，也有程度之分。人们彼此的交往结果的“质量”，关键要看交往对象的主体用什么目的、态度、思维、方式等进行交往。在复杂的社会关系中，任何人都愿意与充满善良、热情、无私、真诚的人交往，相反而对卑劣、冷漠、自私、虚伪的人“敬而远之”。如何被别人喜欢以及如何甄别被自己喜欢的人呢？那就要培养良好的人际交往品质，重点培养尊重、真诚、厚道、修养、信任、随和、自信、热情等人际交往的心理品质。

值得注意：切记不要把“如何使别人喜欢”理解为掩饰自我，装假巧饰，那是经不起交往实践考验的。民谚说得好：装得了一时，装不了一世。只有时时刻刻多加修炼自己并具备上述所讲的优良的人际交往心理品质，才能使交往日益臻于佳境。

三、人际交往障碍与差异

人际交往过程中受多种因素的制约而出现的交往不畅被称为人际交往障碍与差异。人际交往障碍与交往差异是多层面的。

1. 人际交往障碍

人际交往障碍是人在交往过程中阻碍人际关系建立的各种因素，又称人际关系障碍。以下重点阐释人际交往障碍中的文化因素障碍、社会因素障碍、个体因素障碍。

（1）文化因素障碍：语言障碍，如语言、文字、有意义的符号等在交往过程中的误解、曲解、偏见、歧视；民族或群体在情感和意识上倾向差异；教育程度差别上的障碍等。

（2）社会因素障碍：地位角色障碍，如所处社会地位、角色、职务、年龄、经济、政治等方面的条件差距；空间距离障碍，双方空间距离太大，中间媒体环节过多，必然阻碍人际关系的建立；沟通网络障碍，在群体结构中人们交往形成的不同沟通网络，因各种因素会造成对人际交往的影响。

（3）个体因素障碍：个人结构性障碍，如人们的心理需求、动机、认知、习惯、态度、价值观、人生观、世界观等方面的不同；个性品质特征的障碍，如虚伪、冷漠、孤僻、猜疑心大等。

【案例赏析】

迷　茫

我是一个平时比较安静、缺少激情偏于理智，性格偏内向的女孩。

我 2008 年于东北林业大学硕士毕业，我的本科生活也是在东北林业大学度过的。在校期间我一直是个品学兼优的学生，毕业后，一直想留在学习生活了 7 年的城市哈尔滨，但是由于找不到合适的工作，一年后不得已回到了家乡呼伦贝尔市。虽说我的家乡扎兰屯是属于呼伦贝尔市的，但是我从来没有来过呼伦贝尔市的政治、经济、文化中心——海拉尔，在这里我找到了一个有编制的事业单位工作，即使这样，也是父亲帮我走了些关系才进来的，说实话，这在我的心里始终是个阴影，因为我觉得凭我的能力、学历，毕业后还要靠家里的关系帮我找工作，心里始终觉得很不甘，但是迫于现在的大环境，也不得不接受这个现实。至今为止，已经在这里工作将近半年的时间了，由于硕士学历来这边的很少，单位里自然也很少，领导还算比较重视。虽然工作单位还可以，但是至今为止，对于海拉尔我还是很不喜欢，一直认为这里根本不适合生存，而且经常不自觉地拿它跟哈尔滨比较，结果可想而知，只能是徒增郁闷。我从来到这里的第一天起，就开始想着要如何离开这里，去一个比这里大、比这里适合生存的地方，当然，最想回的还是哈尔滨，可是到现在为止，还是没有什么行之有效的办法。

工作算是稳定了，父母就开始着急给我找男朋友的事情了。我是 1983 年生人，不怕您吃惊，到现在为止，我没有谈过恋爱，上学期间追求我的人也很少，可以说是没有，也不知道为什么，我自己感觉外形条件还可以，性格脾气也都可以，可能是我的心智比较晚熟吧，也或许是交友的圈子太窄，总之，学校的生活就这么无忧无虑地度过了。来到了这边，只能通过相亲来解决这个问题了，这是个偏落后的小城市，相当年龄的、没有对象的已经很少了，跟我的学历等各方面相当的就更少了，从六月份来到了这里，相了将近十个了，不但没有学历相当的，连本科生都很少，我真的不是说有多么看重学历，只是觉得这多少能反映出一个人素质的高低，所以心里多少还是有些在意的。而且我还希望能找个比自己稍大一些的，但那样的话，他们基本上都是工作快十年的人了，社会气都比较重，这一点又是让我难以接受的。还有，可能是周围的人或是有意无意地让我形成了这样一个观念，总是觉得男的到了一定的年龄没有对象，都是或多或少有些问题的。

有了这些顾虑，就让我经常是以一种挑剔的姿态去相亲。还有一个问题，那可能是我觉得如果在这里找到了合适的对象，那么我可能会一辈子扎在了这个城市，这真的是我不愿意看到的，所以可能就会产生一种抵触心理，可是由于到了这个年龄，又不得不找、不得不接受相亲，所以到现在也没有出现一个令我满意的。我想可能是我的心态出了问题，以我这样的心态，就算出现个白马王子，我可能也还是不能满意吧。

真的太苦恼了！

（选自张小英心理咨询师工作室，http：//www. psy525. cn/case/229 – 76789. html。署名：一帆风顺）

2. 人际交往差异

人际交往差异是指人际交往过程中受多种因素的制约而出现的交往对象歧视。每一个体的人均有其独特的出身背景、成长经历等而形成独特的交往心理定式，这就决定了他在人际交往中具有自己的认知思维、人生态度、个性心理、行为模式等。以下重点阐释人际交往差异中的性别差异、行业差异、城乡差异和跨文化差异。

（1）性别差异。

社会交往中存在着性别差异，体现为善意和敌意的性别偏见。敌意性别偏见的观念对女或男性倾向于给予消极认知，善意性别偏见观念者对女或男倾向于给予积极认知。在我国社会，受“男尊女卑”古代封建残余思想的影响，对女性比对男性的偏见多一些，例如“好男不跟女斗”“母马上不了阵，女人掌不了印”“男子走州又走县，妇女围着锅台转”等一些民间谚语含有贬低和歧视妇女的倾向。

（2）行业差异。

人类自从有了社会分工，就有了不同的行业。有的由于工作对象的不同而分化，如工人、农民、渔民、医生、教师等；有的由于它的成员是由某种共同物质利益和政治目的、宗教信仰而联结在一起；同一个集团或社群的成员，往往有共同的语言变体即行话。

（3）城乡差异。

我国的社区模式长期以来一直保持着城市与农村的二元结构。由于两类社区的生产力水平和社会文明程度不同，导致城乡居民的人际交往理念差异很大。农村人思想较单纯、敦厚朴实、情感色彩浓厚，城市人思想较复杂、镇定活络、理性成分较多，这种现实的差异使城乡居民在交往实践中形成了思想感情上的亲疏之别。

（4）跨文化差异。

跨文化差异指不同种族、不同民族、不同国别、不同宗教信仰等文化差异的变量均对交际者的文化适应过程有所影响。不同文化背景的人在交际中的差异尤其体现在语言沟通交流方面，如语言禁忌和非语言禁忌，要遵守“入门问讳，入乡问俗，入境问禁”的习俗，否则无法使交际顺利进行。

四、人际交往的形式

人际交往形式即人们在交往活动中所采用的交往方式。从不同的角度和用途可分为若干种类的交往形式。

（一）口头交往与非口头交往

口头交往即使用有声语言作为符号系统的交往。人际交往中，主要的是口头交往，因为这种交往直接、简便、迅速，能使人的思想感情很快得到交流。然而，非口头交往也经常被采用，如通过书信、传真、电子邮件等媒介进行交流，因为这种交往形式具有郑重其事和留有凭据的优势。

（二）直接交往与间接交往

直接交往即交往对象面对面的，不通过任何媒介和中间环节进行的交往。交往对象通过媒介和中间环节进行的交往即间接交往，如打电话、托人转告信息，虽然都是通过口头进行的，但却是通过媒介和中间环节进行的。随着现代通信技术的进步，人们的交往方式会以超“时空”的间接方式进行跨越式发展。

（三）定向交往和随意交往

定向交往即交往的对象、目的都十分明确、具体，如朋友之间、上下级之间、左邻右舍之间的交往。随意交往即交往的对象、目的不明确、不具体，如公共场所的偶遇，即可倾心交谈而成为朋友。随意交往的有效和优质化可转化为定向交往。

（四）单边交往和多边交往

单边交往即是一对一的交往。多边交往即是多对多的交往。单边交往具有对等性和依赖性，相互间的信息易于保密。多边交往的情况就变得复杂起来。例如十几个人同时进行交往，人际关系就会复杂得多，有人在其间起中介和联结作用，有人起分裂和离间作用，交往的结果可能有好有坏。而现代人际关系是个无限广泛交往的关系，人们的交往一般不限于一对一，大多场合是多边，这就需要人们在交往中付出智慧和才情。

（五）近体交往与远体交往

近体交往指人面对面的交往。远体交往指借助于中间环节进行交往，是就空间范围与距离而言的。国外学者对此进行了大量研究，认为不同性质的人际交往其空间距离是不一样的，即人与人之间的交往范围分为四个区：亲密区、个人区、社会区和公众区。处于亲密区时，互相间的距离约为 0 ~ 0.45 米，如果谈话对方少于这个距离，要么关系十分亲密，要么双方会感到不自在。0.46～1.2米的距离为个人区，朋友之间非正式接触时一般保持在这个距离。1.21～3.6米为社会区，在职场办公室共事的同事总是保持这种距离交谈。3.61米以上则是公众区的距离。非常正式的公开讲话，或者人们之间极生硬的谈话往往保持这个距离。当然，上述给出的各项数据不见得适合我国人际交往的国情，因为交往对象的距离与其个体的社会地位，彼此双方的关系以及不同民族的传统和文化习惯有很大的关系。

五、人际交往冲突

人际交往冲突是指两个或更多交往成员之间，由于希望或反应的互不相容性，而产生的紧张状态。这种冲突大多产生于个人与个人之间。个人之间的冲突之所以发生，主要是由于生活背景、教育、年龄、文化以及人生观、价值观、世界观等因素的差异影响，而导致交往沟通的失败，因而增加了彼此相容的难度。

按照冲突的根源，人际冲突大致可以分为观念冲突、利益冲突、观点冲突、学识冲突、方法冲突、习俗冲突、个性冲突、情绪冲突八类，当然更多的是多种类型的综合。之所以要分类说明，旨在弄清楚人际冲突的来龙去脉，更好地化解冲突，调整人际关系。

（一）观念冲突

观念冲突主要是人生观、价值观、世界观、政治理想、社会理想等方面的不相容。例如个人主义、民主主义之间的冲突。具有不同政治理想的人们之间往往不可避免地存在冲突。观念冲突的解决有两种途径：一是观念的转型或者消灭；二是主义之间、党派之间的“中庸”性调和。

（二）利益冲突

经济利益、政治利益甚至日常生活中的细微利益都可能发生冲突。小的表现在日常人际交往之中，比如岗位竞争、争宠吃醋、排队抢先等；大的表现为集团利益、阶级利益，如贫富分化的对立、既得利益集团与改革派的矛盾。

（三）观点冲突

对同一事物持有不同的观点见解，又尚且难以鉴别是非时，双方各执己见、互不妥协，造成矛盾冲突。

（四）学识冲突

不同的学问层次、业务类别之间的冲突。学问高深渊博则鄙夷浅薄孤陋寡闻者；学问浅薄人嫉妒学养丰厚者。从道理上来说不该如此，而现实中却比比皆是。

（五）方法冲突

决策中、执行中、追求中为相同相近的目标持不同的方法论者之间的冲突。多发生在同事、亲友、合伙人之间，也有发生在上下级之间的。殊途同归的事比比皆是，不能强求他人和自己方法一致，步调一致。

（六）习俗冲突

不同的个人习惯、民族习惯、地域习俗之间的冲突。有些人经常因为个人的不良习惯遭受非议、白眼、排挤。

（七）个性冲突

不同性格之间的冲突，张扬与内敛、开朗与内向、活泼与沉默等的不同性格、气质、心理之间的冲突。个性相容、工作互补，这是与人合作、共事的基本原则，要想凭借集体力量成就一番事业，就必须有容人的雅量。

（八）情绪冲突

情绪状态之下莫明其妙地发牢骚、泄愤、无端指责、指桑骂槐、撒泼等等。虽然发的是无名怒火，但伤害的可能是多年培养的感情，常言道："好刀伤药不如不割口。"

每个人在人际交往过程中遇到麻烦、陷入了困境时，不妨仔细对照上述冲突类别，进行自我反省、自我批评、对症下药、修正错误，变矛盾冲突为融洽和谐。其实很多观念、方法、理论都是可以让步、调和甚至互补的，只因个性、情绪方面的原因而引起冲突未免可惜。

六、人际交往的心理问题

人际交往心理学认为，人际交往心理问题是指人与人之间通过一定方式进行接触，从而在心理上和行为上发生相互影响的过程。可以说，人人都渴望真诚友爱，都力图通过人际交往获得友谊，满足自己物质和精神上的需要。以下主要阐述人际交往中普遍存在的心理问题。

（一）羞怯心理

有些人由于性格内向．导致他们羞于与人打交道，特别是在众人面前"展览"，羞于开口、担心出错的心理就显现出来，越是有这种想法的人在人面前越容易面红耳赤，甚至还会逃避与人交往；另外，有些即使性格较外向的人，有时觉得与个别人交往很别扭，担心招致他的不屑，也羞涩于与之交往。

（二）自卑心理

自卑是一个人由于生理、心理上的某些缺陷或判断力、性格能力等方面欠佳而产生的轻视自己，认为自己在某个方面或几个方面不如他人的情感体验。比如农村人在城市人面前，成绩不好的人在成绩好的人面前，形象差的人在形象帅气的人面前等，害怕别人嫌弃自己、瞧不起自己，导致其内心脆弱，缺乏自信，不敢主动与人交往。自卑是人际交往的一大障碍，容易使人孤立、离群，抑制人的自信心的正常发挥，对自己能力的错误认知会形成一种消极的行为。

（三）恐惧心理

有些人希望在众人或异性交往中留下一个好形象，对交往的过高期望值，使他们在交往中时常显得手足无措，前言不搭后语，久而久之，则担心达不到别人的评价标准而被取笑，不愿意在公共场合露面接触他人或者参加集体活动，重者还会出现一些生理症状，如脸红、心跳加快、呼吸急促、身体抖动等，这在心理学上被称为社交恐惧症，患有社交恐惧症的人常常焦虑、痛苦、恐惧，严重影响了他们的身心健康和日常交往。

（四）自负心理

自负指狂妄自大、目中无人，以自我为中心的人。有些来自大城市，家庭经济条件相对优越的人，看不起农村人，总以为自己比别人高贵，不想搭理他们，只同极少数身份相近的学生相交往，给人的感觉总是高高在上、趾高气扬，很难接近。因此，这些人不喜欢关心他人，也不愿意去接近别人，处处要显示比其他人强。这种自负心理让自己远离了其他人，也让其他人远离了自己，久而久之，人际关系就会发展不良，甚至会被孤立在人群之外。

（五）孤僻心理

孤僻是一种感到与世隔绝，无人与之进行情感或思想交流、孤单寂寞的心理状态。人们常常会看到这样一类人，他们永远是一个人，身边很少会出现同伴，他们缺乏与人交往的热情，不愿意向别人敞开交往的大门，也不相信别人会理解他们。久而久之，往往表现出萎靡不振、不合群，从而影响正常的交际与生活。

（六）异性交困心理

异性交往是一个一直令人棘手的社交障碍。有人与异性交往时总感到要比同性交往要难得多，以至于不敢、不愿、不能与异性交往。主要因为不能正确区别和处理友谊与爱情的关系，部分人划不清友情与爱情的界限，从而把友情幻想成爱情。由于一些人受传统观念的影响，特别是封建社会男女授受不亲的文化传统，认为男女之间除了爱情就没有其他什么了，使得他们没有树立起正确的异性朋友观。这必然会对异性之间交往带来一定的消极影响。

第二节　人际交往的社会实践意义

社会个体的人均有其独特的思想、背景、态度、认知、素质、个性、行为模式及价值观，随着交际活动的拓宽，甚至对组织气氛、组织沟通、组织运作、组织效率及个人与组织之关系均有极大的影响。以下从三个方面阐释人际交往的社会实践意义。

一、认识人际交往的潜在价值

《礼记·学记》曰："独学而无友，则孤陋而寡闻。"潜在价值指潜藏的、一旦条件成熟就可能发挥出来的价值。人际交往的潜在价值可以转交成人与人之间的良性循环互动。

人际交往的实践意义首先在于，从个人角度讲，人际交往有助于提高对自己的认识和自己对别人的认识。在人际交往的过程中，彼此从对方的言谈举止中认识了对方且产生与之交往的愿望，同时，又通过对方对自己的反应和评价中认识自己。交往面越宽，交往越越深，对对方的认识就越客观全面，同时对自己的认识也就越公正深刻。只有对他人的认识全面，对自己认识深刻，才能得到别人的理解、同情、关怀和帮助，自我完善才能顺利实现。其次，人际交往是协调一个组织关系、形成组织合力的纽带。而一个关系良好的组织，能促进个人优良个性品质的形成，如正义感、同情心、乐观向上等都是在和睦、友爱、亲善的人际关系中成长起来的。

二、培育人际交往的正向与反向态度

态度是人们在自身道德观和价值观基础上对事物的评价和行为倾向。人际交往态度有正向与负向之分。正向态度指人际交往过程中在自身道德观和价值观基础的评价性持久正面反应倾向，相反，负向态度指人际交往过程中在自身道德观和价值观基础的评价性持久负面反应倾向。

人作为态度的主体，对于一定态度对象或态度客体的认知、观念以及在此基础上形成起来的具有倾向性的思维方式，是对态度对象的深度体验。态度作为一种心理准备状态和反应倾向，一经产生就必定对人们有关的行为产生不同的影响，态度具有特定的意动的特定效应。与人交往，态度十分重要，《论语·子路》曰："一言而可以兴邦，有诸？……一言而丧邦，有诸？"此话用于人际交往，就是"一言可以交友，一言也可以丧友。"

（一）培育人际交往的正向态度

在与人交往时，要想交下真正的朋友，必须逐渐培育勇敢、自信、信任、包容、尊重、亲和、认真、知足的人际交往的正向态度。

1. 勇敢态度

要想赢得别人的好感并建立良好的关系，不能采取消极被动地等待别人接纳自己的退缩方式，必须做交往的始动者，处于主动地位，应少担心，多尝试，从而建立起一个丰富多彩的人际关系世界。

2. 自信态度

与人交往时，多采用平等自信的态度与人相处，不妄自菲薄，也不盲目自大，多发现别人的长处，能够赞美和欣赏别人的优点，那么，在这样交往的情景、气氛与过程中你会得到一种对自我的肯定，同时获得别人的接受与认同，从而进一步提高自信。

3. 信任态度

"人，无信不立""言而无信非君子"。要取信于人就要守信，言行一致，说到做到；不仅要信任别人，而且要争取赢得别人的信任；不轻易许诺；要诚实，答应别人的事要尽量做到，做不到的要讲清楚，以赢得对方的理解；要自信，给别人以信赖感和安全感。

4. 包容态度

交往中难免会产生一些不愉快的事情，甚至产生一些矛盾冲突。这时就要学会宽容别人，不斤斤计较，正所谓忍一时风平浪静，退一步海阔天空。人不犯我，我不犯人，人先犯我，礼让三分。不要因为一些小事而陷入人际纠纷。

5. 尊重态度

尊重指自尊和尊重他人。自尊就是在各种场合都要尊重自己，维护自己的尊严和形象，不能自毁声誉。尊重他人就是要尊重别人的自尊心、生活习惯、兴趣爱好、人格和价值。同理，尊重了别人也能赢得别人的尊重。

6. 亲和态度

日常在与个人交往中，态度要亲和，这就会给对方一种亲切感、被尊重感，也会拉近彼此之间的距离；在社会群体交往中，如果大家都具备谦恭、亲和的态度，就会增进人们的友谊和团结，使大家共事感到温暖和愉快。

7. 认真态度

交往中认真对待别人，是尊重对方的表现。敷衍、应付他人是一种漠视对方、高傲无礼的表示。敷衍、应付他人有两种情况：一种是发自内心反感他人，故作视而不见；另一种是对他人的存在与否根本不感兴趣。这些心理状态，都不能建立友好长久的人际关系。

8. 知足态度

人际交往互动中的知足，是本着给予、付出和奉献的态度，而不是索取、讨要和争夺。要懂得珍惜身边所拥有的每一份缘分，在获得帮助时要懂得感恩，未能获得自己期许的帮助时，应少些挑剔和指责，多些同情和理解，要善待生命中与自己相遇的每一个人。

以上各种正向交往态度是社会提倡并积极践行的。

（二）消灭人际交往的反向态度

与上述培育人际交往正向态度相反，由于个性因素和其所受社会环境影响，导致了有些人在交际中出现一些相反的负向态度，给建立和谐的人际关系造成不同程度的障碍。诸如怯懦、自卑、猜疑、逆反、戏弄、冷漠、敷衍、贪财的态度。

1. 怯懦态度

主要见于涉世不深、阅历较浅、性格内向、不善言辞的人，由于怯懦，在社交中即使自己认为正确的事，经过深思熟虑之后，却不敢表达出来。别人也能观察出来这种心理，就会对你产生看法，不愿与你成为好朋友。

2. 自卑态度

有些人容易产生自卑感，甚至自己瞧不起自己，缺乏自信，办事无胆量，畏首畏尾，随声附和，没有自己的主见。这种心理如不克服，会磨损人的独特个性。

3. 猜疑态度

有些人在社交中或是托朋友办事，往往爱用不信任的目光审视对方，无端猜疑，捕风捉影，说三道四，如有些人托朋友办事，却又向其他人打听朋友办事时说了些什么，结果影响了朋友之间的关系。

4. 逆反态度

有些人总爱与别人抬杠，以说明自己标新立异，对任何一件事情，不管是非曲直，你说好，我就认为坏；你说对，我就说它错，使别人对自己产生反感。

5. 戏弄态度

有的人把交朋友当作逢场作戏，朝秦暮楚，见异思迁，轻视应付，爱吹牛，爱说漂亮话，与某人见过一面，就会说与某人交往有多深。这种人与人交往只是做表面文章，因而没有感情深厚的朋友。

6. 冷漠态度

有些人对各种事情只要与己无关，就冷漠看待，不闻不问，或者错误地认为言语尖刻、态度孤傲，就是“人格”，致使别人不敢接近自己，从而失去一些朋友。

7. 敷衍态度

此时的人际关系的存亡变得无足轻重。人们已不太愿意进行直接的交流和接触，交往中缺乏热情和认真，即便处理事情也是一拖二慢三糊弄。人们只是在一定程度上勉强甚至是象征性地维持这种关系。

8. 贪财态度

有的人认为交朋友的目的就是为了“互相利用”，见到对自己有用、能给自己带来好处的朋友才交往，而且常是“过河拆桥”。这种贪图财利，沾别人光的不良心理，会使自己的人格受到损害。

要建立良好的人际交往，应注意改正以上人际交往的反向态度，树立人际交往的正向态度。

第三节　人际交往中的心理学与社会学效应

世俗有云：“人心难测。”在这个纷繁复杂的社会中，人与人之间的关系常常是人们所关注的焦点。人们发现，为什么有的人像是一个“吸铁石”吸引了许多人围着他转？而为什么有的人像个“刺猬”那么让人难以接近？以下从心理学效应和社会学效应两个方面加以阐述。

一、心理学效应

在心理学上，人际关系主要是指人与人之间的心理关系，心理距离小相容性大，则人际关系则易融洽，反之，心理上相互排斥，人际关系则易恶化。心理学研究的结果表明，以下十种的心理学效应会给人际交往的人提供借鉴。

（一）首因效应

首因即第一印象，指人们初次交往接触时各自对交往对象的直觉观察和归因判断所形成的印象，第一印象往往最鲜明、最牢固、最持久，并对以后的人际交往产生深刻的影响。初次见面时，对对方的表情、体态、仪表、服装、谈吐、礼节等形成了相互间的第一印象。现实生活中，首因效应作用下形成的第一印象常常左右着人们对他人日后的看法和行动方向。因为第一印象一旦形成，就不容易改变。初次印象是长期交往的基础，是取信、取悦于人的出发点。

（二）近因效应

近因即最近最后留下的印象。近因效应是相对于首因效应而言的，是指交往过程中，对他人产生的最近、最新的认识占了主导地位，掩盖了以往所留下的认识和评价，这就是心理学上所说的“后摄”作用。比如，相处多年不见的朋友，在自己的脑海中印象最深的，往往是临别时的情景。人们在人际交往中应注意克服近因效应带来的认知偏差，要用动态的、历史的、发展的眼光看待他人，看待人际交往，这样才能客观地评价并与他人相处。

（三）晕轮效应

晕轮即光环，就像光环一样，从一个中心点逐渐向外扩散成为一个越来越大的圆圈，在这里是一种比喻，晕轮效应又称光环效应，指人们依据已知的某一局部特征，推及认识对象未知的其他特征，形成对知觉对象的完整的印象。晕轮效应往往让人们在评价他人时，因喜欢从某一点特征出发来得出或好或坏的全部印象。最直接的表现就是因喜欢一个人某一点，便认为他一切都好；讨厌一个人某一特点，便认为他一切都糟。如此“以偏概全”“爱屋及乌”的做法，会影响理性人际关系的确立。

（四）刻板效应

刻板是一种特殊的心理定式，刻板效应又叫定型化效应，是指人们对某一类事物，特别是对某一类人所形成的一种较固定的、笼统的看法。当刻板效应形成后，在认知具体个人角色和时，便不再加以严谨分析，把某一角色的个人归入到某一群体的刻板印象中去，因而极容易产生偏见。比如北方人性情豪爽、南方人随机应变，更严重的诸如种族偏见、民族偏见、性别偏见等同样是刻板效应下的产物。

（五）定式效应

定式即心理定式，定式效应也称为心理定式效应，是指人们在认知活动中用“老眼光”——已有的知识经验来看待当前事物的一种心理倾向。在人际交往中，定式效应会使人们对他人的认知固定化。比如，与男人交往，往往会觉得他们大气豪爽；与女人交往，则会觉得她们“小肚鸡肠”等。

（六）投射效应

投射效应是指将自己的特点归因到其他人身上的倾向。以己度人，认为自己具有某种特性，他人也一定会有与自己相同的特性，把自己的感情、意志、特性投射到他人身上并强加于人的一种认知障碍。认知者形成对别人的印象时总是假设他人与自己有相同的倾向和特征。在人际交往中，“由己及人”“以己论人”“以小人之心度君子之腹”完全体现了投射效应。投射效应是一种严重的认知心理偏差。投射效应的实质就在于从主观出发简单地去认知他人，自我与非我不分、主观与客观不分、认知的主体与认知的对象不分，其结果导致认知的主观性、任意性。

（七）设防效应

设防即设立防线，设防效应是指认知者在与人交往前事先设下心理防范的倾向和特征。可能大多数人在两个人独处的时候都会有种感觉，人们不时地会有些防范心理：在人多的时候，你会感到没有自己的空间，担心自己的物品是否安全；你的日记总是锁得很紧，怕别人夺走你的秘密，为了这些，你要设防。设防心理在交往过程中会起到一种负面作用，它会阻碍人们正常的交流。

（八）自我评估效应

自我评估效应即自我评价不当，不当指要么过高要么过低，自我评估效应所产生的不当不利于与他人和睦相处，有损于正常的人际关系。比如，有的人在中学时各方面都是佼佼者，处处是赞扬声，所以自我评价颇高，到了大学，仍然觉得自己是高才生，高人一等，清高自傲、苛求他人，而实际上，大学高人如林，因此造成他人际关系紧张。还有的人恰恰相反，自己的优势不明显，因此，内心恐慌、压力增大，自卑感随之而来，自我评价过低，造成人际交往困难。

（九）心理相容效应

心理相容效应是指人与人之间互相吸引、相互信任，交友是人际关系需求的一种深化反映，朋友是分层次的，有一般的朋友、好友和挚友，对他们应采用不同的交往方式；语调、语气、遣词造句、表情、谈话涉及的范围等都要因对象而论，要掌握好分寸。即使是挚友之间，也要保持一定的心理距离，因为每个人都有“心理敏感区”，都有自己的隐私，不可轻易点破。由于频繁的交往，人与人之间的态度和价值观趋于相似，情感趋于相悦，相互之间具有吸引力。在这个过程中，语言发挥了调节作用，语言是人际吸引的“润滑油”。

（十）酸葡萄效应

酸葡萄效应是指因为自己真正的需求无法得到满足产生挫折感时，为了解除内心不安，编造一些“理由”来自我安慰，以消除紧张、减轻压力，使自己从不满、不安等消极心理状态中解脱出来，保护自己免受伤害。当人们“可望而不可即”时，适度安慰，可让烦恼远离自己，这与“阿 Q 精神”类似。

二、社会学效应

在社会交往实践中，人们在物质交往和精神交往的过程中彼此结成了各种复杂的社会关系，其中社会层面上的关系就是由人际沟通而产生的人际关系。社会学和社会心理学研究的结果表明，以下十种社会学效应会给人际交往的人提供借鉴。

（一）熟人链效应

据心理学研究，如果随意挑出甲乙两个人来，他们相识的可能性有二十万分之一。因为甲认识乙，乙认识丙，丙认识丁，丁又认识甲，这就是所谓的熟人链效应。人际关系网络就是由一条条熟人链组成的，熟人链实际上是一种角色链。如今社会系统的开放性，使世界变成了一个“地球村”，使得人与人之间的交往变得空前容易，当我们搭建一个广泛的人脉网，在生活中、工作中，就容易得到朋友们的帮助。

（二）角色丛效应

角色丛效应将社会视作大舞台，每一个体在舞台上扮演着不同的角色，于是社会对他们提出了一整套关于言行模式的角色要求，如性别角色、职业角色、观众角色、顾客角色等，其角色的社会期待和角色要求各不相同。在社会生活中，人人都是“身兼数职”的，一名男人（性别角色）在学校里是教师（职业角色），在家庭里是丈夫和父亲（家庭角色），在公园里是游客（游客角色），在商店里是顾客（顾客角色），在电影院里是观众（观众角色），社会心理学将一身数兼的多重角色称为“角色丛”或“角色综合体”。角色丛效应要求个体除了学习各种角色期待的行为之外，还要求学会角色语言。一个男教师，不仅仅要学习和掌握教师语言，同时还需要掌握其他角色语言，即作为丈夫、父亲、游客、顾客、观众等角色必备的语言修养。因此作为性别语言、售货员语言、教师语言、宣传员语言、司机语言、领导者语言、律师语言、导游语言、采访语言、外交语言以及夫妻交谈、父子交谈、班主任与学生谈心、恋人情话、做报告、答记者问、与罪犯谈心等都是人际沟通应该研究的内容。

（三）名片效应

名片效应指在交际中，如果表明自己与对方的态度和价值观相同，就会使对方感到你与他有更多的相似性。恰当地使用“心理名片”，可以尽快促成人际关系的建立，掌握“心理名片”的应用艺术，对于人际交往以及处理人际关系具有很大的实用价值。名片的作用是为了让对方快速地了解自己，实质上是一种自我介绍、自我暴露、自己推销自己。“自我介绍、自我暴露、自己推销自己”的技巧会产生最直接的效应。比如在交往中自己观点的表露速度和程度，必须缓慢、适合到使对方不感到惊奇和疑惑为宜。自我暴露过早、过深、过度会给人留下“浅薄”“自恋”“夜郎自大”的印象，从而影响自我形象的建立。

（四）旁观者效应

旁观者效应是指在紧急事件中由于有旁观者在场而产生的影响作用。旁观者效应有两种情况：一种是对事件的促进，由于旁观者在场引起强烈的竞争心理，能力得以充分发挥；另一种是事件的促退，由于旁观者在场心理上形成干扰，导致怯场，从而影响水平的发挥。

（五）共生效应

共生效应是相对立足于一个系统如何表现整体而言的。人类社会的活动带有群体性的特点，人际沟通绝大多数是靠语言来完成的。最佳共生效应的取得，需要双方或多方协作，友好交往、互相激励，从而增进信息交流。

（六）关系场效应

关系场效应是由不同的角色扮演者组成的群体产生的内聚力或摩擦力。“三个臭皮匠赛过一个诸葛亮”，这是“群体的增力作用”；“一个和尚挑水喝，两个和尚抬水喝，三个和尚没水喝”，这是“群体的减力作用”。在群体交往中，个体过分依赖群体，对个体智慧的发挥不利。个体可以接受群体的影响，产生归属感、认同感，并得到群体的支持。处理得好就有利于发挥个体的智慧，这对群体性的言语活动，如学术讨论、小组辩论、演讲竞赛、群体对话、双方谈判等有启迪作用。

（七）从众效应

从众效应也称乐队花车效应，是指当个体受到群体的影响（引导或施加的压力），会怀疑并改变自己的观点、判断和行为，朝着与群体大多数人一致的方向变化。也就是指个体因受到群体的影响而怀疑、改变自己的观点、判断和行为等，以和他人保持一致，也就是通常人们所说的“随大流”。在交往的说服性言语活动中，利用从众心理，往往会达到更好的说服的效果。这在说服性交际，包括劝说性的谈话、演说、谈判、推销、广告等方面均有参考价值。

（八）安慰剂效应

安慰剂效应又名伪药效应、代设剂效应，指病人虽然获得无效的治疗，但却“预料”或“相信”治疗有效，而让病患症状得到舒缓的现象。与之相对应的是反安慰剂效应，即病人不相信治疗有效，可能会令病情恶化。安慰剂效应并不是由所服用的药物引起的，而是基于病人心理上对康复的期望。此效应意味着人际沟通时的安慰，会使心理上得到愉悦和满足。如对遭不测的同事说一番同情的话，给名落孙山的学生寄一封劝慰信，都是利用言语作为安慰剂去医治人们心灵的创伤，人们渴望心理安慰，由关心、激励构成的期待所引起的心理变化就是心理安慰效应。

（九）权威效应

权威效应是指一个人要是地位高、有威信，受人敬重，那他所说的话及所做的事就容易引起别人重视，并让他们相信其正确性，即“人微言轻、人贵言重”。“权威效应”的普遍存在，首先是由于人们有“安全心理”，即人们总认为权威人物往往是正确的楷模，服从他们会使自己具备安全感，增加不会出错的“保险系数”；其次是由于人们有“赞许心理”，即人们总认为权威人物的要求往往和社会规范相一致，按照权威人物的要求去做，会得到各方面的赞许和奖励。

（十）登门槛效应

登门槛效应也称得寸进尺效应，是指一个人一旦接受了他人的一个微不足道的要求，为了避免认知上的不协调，或想给他人以前后一致的印象，就有可能接受更大的要求。这种现象，犹如登门坎时要一级台阶一级台阶地登，这样能更容易、更顺利地登上高处。

第四节　人际交往三法则

理论界总结出了著名的人际交往三法则：钻石法则、白金法则、黄金法则，上述三条法则在社会交往中，能够指导人们更好地与他人相处，赢得友谊，进而构建起强有力的社会支持关系系统。

一、钻石法则

别人怎样对待你，你也怎样对待别人。此话源于基督教《圣经·新约》。这种被动的人际交往的价值取向包含了两个相反的方面，即别人对我好，我投桃报李；别人对我不好，我以牙还牙。后者充满了防备算计和反击报复。

二、白金法则

别人希望你怎么对待他们，你就怎么对待他们。这条法则是美国演说家托尼·亚历山德拉博士和人力资源顾问、训导专家迈克尔·奥康纳博士共同的研究成果。白金法则的精髓就在于“先从研究别人的需要出发，然后再调整自己的交往行为，运用人们的智慧与才能使别人过得轻松、愉快、舒畅”。它的内涵体现了人际交往的主动性，以先人一步的主动介入交往行为，并注入正能量使其朝着预设的友好方向推进。白金法则的宝贵之处在于能够抛开自我本位，而以对方为中心，尊重对方与自己的差异，细心体察、顾及对方真实的需要并努力加以满足。

三、黄金法则

圣经中耶稣的一句箴言：“无论何事，你们愿意人怎样待你们，你们也要怎样待人，因为这就是律法和先知的道理。”被后人称为“黄金定律”。

黄金法则的精髓就在于“爱人如己”，“己所不欲，勿施于人”。它的秘诀在于：你掌握着人际关系的主动权，只要你想要一个和谐顺畅的人际关系，你就可以拥有，当然关键是你要先付出。这样的交往法则对人们的挑战很高，你需要拥有更为主动的处世态度以及优先服务他人的精神。《一生的计划》作者格莱恩·布兰德说：“为什么有的人总是受到欢迎，得到别人的拥戴，好运气也总是落到他们头上？关键是他们学会并接受了一条人际关系黄金定律：你想要别人怎样对待你，你就要怎样对待别人。”“爱人者，人恒爱之；敬人者，人恒敬之”，出自《孟子·离娄章句下》，讲的也是这个道理。比较钻石法则和白金法则，它的内涵体现了人际交往的主动性和善意性，以先入为主的主动介入给交往行为注入正能量，同时排除了相反的交往意向“反击报复”。

有了黄金法则，是不是就能解决人际交往的全部问题呢？在交往实践中，人们也会遇到这样的情况：我给人家热脸，但换来的是冷屁股。这就需要人们动用人际交往更高层次的白金法则——别人希望你怎样对待他们，你就怎样对待他们，因为有热和冷，还有介于热与冷之间的“不冷不热”，需要人们运用智慧适当地调整交往的温度。

掌握并适当运用人际交往三法则，让自己和他人在不同的情境下采取不同的态度与方式进行顺畅、成功的交往。

第五节　人际交往能力的构成

人与人交往，相处得可能融洽，也可能产生冲突。交往的结果不同，从根源上说，主要的原因是人的交往能力如何。

一、人际交往能力

人际交往能力是指妥善处理人际关系的能力，包括与周围环境建立广泛联系和对外界信息的吸收、转化能力，以及正确处理上下左右关系的能力。

二、人际交往能力的构成

人际交往能力由内在表现的人际感知力、人事记忆力、人际理解力、人际吸引力、应对能力、人际推测力和外在表现的礼仪形象力、倾听能力、沟通表达力、处置问题力、人际融合力、信息驾驭力等12个方面构成：

（一）人际感知力

人际感知力是人际交往的内在表现。指对他人微妙的感情、动机、需要、思想等内心活动和心理状态的察觉和感知能力，以及对自己言行影响他人程度的感受能力。

（二）人事记忆力

人事记忆力是记忆交往对象个体特征，以及交往情景、交往内容的能力，是记忆与交往对象及其交往活动相关的一切信息的能力。这是人际交往目的性内容的表现，包括内在动因和外在技巧。

（三）人际理解力

人际理解力是人际交往的内在表现。即理解他人的思想、感情与行为的能力。人际理解力暗示着一种去理解他人的愿望，能够帮助一个人体会他人的感受，通过他人的语言、语态、动作等理解并分享他人的观点，抓住他人未表达的疑惑与情感，把握他人的需求，并采取恰如其分的语言帮助自己与他人表达情感。人际理解力包括对他人理解的深度，包括从理解明确的想法或明显的情感，到理解他人行为背后复杂的、隐藏的动机等，以及倾听并反馈给他人，还包括根据他人对行为与事件的描述，帮助对方解决难题等。

（四）人际吸引力

人际吸引力指人与人之间在情感方面相互喜欢和亲密的心理关系，是心理距离缩短的表现。它是人际关系的一种积极的心理状态，是一种普遍的社会心理现象。人际关系反映了个人寻求需要满足的心理状态，无论是喜欢、友谊还是爱情的产生和发展都与交往双方各自从对方获得需要满足的程度相关。一般而言，相互满足程度愈高，心理关系就愈亲密，人际吸引力就愈大；相互满足程度愈低，则心理距离就愈大，人际吸引力就愈小。

（五）礼仪形象力

礼仪形象力是个体形象的外在表现形式之一，指人的礼仪形象在他人心目中的综合印象与评价，礼仪形象的高低往往反映出一个人教养、素质的高低。维系人们正常交往的纽带首先就是礼仪形象，在人际交往中，其外在的形态、容貌、着装、举止、礼仪等始终是一种信息，在不知不觉中已经传给了对方，这些信息无疑会或好或坏地影响交际活动的全过程。

（六）人际推测力

人际推测力是人根据对他人的基本了解，进行理性探究和分析，从而推断预测未来这个人会怎么样的能力。所谓的怎么样，是指“这个人”的“好”与“坏”，人的“可交”和“不可交”，原有的关系是“发展”还是“不发展”等，最终做出选择。

（七）沟通表达力

沟通表达力是人际交往的外在表现，指与人交际的举止、做派、谈吐、形象、风度，以及真挚、友善、富于感染力的情感表达，是较高人际交往能力的表现。表达理解能力意味着一个人是否能够将自己内心的思想表现出来，还要让他人能够清楚地了解自己的想法，其次就是理解他人的表达。一个人的表达能力，也能直接地证明其社会适应的程度。

（八）处置问题力

处置问题力是人际交往的外在表现。处置问题力即所谓的问题解决能力，是指面对问题的行为习惯和解决问题的能力。具体体现在遇到问题时，能自主地、积极地谋求解决，有计划、有方法、有步骤地处理问题，能适宜地、合理地、有效地解决问题。

（九）人际融合力

人际融合力是人际交往的外在表现，指个人与他人在共同的交际环境中的合作与团结能力。人际融合力不单单指自己和他人的关系是否融洽，还包括自己是否能够被他人接纳到一个共同的群体之间，能否得到他人的肯定与赞许。融合表明一个人是否能够体验到他人给予的可信、可爱，这是人际交往能力的综合表现。

（十）倾听能力

倾听能力是指听别人说话的能力，人际交往主要以语言交流为主要工具，说与听是相互支撑的。倾听能力是交流双方能否在同一平台上顺利进行语言交际的前提，谦虚宽容、态度诚恳、专心致志地听取别人表述，是最基本的交际道德和要求。倾听能力要求听懂别人说话的能力，对他人所说的话能否听懂话中意、话外音，更重要的是要在倾听中学会尊重别人意见，尽量不存偏见，学会不强迫别人接纳自己的观点，更不能因对方的意见与自己有异而恶意挖苦、讽刺，或随意打断别人说话，甚至与对方产生激烈争辩，那样只会丧坏双方感情，导致交际失败。

（十一）应对能力

应对能力是指调节、适应、解决问题和面对挑战的能力。应对能力反映多种因素间的相互作用。当一个人面临各种需求和各种角色责任时，适应行为和解决问题的能力加强，个体处在交际活动中能充分处理内在或外来的压力的状态。

（十二）信息驾驭力

信息驾驭力是指在交际活动中对各种信息的理解和活用的能力，即对信息的获取、理解、分析、加工、生成、创造、传递与活用的能力。信息能力是一种基本的信息素养，它体现在技术层面、操作层面和能力层面上的素养，也是交往对象主动选择、运用信息以及运用信息手段的基本素质。

第六节　提升人际交往能力的策略

良好的人际交往能力以及良好的人际关系是人们生存和发展的必要条件。提升人际交往能力取决于双方之间需要的满足程度：只有双方在相互交往中都获得了各自的社会需要的满足，相互之间才能产生并保持接近的心理关系和友好的情感。交往是彼此互动的事情，提升人际交往能力要从相互彼此方面建立交往策略。

一、于己的交往策略

交往是彼此互动的事情，于己就是从自身角度出发，有效提升人际交往能力所要运用的适当的交往策略。

（一）真诚与实在

并不是所有的赞美都会带给对方舒服的感觉，一个好的赞美应该真诚、实在、不带个人目的。所谓真诚，是指赞美应是由衷的，是因为对方的某些方面深深地打动了人们，如同人们旅途中见到绝美的风景会情不自禁地赞叹不已。所谓实在是指赞美应有具体落点，是客观存在的而不是杜撰、编造、拔高，是发现而不是发明优点。不带个人目的是指人们的赞美不应出于功利目的，任何满足私欲指向的赞美都不是纯粹的赞美。

信用指一个人诚实、不相欺、守诺言，从而取得他人的信任。在人际交往中，与守信用的人交往有一种安全感，与言而无信的人交往内心充满焦虑和怀疑。对每一个立志成才的大学生来说，守信用会使你的形象更添光彩。

（二）平等与尊重

人际交往的基础是人格平等，以诚相待。人与人之间存在差别，但在交往中却都刻意追求平等，强者不愿被迎合，弱者不愿被鄙视。“善大，莫过于诚”，热诚的赞许与诚恳的批评，都能使彼此间愿意了解、信任、倾诉、交心。无论与交往的人身份多么卑微、形象多么猥琐、爱好习惯多么让人不好接受，你始终能尊重他，你就能获得他对你的尊重。

（三）接纳与开放

在与人交谈时，要专注，积极倾听他的谈话，不时地给予适当的反馈和提问。倾听表示尊重、理解和接纳，是连接心灵的桥梁。倾听还体现在不随意打断别人的谈话，在别人漫无目的地谈话时，礼貌地转换话题或结束话题。在表达自己的不同看法时，首先要认可当事人的想法，再礼貌地提出自己的看法，这样就会在表明观点的同时避免了冲突，不伤及彼此的关系。

（四）正义与大气

正义是指人们在交往过程中付诸具有公正性、合理性的思想、观点和行为等。衡量正义的客观标准是，这种思想、观点和行为是否符合人际交往的规律，是否满足交往中绝大多数人心理需要和最大利益；大气是指做人的襟怀大度。雨果说：“世界上最宽广的是海洋，比海洋更广阔的是天空，比天空还广阔的是人的胸怀。”胸怀大度、涵养大气、包容谦和、处事大方，是人与人交往中必备的素质。

（五）遵规与守则

俗话说：没有规矩，不成方圆。规则是运行、运作规律所遵循的法则，人际关系规则即人们在人际交往过程中所应该遵循的规律和法则。社会上的人们通过不同形式的纽带关系联结起成一个关系的有机体，即人际关系网络。要维持这种有机体的存在和发展，不仅要有动力机制，还要有平衡机制，而规范动力机制、实现平衡机制的主要手段有两个：一个是法制，另一个是规则。所谓规则是需要人们遵守的。

【案例赏析】

一定要洗七遍

一个在日本的中国留学生，课余时间为日本餐馆洗盘子以赚取学费。日本的餐饮业有个不成文的行规，即餐馆的盘子必须用清水洗七遍。洗盘子的工作是按件计酬的，这位留学生计上心头，洗盘子时少洗了两遍。果然，劳动效率大大提高，工钱自然也迅速增加。一起洗盘子的日本学生向他请教技术。他毫不避讳地说："你看，洗了七遍的盘子和洗五遍的有区别吗？少洗两次嘛。"结果，日本学生渐渐与他疏远了。

餐馆老板偶尔会抽查盘子清洗的情况。一次检查中，老板用专用的试纸测出盘子清洗的程度不够，并责问这位留学生时，他振振有词："洗七遍和洗五遍有区别吗？"老板只是淡淡地说："你是一个不诚实的人，请你离开！"

为了生计，他又到另一家餐馆应聘洗盘子。老板打量了他半天，才说："你就是那位只洗五遍盘子的中国留学生吧。对不起，我们不需要！"第二家、第三家……他屡屡碰壁。不仅如此，他的房东不久也要求他退房，原因是他的"名声"对其他住户（多为留学生）的工作产生了不良影响。他就读的学校也专门找他谈话，希望他能转到其他学校去，因为他影响了学校的声誉。

万般无奈下，他只好收拾行李搬到另一座城市，一切重新开始。他痛心疾首地告诫准备到日本留学的中国学生："在日本洗盘子一定要洗七遍！"

二、于彼的交往策略

交往是彼此互动的事情，于彼就是从对待对方的角度出发，有效提升人际交往能力所要运用的适当的交往策略。

（一）赞美与赏识

人性中最深切的禀性，是被人赏识的渴望。正如美国心理学家詹姆士所说的，"人类天性的至深本质是渴求为人所重视。"在人际关系中，人们永远不要忘记：人们所遇到的人，都渴望别人的关注、肯定、欣赏和赞扬。最快的说服也是短时间内成为朋友，欣赏和赞美对方是赢得友谊的便捷方法。

赞美分为直接赞美、间接赞美，言语赞美、非言语赞美，两种方式的后者效果往往优于前者。非言语赞美可以体现在关注、倾听、眼神、微笑等，比如专注的眼神、肯定的点头、专注的聆听、竖起拇指，赞美蕴藏于很多细节之中。

（二）宽容与谅解

"人非圣贤，孰能无过"，人们都是缺点与优点并存。与人交往时，不能总是看到一人的短处，要多看到他人的长处。世界上不存在一无是处的人，同时也不存在完美无缺的人。不要揪着别人的错误不放，得理不饶人。不能宽容对方的过错，而对此以牙还牙或者势不两立，隔阂就会越来越深，人际关系只会越来越糟糕，这对人对己都没有任何益处。可见，苛求他人就是苛求自己，宽容谅解他人就等于宽容谅解自己。古语云：水至清则无鱼，人至察则无徒，说的就是这个道理。

（三）合作与互利

人的社会是由人与人的各种关系组成的，不存在孤立的个人，因为孤立的个人是做不成任何事情的。不难发现，善于合作者有着越来越多的朋友和越来越少的敌人，不管是与商业合作伙伴，还是与竞争对手，如果处心积虑地与人争利，不如谋求共赢。“勿以善小而不为”，当你处处为别人着想时，别人也会把你放在心上，“投我以桃，报之以李”正是这个道理。当你一旦尝到互利的甜头时，便会过得更加的充实愉快，会觉得与人交往是一件自然与轻松的事。

（四）建议与批评

与人相处时，免不了给别人提出合理化建议，当别人犯错时也免不了给别人提出批评，然而关键在于是否发自内心的善意。一般而言，建议与批评不如欣赏和赞美受到欢迎，一定要讲究方式和时机。一旦处理不当，很快会让彼此的人际关系恶化，被阴影所笼罩，甚至可能会演化为相互人身攻击，造成两败俱伤。注意不要直接批评、责怪和抱怨别人，否则会使他人的自尊心和自我价值感受损和难堪，可用“坏话好说”的艺术：暗示或提醒，效果会好得多。

（五）玉帛与干戈

玉帛，玉即美玉，帛即丝织品，玉帛，在古代皆为进贡之上品；干戈，为古代兵器，引申为战争或人与人之间发生矛盾，后来人们常用“化干戈为玉帛”比喻变矛盾和战争为和平友好。在此引申为人们发生矛盾和争执后重修于好，相互间礼尚往来的意思。人际交往不可能一帆风顺，由于多种原因很可能发生争执或冲突，但应该是争执归争执，关键在于如何运用智慧和善意及时解决争执或冲突，使双方和好如初。

第七节　与不同类型人交往的策略

人际交往中，可能会遇到不同类型的人，或许性格各异、或许嗜好相差、或许志趣迥异、或许品性不一。只有了解了不同类型的特点，才可用适当的方法与之交往，最终达成理想的结果。那么，如何识别和区别对待这些不同类型的人呢？以下介绍 20 种不同类型的人交往策略。

一、死板固执的人

此类人性格一般较为偏执，遇人遇事容易认“死理儿”。遇到这类人，不能操之过急，不能轻易表态，要细心而又耐心地观察他的一言一行，寻找他的兴趣“点”，然后再决定是否与之交往。

二、傲慢无礼的人

此类人态度一般较为傲慢，举止无礼，也是人际交往中最难缠的人。与这种人交往时，说话应该开门见山、简明有力、速战速决。

三、不善言辞的人

此类人性格较为内向，与之交往是一件很吃力的事。你必须占据先机，主动提出问题，请他做简短地回应，如“行/不行”，或“能/不能”，尽量避免深入讨论和迂回往复式的交流。

四、城府深密的人

此类人内心复杂、心思缜密，不会轻易表露自己的心声，也不愿随意发表自己的看法，遇到对自己不利的情景时，会突然转移话题或打岔。因此，与之打交道要思想特别集中，要想方设法窥探他的内心世界，摸清他的真实意图。最好事先多掌握和了解一些有关他为人处事的情况，让自己心里有数。

五、草率决断的人

此类人大多性情急躁，办事草率，遇事不做深度思考，容易潜留后遗症。与之交往时，推进事务的环节不要轻易与之同步，要注意做事的节奏，必要时，做好记录，或让他手写签字。

六、糊里糊涂的人

此类人思考问题线索粗放，做事基本没有章法，随意性较大，即俗话说的“想一出儿是一出儿”。自然，平时也很少检点和反省自己的言行，往往是非混淆、好坏不分。与这种人交往最好让他叫上朋友，不到万不得已，应尽量避免与之交往。

七、一意孤行的人

此类人一般心理狭隘，固执己见，听不进别人的意见或建议，交往处事缺少通融和灵活性。应付这种人，最好敬而远之。

八、言行滞后的人

此类人思维反应迟缓，言行滞后，与这类人交往，最关键的就是要保持耐性和细心，引领他一步步走上你设置好的频道，以使他的步调跟上你的进度，一切按你的预定计划行事。

九、自私自利的人

此类人遇事首先想到自己，唯利是图，利益在前，情谊在后。与这类人交往，会有一定的危险。与之交往时，最好还是控制个人情绪，言谈举止都保持警觉，不妨以其人之道，还治其人之身。切不可被他的花言巧语、阴谋诡计所迷惑而上当受骗。

十、泰然自若的人

此类人情感藏得比较深，遇事沉着冷静。无论输赢与胜败，都能沉着应对。与这种人交往，最好消除自己紧张，制造轻松愉快的气氛，保持与对方同样的镇定，引出话题，适时地表达自己的愿望和要求。

十一、爱奉承的人

此类人的性格一般是“见人说人话，见鬼说鬼话”，见风使舵，纯属包藏祸心的小人，“狗眼看人低”。与这类人交往，要时刻保持头脑冷静，身心保持距离。

十二、“舌头长”的人

喜欢献媚奉承、溜须拍马。对于有权有势有用的人，他会利用一切不择手段来巴结、吹捧、靠近。“长舌头”与“势利眼”有相近的意思。与舌头长的人交往，反应要冷淡、要自持，一般规律是：你对他有用时对你多“热”，等你对他没用时，就会有多“冷”，最好先做好心理准备，彼此互相“帮助”。

十三、攻击型的人

此类人缺乏自控能力，情绪急躁易怒，心绪反复无常，遇事以攻为守，与这类人交往，没必要轻易表露自己的观点，存在不同意见时，学会婉转回应，避免与之抬杠而使自己被呛而下不来“台”。

十四、斤斤计较的人

此类人利益长而人情短，爱占小便宜，一旦利益受到侵犯，就会翻脸不认人。俗话说得好，“贪小便宜吃大亏”。与这类人交往，最好尽量满足他的正当要求，而果断拒绝不合理要求。

十五、自命不凡的人

此类人自以为很了不起，自以为比别人高明。往往在与人交往中表现出孤芳自赏、狂妄自大、目空一切、趾高气扬。如果这类人初次交往就表现出其自诩不凡，最好给他个“下马威”，挫其锐气，以使彼此交往能够保持平衡的心态。

十六、恃才傲物的人

此类人依仗着自己的才能超群，性情放纵、狂傲不羁、唯我独尊。与这类人交往，最好不要吝啬赏识的眼光，尽量用其长、避其短，使其施展才华，并用自己的影响力使其成为德才兼备之人。

十七、牢骚满腹的人

此类人满眼都是阴暗与不公，成天怨声载道、牢骚满腹，释放的都是负能量。与这类人交往，最好用你的影响力说服他，办法是：走出自我，调整好自己的心态，心平气和地去面对一切，付出更多的精力与时间，满怀激情地去努力学习和工作。

十八、投机取巧的人

此类人心怀诡计、玩弄花招，经常靠一时要小聪明侥幸取得成功或用不正当的手段谋取私利，与这类人交往，心理做出清楚的切割：不宜深交朋友，必须警惕戒备。

十九、知恩不知报的人

此类人常常遇到“有用之人脸朝前，用完之人屁股朝前”的人，卸磨杀驴、过河拆桥。“喝水不忘挖井人”以及“滴水相赠当涌泉相报”，说的是人应知恩图报，与这类人交往，当你看到此人对彼人已经这样忘恩负义了，你就应立即提防如此“狼心狗肺”的势利小人。

二十、“无事不登三宝殿”的人

此类人肯定不是值得深交的朋友，平时不联络、不走动，你在他心上似乎不曾存在一样。然而当他有求于你时，需要救急时，他却一反常态，热情得超乎寻常，急于接近逢迎你，目的只有一个：雪中送炭。与这类人交往，要保持头脑的清醒，当然，可视情况而定是否给予援手。

本章小结

（1）人际交往的能力是指与周围人际环境建立广泛联系且进一步妥善处理上下左右交往关系的能力，也包括对外界信息的吸纳、释放、转化的能力。人际交往有时又叫人际沟通。其二者区别在于，沟通侧重于信息交流，而交往则是全方位的，如信息、情感、态度、行为等。

（2）影响人际交往关系的因素有交往需要、交往有效和交往品质。

（3）人际交往障碍有文化因素障碍、社会因素障碍、个体因素障碍；人际交往差异有性别差异、行业差异、城乡差异和跨文化差异。

（4）人际交往的形式包括：口头交往与非口头交往；直接交往与间接交往；定向交往和随意交往；单边交往和多边交往；近体交往与远体交往。

（5）人际交往冲突分为观念冲突、利益冲突、观点冲突、学识冲突、方法冲突、习俗冲突、个性冲突、情绪冲突八类。

（6）人际交往中普遍存在着诸如羞怯、自卑、恐惧、自负、孤僻和异性交困心理等问题。

（7）人际交往的社会实践意义在于认识人际交往的潜在价值和培育人际交往的正向与反向态度。

（8）人际交往中的心理学效应和社会心理效应分别为：首因效应、近因效应、晕轮效应、刻板效应、定式效应、投射效应、设防效应、自我评估效应、心理相容效应、酸葡萄效应和熟人链效应、角色丛效应、名片效应、旁观者效应、共生效应、关系场效应、从众效应、安慰剂效应、权威效应、登门槛效应。

（9）人际交往三法则为钻石法则、白金法则、黄金法则。

（10）交往是彼此互动的事情，提升人际交往能力要从相互彼此方面建立交往策略。一方面是己方的交往策略：真诚与实在、平等与尊重、接纳与开放、正义与大气、遵规与守则；另一方面是对方的交往策略：赞美与赏识、宽容与谅解、合作与互利、建议与批评、玉帛与干戈。

关键术语

人际交往能力、人际交往障碍、人际交往差异、人际交往形式、人际交往冲突、异性交困心理、跨文化差异、人际交往潜在价值、人际交往正向态度、交往策略

案例分析

人生偏离正常轨道

案例描述：“一直都想说说我的事，说说我不堪回首的20年。我的事要从11岁开始讲起。”

早在20年前，我只有11岁。一天晚上，我无意中窥到了父母之间的事情，年幼又缺少性知识的我被吓坏了，认为这是件罪恶的事，我开始害怕父亲，在后来的十几年里一直在躲避着他，几乎没有任何交流。在学校里怕和男生接触，怕他们会歧视我。

不久后发生的另一件事更是让我彻底崩溃了。一次学校包了场电影，我受到一个陌生人的骚扰，虽然行为不算严重，但对我的心理伤害却是巨大的。非常恐惧的我以为这样就是失身了，我不敢告诉包括家人在内的任何人，怕被他们斥责。从此以后，我开始将所有的事情埋在心底。我远离童年的伙伴，远离父母。每天去上学，见到那么多男同学和老师，我都怕得要命。回到家，我想哭，但又不敢哭，只有在夜深人静的时候，家人都睡了，我蒙上被子，拼命地压抑着悲痛让眼泪无声地流。

有一天，上学的路上迎面走来了3个男孩儿，我突然不知道眼睛该往哪里看了。很无助，很慌乱，看到3人身后不远处有棵大树，我就把目光死死地盯住了那棵树，直到他们走过去。也就是从那时起，我再也不敢正眼看人了，也怕让别人看到我。

“我就独自承受着这些事，无时无刻不深陷在其中。对异性的恐惧之中带着深深的自卑，可以说是自尊心全面崩溃了，没有了尊严。”

（选自：“20年，失去了自我”——一位社交恐惧症患者的心声，http：//news. sina. com. cn/s/2006 - 05 - 22/13238993440s. shtml，有改动。）

思考与辩论

（1）怎样提高人际交往能力？

（2）在人际交往实践中，你与别人发生交往冲突时，是如何解决的？

（3）如何培育人际交往的正向态度？

（4）人际交往能力由哪些项构成，你认为哪几项最为关键？

（5）人际交往的“黄金法则”如何在你的交往中得到印证？

（6）观看视频：江西卫视《金牌调解》：大三的女儿要退学（2015 年 10 月 30 日。网址：http：//tv. sohu. com/20151030/n424763270. shtml）。问题讨论：她在人际交往中哪里出了问题，深层原因是什么？

（7）请辩论：如何通过运用彼此的交往策略来提升人际交往能力？

第五章　人际交往的语言沟通与非语言沟通

学习目标

（1）明确人际交往语言沟通的基本要求、特点、原则；
（2）识别口语交际中的各种心理问题，并尝试加以改善；
（3）了解口语交际的基本准则、口语表达的形式与艺术；
（4）掌握人际交往的非语言沟通艺术；
（5）学会在人际交往社会实践中提高语言沟通能力。

语言是人们进行交际的最重要的工具之一。现代社会是越来越开放的社会，人与人之间的交往日益频繁，语言表达能力的重要性也越来越被人们所认可。美国人早在20世纪40年代就把“会说话、金钱、原子弹”看作是在世界上生存和发展的三大法宝；到了60年代，又把“会说话、金钱、电脑”看成是最有力的三大法宝。而“会说话”一直独冠三大法宝之首，足以看出会说话的价值所在。在我国也一样，“会说话”是打开成功大门的一把金钥匙，能带来意想不到的效果，较好的语言表达能力是一个人的宝贵财富。

传说我国古代有个皇帝，他的儿子夭折了，皇帝心里悲伤至极，便向身旁一位大臣问道：“世上何事最苦?”此大臣如实答道：“世间丧子最苦。”皇帝立即拍案怒斥，大臣深感此话简直是在皇帝心上捅了一刀，自感这回性命难保了。皇帝接着又问：“世上何事最难?”大臣心想：此番如果答不到皇帝心坎上，免不了惹来杀身之祸。他灵机一动，说道：“世上说话最难。”皇帝听了便理解和饶恕了他。由此看来，“会说话”不是一件容易的事。

第一节　语言沟通的基本要求

现代社会的发展，语言沟通是人际交往最重要、最便捷的工具，语言沟通方式又分为口语表达和非口语表达。

一、人际交往的口语表达

口语表达是指用口头语言的方式传达自己的思想、观点、意见、建议、情感，以达到与人沟通交流的目的。日常生活交往中，人们更多的是使用口头语言，所以，口语表达比书面表达起着更直接的、更广泛的交际作用。现代社会的发展，对人的口语表达能力也提出了越来越高的要求。

（一）口语表达的基本要求

口语表达主要是用有声语言来影响听者，表达的意思是否到位，沟通的结果是否有效，这就要求说话者的语言不仅清晰、流畅、响亮，更要使说出的话语尽量是口语化的短句子。

1. 清晰

沟通方定要有一个明确的表情达意的目标，你说的想法我清楚，我回答的意思，你能理解；尽量讲标准普通话，声音清亮，字正腔圆，语速适中，营造出一种宽松、和谐、愉悦的交际氛围和交际情境，畅所欲言，提高交际效率。

2. 流畅

与人沟通交流是深思熟虑的事情，交流沟通之前，准备好要表达的意思，不能边说边想，否则，说话吞吞吐吐，磕磕巴巴，词不达意，前言不搭后语，重复啰唆，思维混乱，没有逻辑性，不能自圆其说，从而使沟通失去有感染力和说服力。

3. 响亮

话是说给人家听的，除非是有隐私的悄悄话。一般说话要把音传到人家耳朵里，让人听得清楚。身处交际场合，要心境平和，从容自信，挺胸抬头，自然而然地发声，把自己发自肺腑的声音发出来。

4. 口语化

一般我们日常交流都是脱口而出的语言，不拘泥于文句的结构，不会像写文章那么正式规范。口语化是特殊的、个性的，人与人交流没有一定的范式，是平时语言交流所使用的，不必拘泥于用词严谨或符合语法规则，只要说话双方简洁明了即可。

（二）口语表达的特点

口语表达，是一个逐步积累、厚积薄发的过程，也是习练思维敏捷、思路清晰的一种方式。想要提高自己的口语表达能力，首先要对口语表达的特点有个清醒的认知，然后才能有针对性地开展训练和矫正，只有这样，才有助于“说话”的灵活发挥和逐步提高。

1. 同步性

说话者的外部言语发声与内部言语构思是同步进行的，也就是说，说话者所思所想的思维言语的外化是必须通过有声言语表达出来。思维是言语的内容，说话的过程是紧密伴随内部言语转化为外部言语的过程。

2. 简散性

口语表达大多处于面对面或口对耳的语言环境，大多使用口语化的短语、短句、单句、散句，句子结构简单松散，很少使用长句和复合结构的句子。

3. 暂留性

口头说出的话是通过声波传播的，而声波瞬间即逝。既然说话只能短暂留存，那么口语表达的意思就应该深思熟虑了再说，说话声音清晰流畅，语速尽可能缓慢，保持在200音节/每分钟左右的速度。

4. 临场性

即说话者说话的场合大多是临场发挥，面对听话对象如何流畅、连贯地用适合贴切的内容和恰当的方式进行语言交流，一定要考虑“现场反映”，适时地进行调整。

5. 系统性

说话的系统性体现在：既是传声的，又是表情的。如声音的高、低、快、慢、强、弱长、短等；表情是人体语言最为丰富的部分，人的喜怒哀乐等内心情绪的流露都是通过面部、声音、身段表情反映出来的。

（三）口语表达的原则

口语表达的目的在于互动的“交流”，如果说话交流不畅，就意味着口语表达的失败，要想使“交流”落到实处，理应从如下三个方面思考：

1. 合作

口语交际是一种交流的互动，一定是在说话人与听话人之间展开。因此，说话人与听话人必须遵循合作的原则。合作的态度是展开交际的前提，可借鉴的方法很多，如根据对方的身份说话；根据对方的脾气秉性特点说话；根据对方的兴趣爱好展开话题；根据对方的潜在心理说话。切忌：主动提及对方的隐瞒之事；主动提及对方的伤感之事；主动提及对方的尴尬之事；主动提及对方的不光彩之事。

2. 得体

口语表达的得体是指说话的言语材料和语境之间最为适切的一种境界，是说话人与听话人之间的最佳配合。说话的语气和用词能满足交际对象的心理需要，彼此相互尊重，不卑不亢；态度自然，谦恭有礼。

3. 角色

角色是指言语行为符合角色条件，即在交际活动中实施某种言语行为所具备的相应条件的要求，说话人与听话人都应根据自己的身份说话，说话人与听话人都要根据自己的社会角色和交际角色来确定语言风格的要求。

（四）口语交际中的心理问题及其改善

日常交际中，我们常常会看到有人在交际过程中出现无语、迟疑、结巴、胆怯、自卑、惊恐等状况。哪怕是事先已做好了充分的准备，也仍难免状况百出。这一现象说明，一个人的心理素质的优劣，将直接影响口语交际的效果。

在口语交际中，可能影响人们交际的心理障碍如下：

1. 口语交际中的心理障碍

（1）害羞。

害羞是人的天性。害羞会给人际交往带来弊端：不敢与陌生人接近；不敢在众人面前发表自己的见解；依赖的心理过重；常因内心紧张而临场表现失常等。害羞所引起的神经过敏，反应过度，所带来的生理症状也是千奇百怪：在人面前说话时，心跳加速，呼吸急促，词不达意，嘴唇哆嗦，不敢正视对方，面红耳赤，脉搏增快，浑身冒汗，声音极低，未语脸先红。

（2）自卑。

自卑是一种过低的自我评价。自卑的浅层感受是认为别人看不起自己，深层的体验是自己看不起自己，即缺乏自信。大多数有自卑心理的人在交往中常常是前怕狼后怕虎，缩手缩脚，甚至临场时把自己“藏”起来，少部分有自卑心理的人期望值过高得不切实际，在交往中总是希望自己的表现完美无缺，担心表现不好会遭到他人的嘲笑和排斥。因此，越自卑就越不能充分展现自己的风采。

（3）恐惧。

恐惧是指惧怕人际交往。这类人往往极其敏感，除了亲近的人之外，他们很难与外界来往沟通，他们往往还没有行动体验就先预想到了糟糕的结果。如担心别人注意他们，担心被指责，担心自己受到伤害，担心被排斥，担心自己融不进“人堆儿”里去，怯懦，还是怯懦，无法正常与人打交道。久而久之，拉大了与周围人的距离，妨碍了与他人的正常交流沟通。

（4）焦虑。

焦虑指人际交往焦虑，是一种对任何人际交往或公开场合都感到强烈忧虑的精神疾病。产生焦虑的人，在陌生人面前或可能被别人仔细观察的交际场合，感到有一种显著且持久的忧虑，害怕自己的行为或紧张的表现引起羞辱或难堪。其体验为：参加聚会在众人面前说话、给人打电话求助办事情、向领导反映情况、向老师咨询都感到难以启齿。有人际交往焦虑的人不只停留于内心活动，如烦躁、压抑、愁苦、退避、消沉，还常外显为戏剧性的身体征兆，如坐立不安、失眠、食欲不振、梦中惊醒、呼吸不畅、脸红、心慌、头痛、发抖、出汗、呕吐、搓手、说话噎着、走来走去、说话间不停咳嗽、说话间不停喝水等行为。

（5）自闭。

自闭指人际交往自闭，是一种对任何人际交往或公开场合都想逃避甚至自我闭锁的精神疾病。此类人表现为从不轻易向人表露自己的内心世界，独来独往，不愿意向亲人、朋友敞开心扉。即使内心期待改善其情境且付出了努力，仍然会情绪低落，郁郁寡欢，对周围的人和事物不感兴趣，平时行为孤僻、怪异、不合群、沉默寡言，堪称“绝缘儿”。自闭的人对外界评价过于敏感，容易封闭内心世界，压抑情绪体验，孤独感强，行为表现为胆怯、退缩。

2．口语交际不良心理的改善

以下提供人际交往改善害羞、自卑、恐惧、焦虑、自闭等心理问题的十招。

（1）第一招。

害羞（自卑、恐惧、焦虑、自闭）的人在人多的场合往往选择坐在角落里或者最后一排，免得引人注意。你如果是有着这样心理的人，下次再有这样的场合，请你试着坐在人群的中心位置或者最前一排，在不影响本场活动秩序的情况下，让自己的眼神着落在各个角度和所有的人身上——每处停留三秒钟。

（2）第二招。

害羞（自卑、恐惧、焦虑、自闭）的人与人聊天、交谈时，往往故意压低自己的声音。你如果是有着这样心理的人，请你与同事面对面聊天、交谈时，声音放大一些——平时说话在40分贝左右时，请提高到50分贝。

（3）第三招。

害羞（自卑、恐惧、焦虑、自闭）的人找领导申请事项时，眼神往往游离左右，不敢正视对方的眼睛。你如果是有着这样心理的人，下次再找领导有事时，请你试着正视领导的眼睛，看着他的眼睛说话——至少停留1分钟再移开。

（4）第四招。

害羞（自卑、恐惧、焦虑、自闭）的人正在说话，突然被别人打断时，就不想再说下去了——感觉不好意思。你如果是有着这样心理的人，要想尽办法找到时间空隙插入继续把话说完，并且表达对打断你说话的人的不满和警告——伴有不悦的表情2秒钟。

（5）第五招。

害羞（自卑、恐惧、焦虑、自闭）的人向别人求助时，由于心里没底，往往欲言又止，支支吾吾，闪烁其词，甚至语无伦次。你如果是有着这样心理的人，请把你家里的穿衣镜当作求助的对象，首先把求助事项写出来，然后将“滔滔不绝、趾高气扬”两个词的内涵理解透彻，说话的同时，练习表演出这两个词应该伴有的表情——本次练习3分钟。

（6）第六招。

害羞（自卑、恐惧、焦虑、自闭）的人在听领导讲话时，绝不敢插嘴打断他的讲话，因为这件事情让人“后怕”。有的人见着领导就恐惧，没有原因。你如果是有着这样心理的人，请给自己设计一次类似的错误，然后再向领导解释和道歉——选择一次小团队会议的场合比较合适，太大的场合会吓死你。殊不知，解释和道歉又为自己创造一次接触领导和交流沟通的机会。

（7）第七招。

害羞（自卑、恐惧、焦虑、自闭）的人不愿意参与团体活动。你如果是有着这样心理的人，争取参加一次团体活动，记住一定选择熟人的团体活动，因为害羞（自卑、恐惧、焦虑、自闭）的人在熟人面前比陌生人面前更“不好意思”，害羞（自卑、恐惧、焦虑、自闭）程度更强。坐在既不是中心又不是边缘的地方，尽量抢先发表两三句意见。当突破第一次后，伴随着从未有过的成功体验，就会有第二次、第三次的欲望了。

（8）第八招。

害羞（自卑、恐惧、焦虑、自闭）的人在异性面前就会紧张、不自在，不敢开口说话。你如果是有着这样心理的人，争取向异性同学、异性同事，或者其他异性主动借一次东西，然后还东西时，说声“谢谢”并主动握手，当你突破这第一次后，会产生莫名的“成就感”，慢慢地，接触异性就不是问题了。

（9）第九招。

害羞（自卑、恐惧、焦虑、自闭）的人突然对另一个害羞的异性产生爱慕之情，但当与对方目光相遇时，却神情飘忽、眼神游移、言语失常、紧张冒汗，甚至迅速逃离。他们甘愿期待爱情，通常不会主动出击。你如果是有这样心理的人，不妨大胆一试，可以间接地借助其他方式表明心意，进行初次试探，如果对方与你的感受一致，对方定会有所反应。

（10）第十招。

害羞（自卑、恐惧、焦虑、自闭）的人不愿在职场挑战自己，工作遇到挫折就想逃避，甚至甘愿窝在家里，做个地道的“啃老族”。你如果是有这样心理的人，不妨投递3份简历，从3份都“不起眼”的边缘岗位做起，以此调整自己的工作态度和过高的期望值。

（五）口语交际的基本准则

口语交际是一项地地道道的社会实践活动，人们的聊天、谈话、辩论、采访、争论、讲演、洽谈等都是人们日常生活的一部分，当然，口语交际是为一定的目的而进行的。

1. 言之有的

苏轼在《策总叙》中曾说：“有意而言，意尽而言止者，天下之至言也。”意思是人们如果有需要表达的意思就说，意思表达完毕就停止，这样的话是天下最充实的话。当然，说话要“有的放矢”，有明确的目的，朝着说话方向推进，不可晕头转向、东拉西扯、空话连篇，不然不仅浪费自己的时间，也浪费别人的时间。因此，说话之前，预先为获得怎样的效果做好充分的准备。

2. 言之有物

“言之有物”出自《周易·家人》：“君子以言有物，而行有恒。”言之有物指说话内容具体而充实。在人际交往中，说出的话不能让人感觉云山雾罩，例如述说一件事，要具体到细节：谁、时间、地点、何事、到什么程度了、结果啥样等。再说，人与人交往是以真实、真诚、真情为交往条件的，如真实必须是现实存在的事物，不能胡编乱造，真诚是用诚恳之言进行交流，从而取信于人，真情必须用发自内心的感情触动人的心灵，不能为讨好而用谎言假意恭维、忽悠、欺骗他人。

3. 言之有理

言之有理即说的话有根据，有道理，合乎事物发展的逻辑性。“言之有理”出自《荀子·非十二子》：“然而其持之有故，其言之成理。”在现实的工作或生活的人际交往中，常常处于讨论问题、交流思想、分析原因等的情境中，这就需要运用理性思维进行分析、判断、推理达成统一认识，完成交流的目的，不可凭自己的意志进行主观臆断，倘若与人“抬杠”到面红耳赤的地步，就得不偿失了。

4. 言之有礼

言之有礼即在与他人交往中，要用语恰当、音量大小适中、态度温和、谈吐文雅。一是态度诚恳、亲切、情深；二是用语谦逊、文雅，多使用敬语；三是声音大小适当，柔和，语调平和沉稳。一旦对方与自己意见不一致时，也应该学会尊重、理解、包容、谅解，求同存异，其实，人与人之间由于各种原因，偶尔产生意见相左甚至是隔阂也在所难免，或许是不“打”不成交呢。其实事情就是这样，这次你包容、谅解了别人，下次别人往往也会以包容、谅解回报于你。彼此的交往礼遇也就越来越深了。相反，如果你得理不饶人，一定要反唇相讥，满嘴横话，甚至恶语相向，那会令人反感、讨厌，也就没有下次的交往了。

5. 言之有序

言之有序即说话和写文章有条理，按一定的顺序说，注意事物内在的联系及因果关系。无论是工作还是生活中的人与人之间的交流，都应做到先说什么和后说什么，要有预先的安排和设计，考虑成熟后说出的话有关联、衔接与过渡，断不可想到哪儿说到哪儿，思绪混乱，言不由衷，颠三倒四。让听的人听清、听懂、听得舒心，抓住说话的中心和要点，并体会出话语中蕴涵的思想感情，这样才能达到交流的目的。

6. 言之有度

言之有度即话量适度，语义得体。人际交往中，啰唆个没完，只会让人厌烦。再者，言多必失，在自己陶醉于口若悬河的时候，有可能你已经泄露了对己不利的消息。相反，话少了也不行，你自己心里清楚，但没有把要说的表达完整，别人没法领会其意。同时说话要有分寸，认清自己的身份，适当考虑措辞，哪些话该说，哪些话不该说，才能更好地达到目的。

二、人际交往中口语沟通的形式与艺术

话怎样说都可以，但怎样说就会产生怎样的效果。“良言一句三冬暖，恶语伤人六月寒”，这告诉人们交往时要注意运用语言的形式和艺术。语言运用得好，能优化人际交往，反之则可能在无意间出言不逊，致使产生矛盾冲突。

【案例赏析】

劝　慰

同事三人的座位呈三角形排布：高级工程师张丰义、高级工程师张玉波和工程师陈东才。

今年单位有一个重大工程的工期比较赶，陈东才三个月前就把儿子送到农村岳父家，请他们帮忙暂时带一段时间。妻子比他更忙，两口子已经三个月没有去过岳父家看望孩子了，心中对孩子的惦记、牵挂、思念、忧虑已经堵满了胸口。

三人对话如下：

陈东才：孩子都送走三个月了，不知现在咋样了？这心啊，七上八下的！昨晚做了一个噩梦……

张丰义：那可不，你说那农村又是骡子又是马的，把孩子给踩巴了真都不好说，再说了，农村家家都养狗，让狗给叨（tāo）了你可就傻眼了！

听了张丰义的一番话，陈东才像冷风贯膛一般，浑身肌肉抽紧，长长地呼出一口冷气。

张玉波：其实你真不必担这个心，你说，孩子送到那去，他们不比你们俩口子精心呀，隔辈儿人更亲更喜欢，他姥姥、姥爷那都得用眼珠儿盯得紧紧的，寸步不离，你这担心没必要。再说了，农村瓜果梨桃的家家有，随便吃，空气也新鲜，水也干净，等你再见到你儿子时，保准一个大胖小子了。

听了张玉波的一番劝慰，陈东才感觉像是寒冬喝了一碗热面汤一样，揪着的心松弛下来了，浑身立刻舒展。

（一）口语表达的形式

1. 称呼与招呼

（1）称呼。

称呼是指人们在日常交往应酬中彼此之间所采用的称谓语，也是当面招呼对方，以表明彼此关系的名称。每个人在社会交往中，都希望在社会地位、人格、才能等方面受到他人的尊重，如何选择正确、恰当的称呼，反映了自身的修养和对对方的尊重，甚至还体现着双方关系的亲疏程度。称呼有如下几种：

谦称，表示谦虚的自称，谦虚能够间接地表示对他人的尊重，即所谓的“自谦而敬人，礼在其中”。常使用的如“我”“我们”等，还有谦称自己的家属，与别人对话时，在称呼比自己辈分高的人时，常冠以“家”字，如“家父”“家母”等。

敬称，通常所用的词如“您”“您老”“您老人家”等，都表明说话人的谦恭和客气，多用于年岁较大或职位高的人。

通称，即一种不区分听话人的职务、职业、年龄等而广泛使用的一种称呼。过去比较常用的是“同志”，现在对待男性和女性常用的是“先生”“女士”等。

职业称谓，比较正式的场合，往往习惯于采用职业称谓，本身带有尊重对方职业的意思，如“师傅”“大夫”“医生”“老师”“律师”“法官”等。同时在前面可以加上姓氏，有时还可以用“博士先生”“教授先生”等称呼。

职务称谓，如书记、工程师、主任、经理等，并在前面冠以姓氏，显示了说话人对对方地位的熟知和肯定。此种情况多用于工作单位中谈论公事之用。

亲属性称谓，对非亲属性的人进行交往时而用亲属称谓来称呼，不仅可以表示尊敬，还能增加某种“亲”情。如“王哥”“李姐”“华叔”“刘姨”等。

当然，如何称呼要根据交往情境和对象具体考虑称呼的使用。

（2）招呼。

招呼也称“打招呼”，即人与人相遇时，寒暄或问候一声对方。打招呼不仅可以拉近双方的距离，也是人们之间联络感情的重要手段，见面热情地招呼一声可以增进彼此之间的熟悉程度，营造良好的人际关系氛围，否则，视而不见就会使彼此更加陌生甚至误解为怀有敌意。因此，绝不能轻视和小看打招呼。

处于不同的情境，打招呼的方式也不同：

经常见面的人，如同事、同学，见面时适用于“你好！”“你早！”“你吃早餐了吗？”“您好！”等。

路上相遇时，为了表示已看见了对方，如熟人、老朋友、同事、同学，见面时适用于“你干什么去？”“你忙啥呢？”等。

多年不见失去联络又突然相遇的人，如过去的同事、老同学、老同事，见面时适用于“在哪儿发财呢？”“在哪儿高就呢？”“好久不见，近来怎样？”等。

打招呼有很多学问，如在洗手间遇到了同事，招呼说“你吃了吗”，显然有失礼貌，弄不好会令对方尴尬或不满。

2. 介绍与交谈

(1)介绍。

介绍包括自我介绍、他人介绍和为他人介绍三种形式。

自我介绍，人际交往中常用的一种介绍方式，其内容要根据交往的具体场合、目的、对象等实际情况来确定。一是公务场合作自我介绍时，主要让对方知道自己的姓名、单位和职务，以使对方在交谈时心中有数，如“您好，我叫王珏，是神花电器集团人力资源部主任。”二是公共社交场合作自我介绍时，除了介绍姓名、单位和职务外，还要介绍同交往对象的某些熟人的关系等，以便拉近与对方关系，如“您好，我和您同事张高是大学同学。”无论什么场合，自我介绍应做到简洁和清晰。嘴上自我介绍的同时，可附加一定的动作，如将右手掌心向内，轻按左胸，表情要自然亲切，举止要端庄大方，态度要积极自信，充分表现出认识对方的热情。

他人介绍，由第三方将你介绍给另一方。有时你很想认识某人，但又不方便去进行自我介绍时，就可以找一个既认识自己也熟悉对方的第三方来做介绍。采用他人介绍方式容易让对方信任。他人做介绍时，作为被介绍者，一般应起立致意表示礼貌，主动问候对方，如“您好，有幸在这见到您!”等，被介绍时双方可以握手，还可当场交换名片。

为他人介绍，目的是让朋友或宾客之间互相认识。一是介绍人应站在两个被介绍人之间，介绍时应该微笑着用自己的视线把一方的注意力吸引到另一方，且伸出右手，五指并拢、掌心向上，手臂自然伸向被介绍者，如“这是武力伟先生”，反方向也如此；二是为他人作介绍时，应遵循“尊者先了解”的国际惯例，即先把职位低者、年轻者、男士、主方介绍给职位高者、年长者、女士、客方。切记的是，当所要介绍的双方符合其中两个或两个以上的顺序时，应按照先职位再年龄、先年龄再性别的顺序来介绍；三是介绍时一般应包括被介绍者的尊称、单位、职务等。还可对被介绍者的个人突出优势情况作出积极地评价。

(2)交谈。

交谈是人与人之间、人与群体之间思想与感情的传递和反馈的过程，以求思想达成一致和感情的通畅。

人与人的交往首先需要交谈，交谈促进彼此的深入交往。人际交往的交谈比较讲究，用词不恰，说错了话，都会影响双方交流和沟通思想。交谈时一是要说话准确，让人听懂，即便涉及专业词语，也要想法通过通俗易懂的语言让对方明白；二是要尽量采用与人商量的口气，避免使用武断或“弱势”的词语，如“必须”；三是交谈时不要唱“独角戏”，要加强互动，有意留出空当，给对方说话的时机，倾听对方说话也是为了找到下一轮的话题；四是说话过程中要有积极的眼神交流，略微附加副语言，及时多说礼貌用语来反馈、认可、赞赏对方的说法；五是交谈时间较长时，交谈过程中给予相应的致意，如配合手势、点头、微笑、欠身等肢体语言，以赢得对方发自内心的尊敬，即便是比自己职位低或年龄小者。交谈有如下几种方式：①协商式交谈，指人际交往中，人与人通过相互讨论，共同协商，以求得某问题达成一致意见或达成合作。这种交谈具有统一性、建设性与合作性特点，交谈角色没有主次之分。②闲聊式交谈，指人际交往中，人与人交谈内容没有明确宗旨和主题。这类交谈具有随意性和广泛性的特点，交谈角色没有主次之分。③说服式交谈，指人际交往中，一方对另一方就某问题进行劝导与说服式的谈话。这种交谈中，说服者是交谈的主体，控制着交谈内容与方向。交谈对话时，说服者要细心观察对方言行举止的表现，发生说而不服时，要及时转移话题，择机再谈。说服式交谈角色有主次之分。④聆听式交谈，指人际交往中，一方对另一方就某问题或任务进行交代、指挥、指导。完成这类交谈，聆听方要全神贯注地倾听，切忌曲解本意。聆听式交谈角色有主次之分。

3. 提问与回答

人际交往的言语双向互动中，多数情况下，就是凭借问与答进行交流、沟通，传递信息、联络感情、处理问题的。它是由双方交替的提问与回答共同进行的一种交际形式。

（1）提问。

提问即指人际交往沟通互动中，了解对方情况、获得信息、沟通感情、促进交流的有效手段。问什么，如何问，都是有讲究的。高明的问话不但能达到目的，而且能让被问的一方感到舒畅，乐于合作，愿意作答；不得体的、不恰当的问话，只会引起对方的反感，甚至导致交际的终止。提问需要一定技巧：一是向别人提问时，要表现对对方的尊重，使用得当的称呼、敬辞和谦辞；二是所提问题具体，有针对性，切忌大而空泛，便于对方回答；三是注重提问对象的场合并选择相应的回答方式：有时需要开门见山，有时步步深入，有时点明利益关系；四是讲究艺术，求得最佳效果。根据提问的目的，提问的语言有引导式提问、预设式提问、启示式提问和选择式提问等。

（2）回答。

回答是对提问的反馈，即人际交往沟通互动中，一方回答另一方提出问题，以让提出问题方获得所需要的答案。回答更需要技巧，并不是对方问什么，就答什么。回答讲究的技巧：一是所问有所答，切中针对性的具体问题，忌讳答非所问；二是同样要表现出对提问方的尊重，使用得当的称呼、敬辞和谦辞；三是注重所处的场合并选择相应的回答方式。根据提问的目的，回答的语言有直接式、岔题式、模糊式、以问代答式和婉转式等。

提问与回答都是沟通中的主要脉络，如何更有技巧的提问，让自己有的放矢、事半功倍，而被问者也能非常配合、巧妙地作答，以求得提问者满意，保证沟通的有效性。提问与回答不能只停留在有声语言上，还要辅以手势或行为，让人感受到你的真诚与热情。

4. 赞美与批评

（1）赞美。

赞美是指发自内心的对于美好事物表示肯定的一种表达。赞美是一件好事，但绝不是一件易事。马克·吐温说过：“一句美好的赞美，能使我们不吃不喝活上两个月。”赞美别人要掌握一定的赞美技巧。人际交往过程中，多些赞美别人，有助于被赞美者发扬美德和推动彼此友谊健康地发展，还可以消除人际间的龃龉与怨恨。一是因人而异，切合实际。人各有所长，针对个性化的优点进行赞美会恰到好处，如对学生尖子，可称赞他头脑聪明；对经商的人，称赞他生财有道；对教授，可称赞他知识渊博等。二是情真意切，虽然人都喜欢听赞美的话，但并非任何赞美都能使对方高兴。能赢得对方好感的只能是那些基于事实、发自内心的赞美。相反，如果为了讨好，虚情假意地赞美别人，他会觉得你虚伪，不可信任，更不能深交。三是锦上添花，赞美的效果在于相机行事、适可而止，真正做到“美酒饮到微醉后，好花看到半开时”。四是雪中送炭，功成名就时需要赞美，遭遇挫折正身处逆境时更需要鼓励式的赞美。赞美大多使用有声语言，但附加以副语言和肢体语言效果更佳。

（2）批评。

批评是指评论、评判，有时也有责备的意思。批评是人发展、进步和自我完善的特有思想武器，同时也是人际思想交流的独特手段。批评的艺术，就是掌握好批评对象、时机、角度、分寸的一种综合能力。批评的艺术往往直接决定着批评的成败及成效的大小。正确有效的批评，可以使人扬长避短、奋发进取；不当的批评，则使人萎靡丧气、一蹶不振。总结批评的技巧有以下几种：一是褒奖式批评，美国心理学家威廉詹姆期指出：“人性最深刻的禀赋是被赏识的渴望。”褒奖的方向是针对错误的矛头而又有潜在的能力，夸奖其潜在能力藏于暗处，以此激励他下决心把这事做得比以前更出色；二是宽容式批评，对犯错人先提出宽容原谅再提要求，以给他改过自新的机会；三是升级式批评，心理学上有一个“登门槛”策略，即为了说服对方接受一个较重大的要求，先让对方同意一个容易接受的小要求，一旦他同意这个小要求之后，就可能同意更高更大的要求，要有一个循序渐进的过程，不能一步到位；四是暗示式批评，直接命令式往往会引起他人本能的反感，甚至针锋相对，剑拔弩张，暗示可以使其有一个悔过和“下台阶”的余地，避免正面冲突；五是情感式批评，“诚心换诚心，黄土变成金”，动之以情，情理交融，心心相印，相信人心都是肉长的；六是信任式批评，针对其错误却相信是偶然犯错，并表示出极大的信任而不会再错，这种往往激发出潜在的自尊和正能量；七是自责式批评，此方式多用于领导，某件事没有达到预期效果，领导主动承担责任而不责备下属，下属会更加自责，从而化自责为力量；八是缄默式批评，在特定环境下，免去批评的语言，而用缄默不语的方法，让被批评人感到心虚和羞愧，这比喋喋不休更奏效。

5．拜访与待客

（1）拜访。

拜访是指怀着恭敬的心态访问他人。拜访有两种情况，一种是自己主动前往，另一种是受别人邀请。如果是前者应事先打电话约好时间，以防突然造访给别人带来不便；后者无论答应还是拒绝，都应及时告知对方。拜访他人有很多讲究：一是要准时或稍早到达，叩门切忌重手重脚或时间过长，进门先问候，落座要听从主人安排指定座位；二是选择合适的正装，服装颜色要视红白喜事而定，服装款式要视出现场合而定；三是选择适当的礼品或礼金，如生日宴、升学宴、结婚宴、开业庆典等；四是要保持言谈举止优雅大方，接受敬茶和敬酒要做出谢意的手势，告别时要知会并答谢主人。

（2）待客。

待客是指接待客人。家里或单位有客人来访，应提前做好准备。主人要穿着正式服装，接待环境要整洁美观，饮料、水果、点心、烟酒、菜肴等要提前备好。接待客人有很多讲究：一是主人应提前到门口迎候客人，如果是未预约客人突然叩门，要热情迎接。见到客人，应热情打招呼，女主人应主动上前握手。如果客人手提重物，应主动帮忙接过。进入室内应把嘉宾位置让给客人坐下；二是客人落座后，要即刻敬烟、敬茶和糖果，敬烟应打开烟盒弹出几支递到客人面前请客人自取，敬烟不能忘了敬火，若主人也会吸，应先客后主。泡茶时首先要清洁茶具，茶杯以斟杯高的2/3为宜，应双手捧上放在客人的右手方；三是陪客交谈，敬烟、茶、糖果后，应坐与客人近处与之交谈，话题内容可因实际而定；四是当客人准备告辞时，主人应婉言相留。客人先起身后，主人再起身相送。若客人来时带有礼物，应再次提及对礼物的感谢或回赠礼物。送客应送到大门口或街巷口，切忌跨在门槛上向客人告别或客人刚走出室内主人就“啪”地关上大门。

6. 感谢与致歉

（1）感谢。

感谢是指受到帮助之人以及接受物品之人经予实施帮助、付出劳动之人的“感谢”之辞。知恩图报，道声“感谢”，不仅使交往双方感到愉悦，而且会使受助之人更积极地看待施助之人，产生有恩必报的想法，产生一种良性互动，借此影响，更为日后使受助之人报恩社会产生正义的意愿和行动。

目前，流行的致谢方式有三种：一是口头或通过电话的有声语言方式致谢，有声语言致谢往往话语简单，几乎少量的几个字即可，如“谢谢!”“多谢!”“非常感谢!”“太麻烦您了!”“您辛苦了!”等；二是通过纸质书面的无声语言形式致谢，这种形式往往要讲述一些事情，文字较多，而把感谢之意点缀其中；三是通过电子介质的载体传达无声语言形式致谢，如电子邮箱、QQ等，这种形式除与纸质的载体不同外，其他表达内容等均相同。

致谢是人们日常交往中重要的语言行为，是各国人民共同遵守的礼仪规范，是促进人际关系和谐相处的文明之举。特别不同的是，在我国，关系越亲密，致谢的话就越少，如对自己的父母亲，无论接受其怎样的馈赠和帮助，几乎都不用致谢。反而对相对关系疏远的人才致以客气的“感谢”。

（2）致歉。

致歉是指为不适当或有危害的言行承认错误的主要方式，承认使人委屈或对人无礼，同时表示遗憾。以礼节或者行动征得对方的理解和原谅。

人际交往中，人们往往会在有意无意间做了错事、说了错话，伤害了彼此的友好情谊，造成不愉快，从而产生感情上的隔阂甚至怨恨。“冤家宜解不宜结”，那么怎么个解法呢？要学会道歉。道歉，就是向对方表达出内心深处真诚的歉意，而歉意的表达需要把握一定的技巧，否则便难以取得良好的效果。一是勇于承担责任，承担责任需要诚心和勇气，道歉不仅不是一件丢人的事，反而更能体现一个人良好的修养，“负荆请罪”的典故中，人们不仅佩服蔺相如的“有容乃大”，更佩服廉颇“有过则改”的勇气和负荆的真诚。而有的人道歉“犹如琵琶半遮面”，“因为”“理由”一大堆，强调客观因素就是将责任推到他人身上，这样的道歉自然苍白无力，无法让人产生谅解之情。二是把握时机，选在对方心平气和或有喜事临门等心情较好的时候，“人逢喜事精神爽”，这时，他更容易接受你的道歉，与你握手言欢、重归于好。三是借物传情，不妨在适当时间打个电话或写封言辞诚恳的信，向对方表示歉意，也可以请一位彼此都信任的朋友代为转达歉意，待日后时机适宜时再当面致歉。四是贵在歉意的持之以恒，俗话说“好刀伤药不如不割口”，也许你的错误给对方造成了切心的伤痛，这就需要人作为加害方真诚地、发自内心地、持久地敞开心扉向对方表示歉意。

7. 安慰与拒绝

（1）安慰。

安慰是指劝说别人不让其太伤心的意思。安慰是一种常见的口语交际形式。从心理学理论上说，它是一种由彼心理置换到此心理相容的说服过程。因为是心理相容的过程，难度必然很大，因此，安慰需要一定的方法和技巧：一是正面劝告，有理有情有节，即告之以理、动之以情、导之以行，这种方法要求对被安慰者因势利导，层层深入；二是直话曲说，借例言理，这种方法通过曲折含蓄的语言旁敲侧击，以达到劝慰的目的；三是运用“归谬法”，迂回包抄，这种方法针对对方认识上的缺陷，分析出其自相矛盾的判断，让对方认识到其中的谬误；四是运用“激将法”，因势利导，这种方法主要是用言语激将，“请君入瓮”；五是巧用譬喻法，晓之以理，动之以情。

（2）拒绝。

拒绝是指在遇到以下事项（情况）时必须加以拒绝：超越自己权限、想法、意愿、能力的；违反法律和有关规定的；虽有能力办到，但在时间、地点上无法配合的，比如无法中断手中的工作或变更工作顺序等。拒绝时要讲究技巧：一是即使刚听懂对方提出的要求，就在心里已经决定拒绝，但为尊重对方还要耐心倾听下去，直到对方把话说完；二是虽然已决定拒绝，还是先以自己的同情的态度缓和对方的情绪，在言辞及情感方面要表现出因无法提供帮助而无可奈何，抱歉是必须先说给对方的，如可用同情的口吻说：“是这样啊！”然后再告知：“虽然您大老远地赶来，可是这件事我实在无能为力，真的很抱歉、抱歉”；三是表达拒绝时要干脆，不能说“我看情况吧，也许真帮不上忙”，这让对方感觉你没有明确回绝而寄希望于此，但如果你的话是拒绝，就不会让人家空希望一场。

8. 劝说与告诫

（1）劝说。

劝说是指在面对面的沟通时，劝解说服他人采取行动的一种有目的的操纵行为。它是以语言方式方法，通过理性的分析、阐述，以非强制手段达到影响别人观念或原有态度的活动。有效地劝说，能驱走人心间的愁云，排解思想上的烦恼，减去精神上的痛苦。实践中，有的人通过劝说能把愁眉苦脸的人说得笑逐颜开；而有的人却因劝说而加重了思想包袱；还有的人不但不能解开对方的心理疙瘩，反而造成“顶牛”现象，以至不欢而散。劝说他人多用认可、赞扬、换位思考等有效方式来博得他人的信任。

（2）告诫。

告诫是指在面对面的沟通时，警告、规劝他人采取行动的一种有目的的操纵行为。告诫的沟通对象往往是有过错的人。告诫是一种催化剂，能让沟通成功达到难以想象的高度。告诫要具备以下几方面的基础：以社会公序良俗、思想道德为框架，即社会公序良俗、思想道德是整个社会所认同和遵循的；以情感为纽带，中国有句古话，“动之以情，晓之以理”，晓之以理的前提是动之以情，实际上动之以情是一个情感互融的过程；以公理为标准，公理是依据人类理性的不证自明的基本事实，是经过人类长期反复实践的考验，不需要再加证明的基本命题，公理是众所周知的，是颠覆不了的。告诫有相反的两种情况，一是好言告诫，二是“恶语”告诫。好言告诫没有攻击性，没有杀伤力，循循善诱，谆谆教诲。人非圣贤，孰能无过？过而改之，善莫大焉。而“恶语”的“恶”是相对“好言”而说的，恶语告诫一般针对不思悔改或比较顽固的沟通对象，往往采用严厉、威胁甚至恐吓等手段推动过错方加以改正。告诫不同于以上各种说话方式，即便说话的出发点是善意的，但毕竟话语中浸透出“冰、凉、寒和苦、辣、痛”的滋味，有相当的难度。告诫不仅是一门说话的技巧，更是一门说话艺术。一句恰到好处的告诫，可以改变一个人的命运，一句言不得体的告诫，可以毁掉一个人的一生，“良药苦口不苦心”。

9．委托与受托

（1）委托。

委托是指请求别人协助处理自己的事情。日常人际交往中委托他人的情形比较多，这时应注意：一是将委托事项的内容讲清楚，不能模棱两可。二是说明委托理由、目的、重要性等；三是向对方表达诚恳、敬重、信赖的意思，并以商量的口吻提出委托事项；四是根据委托事项征求对方接受托付有何条件并明确提出；五是告知对方完成委托事项后可获得怎样的酬劳。

（2）受托。

受托是指接受委托代为别人处理事务。一是感谢委托方的信任；二是明确自己是否愿意接受委托，愿意与否均明确告知对方；三是向对方详细逐项复述一遍委托事项；四是根据委托事项向对方提出何种实际要求，包括酬劳。

委托与受托是信任与被信任的交际关系，小事和大事均有此关系发生，委托与受托可以有口头委托，也可以有书面委托，还可以通过第三方进行委托。然而，生活与工作中的委托，经常会发生委托失败而需要承担民事责任甚至是法律责任，因此，无论是委托还是受托，都要事先想清楚再付诸行动。

10．接听与打出电话

为了交流方便，在不用面对面交谈的情况下，使用电话沟通也是很好的方式之一。接打电话是一门学问，也是一门艺术。

（1）接听电话。

接听电话，一是要注意听到电话铃响，第一声应该用清晰、悦耳、吐字清脆的声音跟对方打招呼：外线电话要报公司的名称“你好，这里是××公司，请问……”内线要报部门名称“你好，这里是企划部，请问……”对方听到亲切、优美、礼貌的招呼声，心里一定会很愉快，使双方对话能顺利展开。二是表露出喜悦的心情，虽然对方看不见你，但是从喜悦的语调中也会被你感染，给对方留下极佳的印象。由于面部表情会影响声音的变化，所以即使在电话中，也要抱着“对方看着我”的心态去接电话。三是流淌出清晰明朗的声音，通话过程中不能吸烟、喝茶、吃零食，如果通话时，弯着腰窝在沙发里，对方也能听出懒散的、无精打采的声音，如果坐姿端正，所发出的声音也会亲切悦耳，充满活力。四是适当的语速和音量，语速不要太快也不要太慢，太快对方不易听清楚，太慢显得无精打采。声音也不要太高或太低，以对方能够听清为准。五是通话要简明扼要，尽量把一次通话的时间控制在3分钟以内。如果内容较多，要先跟对方商量，“本次通话可能占用您较长时间，您现在方便吗?”等。六是迅速准确地接听，听到电话铃声，应准确迅速地拿起听筒，最好在三声之内接听。电话铃声响一声大约3秒钟，若长时间无人接电话而让对方久等是很不礼貌的，单位也会给对方留下不好的印象。如果电话铃响了三声以后才拿起话筒，应该先向对方道歉，“对不起，让您久等了”等。七是接电话时要注意给对方以反馈信息，适时回应，“是”“好，我明白了”等。八是电话机应该摆放在办公桌的左边，方便来电时左手拿起话筒，右手拿笔做记录。

（2）打出电话。

打出电话要提前做好准备，必要时可列出提纲：一是向对方说哪些问题，要了解哪些情况；二是用什么表达口气或方式；三是遇到沟通不畅如何处理；四是电话拨通后，先要问候，接着自报家门，然后再说明什么事情。如果接电话的人不是你要找的人，这时你可以等对方回答后再打一次电话；如果事情很急，你可以请接电话的人帮你转达；如果想请接电话的人转达，应先问清他的姓名，再决定是否请他转达，在请求转达之前应先征求对方意见：“既然胡经理不在，那么我想把事情对您说一下，胡经理回来后请您转告他，可以吗?”千万不要在对方没有表态之前自己就滔滔不绝地说了，这样强加于人不说，还可能走漏了秘密信息。

（二）口语表达的基本环节

口语表达是人们进行口头沟通所经历的心理与生理活动的过程。这个表达过程是说话人将自己的内部语言（思维）借助于有声语词，按一定句式结构快速转换为外部语言（有声语言），听话人接收并进行理解（思维）的过程。人们在运用口语表达某个意思的时候，先从内部语言（思维）的角度来说是集中于要表达的内容之上，在说的时候，则立即选择一个语词句式把这个意思串联起来，即思维的内容要通过嘴巴的词语迅速表达出来，嘴上说出的是已经想过的，而心里想着的却是嘴上即将说出的内容。人们都是这样边想边说，边说边想，不断地把自己的意思完整地表达出来。

这个过程中，从思维到口头语言，闪电般快捷，如果中途出现障碍，则会影响说话的效率。例如：思维不清，内部言词混乱，那么说出来的话必定是含糊其辞，听者不知所云；如果词汇贫乏，因想词而停顿，就成了“茶壶煮饺子——心里有数‘倒’（道）不出”。只有思维清晰，词汇、句式储备，语音技巧充足，表达过程才会通畅，才能顺利实现由内部语言到外部语言的快速转换。内部语言转换为外部语言示意图如下：

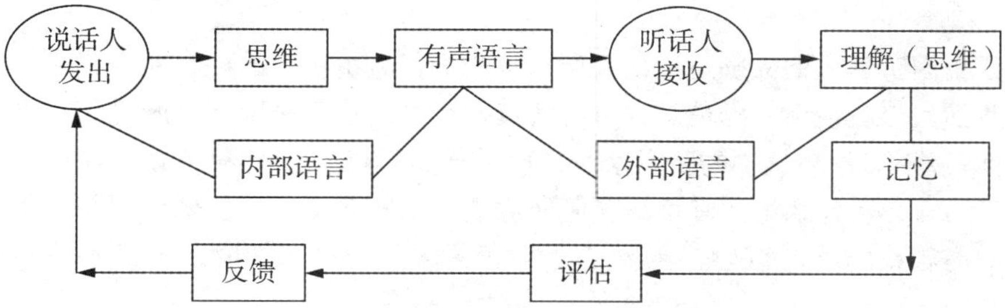

内部语言转换为外部语言示意图

口语表达完整过程是说的过程和听的过程。没有说，不存在听；没有听，无所谓说，口语表达即说与听的循环往复。口语表达完整过程的核心环节，即说话人的思维与说话，以及听话人的倾听与理解（思维）。

1．说话人的思维和说话的基本要求

（1）思维。

思维是说话人用脑借助于语言对客观事物的概括和间接的反应过程，换句话说，就是说话人对将要发出的信息进行能动的加工操作的过程，简单地说，说话人口语表达过程的中心环节是思维，它是实现由内部语言到外部语言的快速转换。在交流的说与听的过程中，头脑中新的想法会不断产生，要表达的意思也逐渐进展得越来越明朗，内容不断得到充实，语气中所包含的感情色彩越来越丰富和强烈。在口语表达过程中，对说话人思维的基本要求是：思维敏捷、稳定和灵活，说话要想好了再说，思路要清晰，有条理和逻辑性。

（2）说话。

说话是最直接、最广泛、最受用的交际方式。说话即口头表达，是指用口头语言，即有声语言来表达自己的思想、情感，以达到与人交流的目的。“说话”的基本要求是：话语内容要周到；措辞要严密，避免产生歧义；语言材料使用要精当，尽量长话短说；有声语言要与副语言、身体语言和环境语言配合进行表达。在表达方式上常用的有叙述、描述、说明、议论、抒情、评说等多种形式。

2．听话人的倾听和理解的基本要求

（1）倾听。

倾听是指凭借听话人用耳朵听，用眼睛观察，用嘴巴提问，用脑子思考，用心灵感受说话人的言语信息，进而通过自己的思维活动达到认知、理解、领悟的全过程。倾听不是简单、机械地用耳朵听，它也是一门交流的艺术。倾听不仅要听说话人的言辞，更需要全身心地去感受对方在说话过程中表达出的其他信息，如非言语信息。要做到：耳到，认真汲取、收集、挖掘信息；口到，恰当地回应、反馈、质疑和重复收到的信息；手到，利用手势回应或反馈，可能的情况下，做好记录备查；眼到，观察表情、神态、肢体语言并领悟其真实的意图；心到，用心体会说话人言辞的表面和委婉意思。

（2）理解。

理解是指因听话人的大脑对说话人所述事物进行分析决定的一种对事物本质的深刻认识，也即听话人接收说话人的信息并进行解读和思维的过程，即通常所说的“知其然，又知其所以然”。对口语表达中的听者来说，可以称为不仅“了解和领会”说话人通过有声语言、情态语言、动作语言、环境语言等所表达出来的含义，而且要“了解和领会”说话人所省略的内容或隐含的意思，更要“了解和领悟”说话人知晓而自己不清楚的潜意识信息。

（三）口语表达的艺术技巧

口语表达是一门语言的艺术，它的形式是“说”，即运用有声语言并追求言辞的表现力以及声音的感染力，同时还要辅之以面部表情、手足动作、身体姿态乃至一切可以理解的态势语言，使其说话“艺术化”起来，从而产生一种特殊的艺术魅力。以下主要从幽默语、委婉语、暗示语、模糊语四个方面加以阐释。

1. 幽默语

幽默语是指某事物本质上所具有的“荒谬荒唐”的，“出人意料”的，而就表现方式上又具备含蓄、令人意味深长或富有情趣特征的语言艺术。幽默语言的最大特点是“意味隽永”，即意味深长。人与人之间交往，主要靠的是语言交流和沟通，这就要在意语言里是否含有幽默感。幽默是语言中的高级艺术，常会给人带来欢乐和愉悦的享受，主要表现为机智、自嘲、调侃和风趣等。因此，幽默是人际关系的润滑剂，还能祛除忧虑愁闷，提高生活品质与涵养，同时幽默还有助于防止摩擦，消除敌意，缓解矛盾，幽默还能振奋精神，激励士气，提高交往成功的效率。

幽默分为逆反幽默和顺话伸缩幽默。逆反幽默是指逆着对方的话继续延展话题以达到幽默的效果。逆反话题往往能出乎人的意料，让人产生新鲜感。如有人用不友好的语言贬斥你时，你可以反驳说：“多谢褒奖!”；顺话伸缩幽默是指顺着对方的话继续延展话题以达到幽默的效果，如一次春节晚会上，刘谦表演变魔术节目，观众喊道：“哇，好厉害啊，怎么变的?”刘谦顺着说：“很简单，只要多喝点水，吃多点饭，睡多点觉就可以了!”

再如，尼古拉在课上没有认真学习课文。下课后，老师对他说：“喂，不弄懂课文可不行！这样吧，咱们把这篇课文抄十遍。”第二天，尼古拉把抄好的课文交给老师。老师一看，问道：“怎么，你只抄了五遍?”“咦？老师，您自己说‘咱们把课文抄十遍’，那就应该是我抄五遍，您抄五遍吧?!”这里，尼古拉幽默地利用“咱们”这个代词，即让老师感到幽默，又为自己解了围。

2. 委婉语

委婉语是指用婉转的措辞的方式表达禁忌或敏感事物、思想，以减轻其粗俗、简单、直白的程度的语言艺术，它的显著特点是“言在此而意在彼”。委婉语是一种语言现象，是人们在一定的场合用以交际的重要手段，人们通常尽力避免使用引起双方不快或损坏双方关系的语言，而是采用一种迂回曲折的语言形式表达思想、交流信息；委婉语又是一种社会文化现象，已渗透于人们日常生活和工作等方面，反映广泛的社会与人民心理，如避讳问题等。

委婉分为规约化委婉语和非规约化委婉语。规约化委婉语即产生得较早，已被言语社团接受，成为一种语言事实，已进入语言体系，如“解小手”；非规约化委婉语即临时性的言语表达，还未被言语社团所接受，只在小范围内使用，没有进入语言体系，如“唱歌”。

3．暗示语

暗示语是指不明白地表示意思，而用含蓄、示意的言行举止使人领会其意图。它的显著特点是“话外之音，言外之意”。通常情况下，人们为了某种意向性的目的，在自然的氛围条件下，通过人际交往中的语言、手势、表情、行动或某种符号等方式，含蓄、间接地发出一定的信息，使他人接受所示意的观点、意见，或按所示意的方式进行活动的心理现象。暗示是人际交往与和谐的人际来往的重要表现，是人的心理活动中的意识思想的发生部分与潜意识的行动部分之间的沟通媒介。实际上，暗示是一种启示、提醒和指令，它会告诉你注意什么、追求什么、致力于什么和怎样行动，因而它能支配影响暗示对象的行为。

暗示分为直接性暗示和间接性暗示。直接性暗示就是说话者直截了当地对问题本身给予暗示，如有家长在别人面前夸自己的孩子：“这半年，我这孩子学习成绩进步可快啦”，言外之意是给予鼓励；间接性暗示就是说话者不对问题直接给予启示，而是从问题的反面去启发听话者，如赵本山、范伟、高秀敏的小品《卖拐》。

4．模糊语

模糊语是指说话人的言语外延不确定、内涵无定指的特性语言。它的显著特点是弹性、概括性和灵活性。这种弹性、概括性与灵活性集中反映在言语外延上。通俗地说，模糊是运用不确定的或不精确的语言进行交际的方法艺术，在人际关系交流语言中运用适当的模糊方法，是一种必要的艺术。

自然语言中，句子所使用的词很多是模糊词，如汉语中的概数词“上下、左右、前后、多少、多日、多次”等，副词“马上、非常、刚刚、永远、略微”等，时间名词“拂晓、白天、黄昏、深夜、现在、过去”等都是模糊词。模糊法是运用不确定的或不精确的语气进行交际的办法。

（四）口语交际中的话题

1．找出话题的方法

（1）中心开花法，以一个要谈论的中心话题为导引，逐渐向话题以外引出其他与自己想谈论的相关话题。

（2）即兴引入法，及时发现机会，插入自己感兴趣的话题，使话题与正在谈论的话题保持中心思想的一致或接近。

（3）投石问路法，以一种不间断的征询方式，直接试探对方是否有兴趣参与谈论的心理，然后看准时机再引出自己要说的话题。

（4）循趣入题法，如果是与人初次相见，应认真考虑如何切入话题，这需要清楚对方的兴趣爱好，且能顺利地找出相关话题。

2. 转移话题的方法

(1) 当自己对正在谈论的话题已经失去兴趣，而对方却谈兴正浓，彼此继续下去就会谈不拢。此时，不必硬着头皮勉强下去，而应当通过提出一个富有启发性的问题，自然地牵引到另一个双方都能感兴趣的问题上。

(2) 与上述情况相反，谈话过程中，时时都应自觉、敏锐地察觉对方的非语言的反应，并知趣地适时地感受对方的心理暗示及时“刹车”，主动将话题引到对方感兴趣的话题上。

(五) 口语交际中的语言的选择

人际交往中的思想交流、沟通感情、互通有无等活动，经常使用礼貌、客套用语。

1. 人际交往中各种场合礼貌、客套用语

(1) 初次见面应说：幸会

(2) 看望别人应说：拜访

(3) 等候别人应说：恭候

(4) 请人勿送应用：留步

(5) 对方来信应称：惠书

(6) 麻烦别人应说：打扰

(7) 请人帮忙应说：烦请

(8) 求给方便应说：借光

(9) 托人办事应说：拜托

(10) 请人指教应说：请教

(11) 他人指点应称：赐教

(12) 请人解答应用：请问

(13) 赞人见解应用：高见

(14) 归还原物应说：奉还

(15) 求人原谅应说：包涵

(16) 欢迎顾客应叫：光顾

(17) 询问年龄应说：贵庚

(18) 好久不见应说：久违

(19) 客人来到应用：光临

(20) 中途先走应说：失陪

(21) 与人分别应说：告辞

(22) 请人书画题款：雅正

(23) 求人帮一下应说：劳驾

(24) 款待客人应说：洗尘

(25) 盼贵客亲临应说：屈尊

（26）陪同客人应说：奉陪
（27）送客出门应说：慢走
（28）受人赐礼品应说：破费
（29）授人礼品应说：笑纳
（30）受人深恩应说：雨露之恩
（31）受人夸奖应说：过奖
（32）感救命之恩应说：再生父母
（33）阅读他人文章说：拜读
（34）受人教导应说：茅塞顿开
（35）请人改稿应说：斧正
（36）指教别人受谢应说：互相学习
（37）询问职业应说：高就
（38）自提建议应说：浅见
（39）贺人荣归应说：凯旋
（40）询问籍贯应说：府上

2．人际交往各种情形的沟通中礼貌、客套对话用语

（1）双方初次相见称：
A 方问候：你好、您好、久仰、久慕盛名
B 方回称：你好、您好、久仰
（2）久别重逢见面称：
A 方问候：久违、别来无恙
B 方回称：久违、好久不见
（3）贺人荣归称：
A 方问候：锦旋、凯旋、衣锦还乡、荣归故里
B 方回称：过奖
（4）贺人中榜称：
A 方问候：蟾宫折桂、金榜题名、榜上有名
B 方回称：多谢、侥幸
（5）贺人生日称：
A 方问候：福如东海、寿比南山、大寿、寿诞、华诞、芳辰
B 方回称：何劳挂齿、多谢
（6）贺人寿高称：
A 方问候：齿德俱尊、德高望重
B 方回称：年老无用
（7）贺人喜庆称：
A 方问候：恭喜
B 方回称：同喜、谢谢

（8）询问姓名称：
A 方问候：贵姓、尊姓大名
B 方回称：鄙姓、免贵姓
（9）询问年龄称：
A 方问候：贵庚、高寿、青春几何
B 方回称：本人虚度……
（10）询问籍贯称：
A 方问候：府上
B 方回称：老家
（11）询问职业和工作称：
A 方问候：高就、供职
B 方回称：在下不才，混职于……
（12）受人之赐称：
A 方问候：谢谢、感谢、破费、费心、拜谢
B 方回称：不谢、不客气、应该的、笑纳、不成敬意
（13）受人深恩称：
A 方问候：雨露之恩
B 方回称：回称：不敢当
（14）谢人帮助称：
A 方问候：有劳、劳驾、多谢
B 方回称：不谢、不客气、举手之劳
（15）感谢救命之恩称：
A 方问候：再造、再生父母、没齿不忘
B 方回称：应该做的、不敢当
（16）感德难忘称：
A 方问候：铭刻在心、铭心刻骨、永世难忘
B 方回称：不必、不必挂心
（17）知恩必报称：
A 方问候：结草衔环、来日必报
B 方回称：不敢当、不必
（18）看望他人称：
A 方问候：拜访、登门拜访
B 方回称：别客气
（19）邀请他人称：
A 方问候：欢迎、请进、赏光、蓬荜生辉
B 方回称：打扰
（20）招待远客称：

A 方问候：洗尘、接风

B 方回称：不必

（21）望客亲临称：

A 方问候：屈尊、惠顾、光临、驾临、莅临、俯就、赏光

B 方回称：遵命、恭敬不如从命

（22）陪同客人称：

A 方问候：奉陪

B 方回称：不客气

（23）请客人不要客气称：

A 方问候：请便、自便、请随意

B 方回称：不客气

（24）中途离去称：

A 方问候：失陪

B 方回称：请便

（25）客人归去称：

A 方问候：承蒙款待、告辞

B 方回称：怠慢、招待不周、失敬、对不起

（26）送客出门称：

A 方问候：走好、慢走

B 方回称：留步

（27）与客握别称：

A 方问候：再见、有空多来

B 方回称：再见

（28）请人看稿称：

A 方问候：阅示、阅批

B 方回称：拜读

（29）请人改稿称：

A 方问候：斧正、雅正、呈正

B 方回称：班门弄斧

（30）请人评论称：

A 方问候：指教、指点、指正、高见

B 方回称：互相学习、互相切磋、不敢当

（31）请人指路称：

A 方问候：请问、借问

B 方回称：请讲

（32）请人解惑称：

A 方问候：指导、赐教、指点迷津

B 方回称：共商、商量

（33）受人教导称：
A 方问候：茅塞顿开、受益匪浅、“听君一席话，胜读十年书”
B 方回称：过奖
（34）求人办事称：
A 方问候：拜托、借光、劳驾、麻烦、请多关照、请多费心
B 方回称：应该的、照办、不麻烦
（35）向人提要求称：
A 方问候：恳请、恳求、诚请
B 方回称：尽力、效劳
（36）请人原谅称：
A 方问候：海涵、包涵、海量、抱歉、请勿见怪、对不起
B 方回称：好说、没关系
（37）自提意见称：
A 方问候：浅见、肤见、管见
B 方回称：高见
（38）代人做事称：
A 方问候：代庖、自作主张
B 方回称：劳驾、费心
（39）伴人受益称：
A 方问候：借光、伴福、托福
B 方回称：没有没有、哪里哪里
（40）谢人致问称：
A 方问候：多谢关心、有劳费心
B 方回称：应该的
（41）托人言事称：
A 方问候：借重鼎言
B 方回称：过奖

（六）口语表达的转换训练

为了提高口语表达能力，可以利用多种语言转换形式加强训练。实施转换训练的目的非常明确：一是提高语言内涵的“消化”能力，即将“他人的语言”理解、消化、吸收为“自己的语言”；二是提高语言的“转换”能力，即将“他人的有声或无声语言”转换成“自己的有声语言”。实际上，“转换”的过程就是“提高、升华”的过程。常用的转换训练方法有诵读法、复述法、描述法、述评法、质疑法、演说法、辩论法。

1. 诵读法

诵读包括朗读和背诵。朗读是将文字信息转化为有声语言信息，是多种生理与心理机

能共同参与协调合作的阅读方法。朗读时，眼睛看、大脑转、嘴上念（读），整个过程są是理解语言的内涵。总之，朗读实质上就是通过人的多种感官培养语言的表达能力。背诵是凭借记忆“念”出读过的“文章”，它与朗读的不同在于将视觉中的文章转化成脑中的记忆符号。背诵和朗读的目的一样，都是旨在培养对语言的感受力和表达能力。

2. 复述法

复述法就是把别人的“语言”（包括有声语言和无声语言）重复地叙述一遍的一种方法。这种方法的目的在于，锻炼人的记忆力、反应力和语言表达的连贯性，以及克服当众表达的紧张心理。根据需要可适当采取简单或复杂的复述法，当然复述训练次数越多，效果越明显。

3. 描述法

描述法是把看到的景、事、物、人用描述性的语言表达出来的一种方法。描述法要比诵读法和复述法更进一步，因为没有了现成的视觉或听觉的语言，要求自己运用思维，组织语言进行描述。描述的主要目的在于训练思维和语言组织能力、语言的条理性。

4. 述评法

述评法是以述为本、以评为脉，综括某一人物、事件、事物等，运用自己的价值判断和语言表述，亮出自己的观点和态度的一种方法。述评法一般采用夹叙夹议、边述边评的方式和手段。从述评的角度分为立论性述评、驳论性述评、阐述性述评、解释性述评和提示性述评。述评的主要目的在于训练价值观、是非观、判断力和语言组织能力。

5. 质疑法

质疑法是指对某一人物、事件、事物、事理等大胆怀疑，进而提出疑问的方法，当然，质疑一定是通过语言手段表达出来，它是一种创造性的思维方法，要求人们敢于并善于向现实的事物提问，从而求得对问题更深层次的理解，甚至发现一些新的认知。应该说，“不疑不进，小疑小进，大疑大进”，质疑的主要目的在于训练判断力和语言艺术表现力。

6. 演说法

演说法是指对某种理论、观点、问题或事物，充分展开进行系统深入分析，并对众人发表公开阐述的一种方法。演说也是一种与听众互动的表演艺术，当场的气氛、秩序变化以及听众的情绪和注意力都会影响演说的质量，演说的主要目的在于训练思维能力、反应能力和语言说服能力。

7. 辩论法

辩论法是持不同见解的各方以阐述为基本讲说方式，就同一话题依据一定的理论和事实依据，通过机敏、严谨的逻辑思维，阐述己见以便争取最终达成正确的共识所进行的话语交锋的一种方法。辩论要求观点旗帜鲜明，理据充分，气势高昂，讲理讲德并重，辩论要讲究“起、承、转、合”的艺术手段。辩论的主要目的在于训练如何陈述自己的观点，捍卫自己的立场，驳斥对方观点，训练思辨能力和语言控制能力。

（七）口语交际中的不当言语

由于交际对象复杂性和沟通语境的多变性，人们在不经意间触发了不良情绪或心理，可能表达出了不当言语，势必阻碍人际间的良好沟通。

（1）经常向人诉苦，包括个人经济、健康、工作、家庭、邻里情况，但对别人的事情毫无兴趣，不在乎、不关心、不过问、不理会。

（2）一件小事儿能够唠叨没完没了，“说一千道一万”地重复同一话题，毫无实质性内容。

（3）思维迟缓，声音细小无力，态度过分严肃，脸色阴沉，情绪低落，缺少交流的耐性和热情。

（4）思路混乱，语言支离破碎，前言不搭后语，所提见解不能自圆其说。说话边想边说，经常卡壳，说了第一句、第二句后不知道说什么，让人费解。

（5）说话缺乏感情投入，自说自话，主观意识过于强烈，听不进对方的劝导和提示，致使双方在各自的说话轨道上运行，无法继续“交际”。

（6）存在多疑多虑、疑神疑鬼的消极心态，一旦对方触及类似与自己有关的避讳话题，立刻警觉和反应过敏，或慌张，或沮丧，或愤怒，招惹不必要的事端。

（7）以自我为中心，目中无人，总认为自己说的才是对的，听不进别人的意见，自己想怎么说就怎么说，完全不顾对方的感受。

（8）过分热衷于讨好、取悦对方，是非不分，事理不明，不论对方谈论什么话题，都一味地附和与恭顺听从。

（9）谈吐粗俗，语气浮夸，硬话、臭话、粗话、横话常常伴随在嘴边儿，因此与他人聊天往往以聊散为最终结果。

（10）外表上显出与人很友善，嘴上说着好听的、善意的话，但内心的态度完全相反，鬼点子多，损招也不少。

（11）话语中充满了“嗯、啊、那个、这个”等赘语，把完整的一句话割裂成若干个单词和短语，丧失了语句表达完整意思的功能。听话人当然无法完好地理解说话人要表达的意思。

（12）说话中不该停顿的时候停顿了，致使停顿处的词语不得不再说一次，造成无谓的重复，也给听话人造成听力上的障碍和麻烦。

（13）说话中说错了话，不得不及时更正，为了强调需要改正过来，只好插入“说错了”，浪费听话人的精力。

（14）在特定的场合，如酒过三巡后，说出一些失去理智或让人费解的话，严重时有损自身形象。

（15）针对他人的某一缺陷，大张旗鼓地、不负责任地发表歧视性、羞辱性、侮蔑性、抨击性的言论。

（16）把朋友、同事、上下属间的私人话题拿到公众场合进行贬低、羞辱、嘲笑、斥责，以达到损害他人名声的目的。

（17）心地善良、情感真实但说话太直，但有时候遇到糟糕的事和人，容易有话直说出口伤人，即所谓“刀子嘴豆腐心”。

（18）在非正式场合，现场表现轻松活跃，话题源源不断，然而到了正式场合，思路不清，说话不切正题，前言不搭后语。

（19）偶尔遇到有些忌语不便直说，或有些话说出来不受听，便应急临时调换词语，导致说话不通达、不顺畅。

（20）说话既不会使用过渡句，也不知如何上挂下联，致使前后句之间生拉硬凑，内容空洞和逻辑不连贯。

（21）不注意自己说话的口气，经常用冷冰冰、硬邦邦的语气说话。

（22）应该保持沉默的时候，偏偏爱多嘴，以致与对话人产生不快，甚至是无端的对抗。

（23）以傲慢的态度提出问题，盛气凌人，给人难堪，下不了台阶，致其于尴尬境地。

（24）混用、滥用人称代词，每句话中都少不了一个“我”字，自我感觉良好，自我吹嘘，华而不实。

（25）不请自来，不了解别人的感受，不分场合与时机，打断别人说话，遇到谈论场合便插话、抢接别人的话头。

（26）时机不适当地接打电话，底气十足、声音洪亮，电话交流毫无私人忌讳、隐私与回避。

（27）不管自己是否了解事情的原委和真相，便肆意对任何事情发表看法、主张，甚至强烈不满和抨击。

（28）交友目的性太强，利欲熏心，利用友谊，谋求利己之私。

（29）在众人面前，强烈斥责下属或同事的错误之处，以及随意评判、批评他人的无能力之事。

（30）请求别人帮忙被拒绝后心生埋怨、不满、抱怨，毫无容忍，态度蛮横，措辞强硬，具有十足的攻击性。

三、非口语表达

非言语表达是不包括口头语言的个体之间的交流。这种交流依赖于面部表情、视觉接触和身体语言等方式而不是言语方式，常用的有纸质书面式和电子介质式。

（一）纸质书面式

纸质书面式沟通即运用无声纸质书面语言作为载体进行沟通，是相对有声口语而言的。纸质书面式沟通没有口语那样面对听话对象直接表达，那么就要求纸质书面式沟通的技巧是要想方设法使读者有欲望读下去，并保证表达能够被理解，即所谓的“引人入胜”。

（二）电子介质式

电子介质式沟通即运用电子介质作为载体进行语言沟通，它可以是有声语言的，如微信、电话等，也可以是无声语言的，如 E-mail、QQ、传真等。

值得注意的是，针对所谓的上述“三种沟通方式”，我们必须颠覆传统的认知观念，即现代化的电子介质作为载体，只界定为传统的“口头语”与“书面语”两种方式，已经不能科学、严谨地覆盖言语沟通方式的含义了。因此，有时某种沟通方式已经兼顾了两种沟通性质。

第二节　人际交往的非语言沟通

人际交往中，语言最能够表达彼此的意愿。据资料显示，在语言表达中，客观的文字占7%，声音占38%，而非语言，如身体的行为举止语言、眼神、表情等通过视觉沟通交流的占55%。同样一句话，我们用不同的语调和身体语言，表达的意思与对方接收的意思是有很大差异的。例如："你这样做就好了！"如果你用一种上扬的语调、赞许的眼神、温和的表情走近你的下属说，他接收到的信息就是认可、鼓励，肯定了他这样做是正确的！同样说这句话，如果你铿锵有力地用一种下降的语调、质疑的眼神、冷漠的表情，同时伴以右手用力一撇，且距离他很远的地方，你的下属就会认为这件事情自己做砸了，被你否定了！

因此说，人与人交流沟通的时候，非语言和语言一样能够表达心理感受和意愿。

一、非语言表达

非语言表达是相对于语言表达交流沟通而言的，是指说话人（发出人）使用非语言文字符号进行交流的一种沟通方式，如利用体态、眼神、面部表情、语气、语调、空间距离、触摸行为、声音暗示、穿着打扮、实物标志、色彩、绘画、音乐、舞蹈、图像、装饰等方式交流信息和进行沟通的过程。人际交往沟通中，信息的内容部分往往通过语言来表达，而非语言则作为提供解释内容的框架，非语言表达可以起到语言文字所不能替代的作用，因此非语言表达常被认为是辅助性或支持性角色，非言语表达是对语言进行信息交流的一种补充，是一种人与人之间的心灵深处的交流和相互感应。

二、非语言表达类型

非语言表达是指通过某些媒介而不是讲话或文字来传递信息，如慷慨激昂的语调等都属于此类。教师给学生授课时，当看到学生们无精打采的眼神及百无聊赖的表情时，就知道学生通过无声的方式明确地表达了他们的厌倦之情；一个人的衣着打扮，谈话时的举止也无不向别人传递了某种信息。非语言表达的内涵十分丰富，按照沟通信息传递的介质分类，非语言表达可以分为副语言表达、身体语言表达和环境语言表达三种形式。

（一）副语言表达

最新的心理学研究成果表明，副语言在表达沟通过程中起着非常重要的作用。一句话的含义往往不仅取决于其字面上的意义，而且也取决于它的弦外之"音"。

1. 副语言表达的概念

副语言也称辅助语言，是人们说话时伴随语言而产生但又不属于语言现象的某些发音特征，它包括发声系统的各个要素，如音质、音幅、音调、音色等，文字系统中的语气助词以及标点符号系统中个别标点符号。副语言表达行为贯穿于言语交际的始终并且对话语意义有着不可或缺的特殊的交际功能。

2. 副语言表达的类型

副语言分为口语中的副语言和书面语中的副语言。

（1）口语中的副语言是说出来的，即有声的副语言，是通过非语言的声音，如轻重音、强弱音、声调、停顿、呼吸、叹息、鼻音、喉音以及哭声、笑声、呻吟等来实现的。语音表达方式的变化，尤其是语调的变化，可以使字面相同的一句话具有完全不同的含义，例如用正常语调说“佩服”，是赞赏的意思；如果“佩”字起点特别高，终点特别低，中间又拉得很长很长，那就分明有“讽刺”的味道了。这种有声现象，如说话时把某个字拉出长音，故意说话结结巴巴等，这些都是伴随话语而发生并且对话语的表达产生一定意义的影响，而这种意义并非来自说话本身的词汇、语法或者正常的语音规则。

（2）书面语中的副语言是写出来的，即无声的副语言，通过字体变换、标点符号的特殊运用以及印刷艺术的运用来实现的，如“要重视感情投资，管理者应该做到……”“感情投资”用黑体加粗是表示重视和强调，其实，读它的时候也应读成重音；“你没去”之后加上问号和加上感叹号就是完全不同的意思。这种有形无声现象，都是伴随文字而发生并且对文字语言的表达产生一定意义的影响，而这种意义并非来自文字语言本身正常的词汇和语法规则。

3. 副语言表达的特点

（1）下意识性。

一个人的副语言表达所发生的行为更多的是一种被外界刺激产生直接反应，基本是下意识情况下发生的。例如，心里装着不愉快的事儿，说话时不自觉地就会带出气愤的语气。

（2）情境性。

副语言表达展开于特定的语境中，即时的情境左右着副语言表达的含义。相同的副语言符号，在不同的情境中，也会产生迥异的意义。例如，发出的哭声，可能是悲痛而哭，也可能是喜极而泣。

（3）互感性。

人际沟通各方通过副语言的表达，相互理解，相互传递，相互明白，相互影响，以期达到心灵的共鸣和契合，从而达到交往的目的。

（4）独特性。

一个人的副语言表达尤其是用身体语言表达时，与说话人的脾气、禀性是紧密关联的，开朗的人与内向的人的副语言表达肯定是有差异的。每个人都有自己独一无二的副语言表达方式。

4. 副语言表达的功能

（1）强调功能。

对交际中的信息传递起到强调和完善的作用（如在一些中外经贸往来的重要会议上，会场的布置、参与者的着装、姿态等都彰显会议的重要性和受关注度）。

（2）调节功能。

交际中听说反馈、话语插入、轮流发言以及交际双方的情绪反应、态度变化等，往往是借助于非语言交际完成的。

（3）替代功能。

非语言交际可以替代语音发出的信息，单独完成交际任务（如交际双方中一方拒绝另一方的请求，就可以通过非语言交际方式来完成，如表情、手势等），甚至通过交际的地点和场合等来实现信息传递目的。

（4）补充功能。

非语言可以补充语言表达的信息内容，如在达到交际双方的交际目的后，交际方表情上会心的微笑等，都具有使交际更为完善的功能。

（二）身体语言表达

在沟通过程中，人们无不处于特定的情绪状态中。这种情绪状态，除了可以用语言的直接方式或副语言告知对方外，还可以委婉地用身体语言表达，如通过目光、表情、势态、距离、衣着打扮等形式来传递或表达沟通信息。

人们已经习惯于通过面部表情、手足动作等身体姿态语言来传达诸如攻击、恐惧、愤怒、愉快、傲慢等情绪或意图。例如，在你很忙碌的时候，有邻居来找你借东西，你给了他东西后，他却仍然待在你家与你聊天，你内心肯定希望邻居赶快走人，可是在表面上你只能礼貌、专注地听着，于是你可以通过“东移移花瓶，西挪挪椅子”来示意这位邻居“该是你离开的时候了”。除非这位邻居没有感觉或者太专注于自己的话题，否则“聊天”很可能因此结束。

沟通者的服饰往往也扮演着信息发送源的角色。人们习惯认为，穿黑色衣服常被视为是严肃、庄重的。如果一位领导上班时间穿着花色运动服正在训斥下属，那么他讲话的权威性将大大降低，下属容易产生不认同感，或者偏向认为领导只是很随意地说说。

1. 身体语言表达的概念

身体语言是指非词语性的身体符号，亦称“人体示意语言”“身体言语表现”“态势语”“动作语言”等，是人际交往中一种传情达意的方式。身体语言表达是指人际交往时，通过如目光、面部表情、触摸、姿势、外貌、空间距离等与人进行交流沟通，即使不开口说话，还可以凭借身体语言达到沟通的目的。

2. 身体语言表达的类型

身体语言丰富而表现微妙，是人们内心深处的情感的外化和显露。身体语言是地域、民族文化形成的印记。一方水土养育一方人，不同人群拥有不同的身体语言。身体语言从另一个层面反映着人的思想境界，反映着人的精神面貌。身体语言表达分为情态语言、身势语言和空间语言。

（1）情态语言。

情态语言是指人的脸部各部件的表情语言，如眼神语言、微笑语言等。在人际交往中，人的面部表情是人内心世界的“荧光屏”和几何图，面部的眉毛、眼睛、嘴巴、鼻子、舌头和面部肌肉的综合运用，可以向对方传递自己丰富而复杂的心理活动，很容易表现出温柔、冷酷、胆怯、欢喜、憎恨等诸多感情。例如，微笑是一种令人愉悦的表情，它可以和有声语言及行动一起互相配合，起到互补作用。有魅力的笑能够拨动人的心弦，架起友谊的桥梁。

（2）身势语言。

身势语言亦称动作语言，指人们身体的部位做出表现某种具体含义的动作符号，包括手、肩、臂、腰、腹、背、腿、足等动作。在人际交往中，最常用且较为典型的身势语言为手势语和姿态语。手势语是通过手和手指活动来传递信息，能直观地表现人们的心理状态，如握手、招手、摇手、挥手和手指动作等。手势语可以表达友好、祝贺、欢迎、惜别、为难、不同意等多种语义。姿态语是指通过坐、立、走、蹲等姿势的变化表达语言信息的“体语”。例如，前倾的坐姿代表响应和等同，姿态语可表达自信、乐观、豁达、庄重、矜持、积极、向上、感兴趣、尊敬等或与其相反的语义。人的动作与姿态是人的内心活动、思想感情和文化教养的外在体现。

（3）空间语言。

空间语言是利用空间来表达某种心理与思想信息的一种社会语言，属于无声语言范畴。人际交往中，人们常用空间语言来表明对他人的态度和与他人的亲疏关系的。空间距离是无声的，但它对人际交往具有潜在的影响和作用，有时甚至决定着人际交往的成败。人与人之间需要保持一定的空间距离，多数人都能接受的四个空间，即亲密空间保持在0～15厘米之内，个人空间保持在46～76厘米之内，礼交空间保持在1.2～2.1米之内，公共空间保持在3.7～7.6米之内。

3．身体语言表达的特点

（1）心灵真实性。

语言表达受到理性意识的控制，容易伪装和掩盖，用身体语言表达时则大不一样，身体语言大都发自内心深处，情不自禁地就会显现出来，难以压抑和控制。例如，当某人说自己不害怕时，他的手却在发抖，那么别人便有理由相信他是害怕的。英国心理学家阿盖依尔等人的研究结果表明：当语言信号与身体语言信号所代表的意义不一样时，人们相信的是身体语言所代表的真实意义。

（2）释义直观性。

人际沟通各方通过形体动作把抽象的语言形象化、直观化，对方变化的体态，调整的动作，构成了一个比其他语言类型描述解释都要易懂的视觉形象。

（3）客观存在性。

身体语言具有客观存在性，它经历了长久社会交往实践的检验，哪怕是一个细微的动作，都是社会约定俗成的，被人们广泛认可和接受的，它能直接独立地传递和交流复杂的信息。

（4）与时俱新性。

身体语言富有时代感，它是反映现实语言环境的真实写照。沟通交流过程中可从这些非语言形式中了解时代背景、地域差异、季节区别，从而获取有别于有声语言的各种信息。

（5）行为差异性。

不同地域、不同民族、不同国家之间的人际交往存在着很大的交往行为文化差异性，例如，同样是拍桌子，可能是“拍案而起”，表达怒不可遏；也可能是“拍案叫绝”，表达赞赏至极；印度人用摇头表示赞同，而用点头表示不同意，中国人恰恰相反；西方人与日本人谈生意，在西方人看来，OK 手势表示“很高兴我们谈成了这笔交易”，但日本人却理解为“他在向我们提出要钱的暗示”，因为在日本，OK 手势就像硬币形状一样，表示“钱”的意思。

4. 身体语言表达的功能

（1）强化功能。

使用身体语言表达符号来强化语言所表达的意思和加深印象，例如，人们使用自己有声语言表达“1—2—3……”时，同时伴随有弯曲手指的身体语言符号。

（2）替代功能。

很多时候，使用语言表达对话时，一方即使没有说话，也可以从其身体语言符号，如面部表情上看出他的意思，此时，身体语言起到替代语言所表达意思的作用。

（3）伴随功能。

有时，人们在交际时，习惯于用身体语言符号作为语言表达的辅助工具，又作为“伴随语言”，使语言表达得更准确、有力、生动、具体，例如，款待客人就餐时，主人就会做出边说边示意客人多吃菜的动作。

（4）调控功能。

日常交际进行沟通交流时，可借助身体语言符号来调整控制语言，表示交流沟通中不同阶段的不同意向，即随着语境发生变化，传递出自己交流意向也发生变化的信息，例如，讨厌某人说话没完没了时，用嘴巴撅向一边做出“撤退”的姿势。

（5）超语功能。

在许多场合身体语言表达要比语言表达更具有雄辩力。高兴的时候开怀大笑，悲伤的时候失声痛哭，当认同对方观点时频频点头，否认对方观点时皱起眉头，要比语言表达更能说明自己的立场观点。

（三）环境语言表达

人际交往的沟通除了运用副语言、身体语言表达外，还可以通过环境语言表达的方式进行沟通。如民俗中的“主人会客时端起茶杯却并不喝茶，这便是在暗示送客”，“主人拿起了笤帚扫地，这便是在暗示送客”。譬如，人际交往中使用名片、装束、妆饰、烟、酒、茶、花等都可作为环境语言表达沟通的媒介。

1. 环境语言表达的概念

环境语言表达是指人际交往中利用环境因素传递沟通信息的进行交际沟通的过程。环境可以对交际产生一定的影响，环境语言因素很多，如语言交际的对象、时间、地点、场合、物体运用、颜色、语言的上下文等。以下主要讲解物理环境、空间环境、时间环境、朝向设置、标识记号等五种环境语言表达类型。

2. 环境语言表达的类型

（1）物理环境语言。

物理环境语言是人们通过物体运用、环境布置、场所布局等媒介进行沟通与交流。例如，一位工厂经理，正在与后勤科长谈话的时候，从地上捡起一片纸壳，放在了窗台上，然后下意识地吹了吹手。他刚一离开，后勤科长就心有灵犀地命令卫生队员工们加班半小时，清理车间卫生。实际上车间主任并未提到关于清理卫生一事。

（2）空间环境语言。

空间环境语言是人们通过空间布置、环境布局、空间距离设计等手段进行沟通与交流。此处所说的“空间距离”排除了“人与人之间的距离”，而公众环境，例如，会议的座位安排；办公环境布局；谈话时距离的远近，如与自己讨厌的人在一起时，保持的距离要比与自己喜欢的人远些等。

（3）时间环境语言。

时间环境语言是人们通过交流沟通时间的安排，如时间的长短、时间的早晚、是否守时等手段进行沟通与交流。

（4）朝向设置语言。

朝向设置语言交流方的朝向也透露一定的信息，是面对面，还是背对背而坐，这些都显示了沟通双方或亲密或严肃或敌对的关系。例如，在讨论问题时，由于意见不统一发生激烈争吵时，双方常常背过身去。

（5）标识记号语言。

标识记号语言标识记号没有与之相对应的、固定的声音联系，并不是形、音、义结合体的文字，而是属于专业性强的书写符号系统。例如：“♂”代表雄性动、植物，“♀”代表雌性动、植物；“↑”表示升高，“↓”表示降低；“+”表示加、正、阳性，“-”表示减、负、阴性。

3. 环境语言表达的特点

（1）广泛性。

涉及环境语言的因素很多，环境语言表达无处不在，只要沟通交流就离不开确切的时间、具体的地点、不同的场合和相应语言上下文等环境，在人际交往沟通活动中，没有只运用自然有声语言而不运用环境语言表达的现象存在。

（2）协调性。

环境语言总是在一定情境下，与自然有声语言、身体语言配合默契，协调一致，相辅相成，相得益彰。

（3）直观性。

环境语言表达直接诉诸人的视觉器官，它以灵活多变、五花八门的形状、形态、位置、方向和方位等构成视觉图像来表情达意，交流信息，具有形象直观的特点。

（4）差异性。

环境语言的各因素既可以提供交流的信息，又可以展示不同地域与民族的环境语言差异，这种差异导致交往对象理解含义上的不对接。

4. 环境语言表达的功能

（1）环境语言表达传递着人际关系的亲疏，爱德华·霍尔的空间关系理论就详细说明了这一问题。

（2）环境语言表达显示出社会地位的高低，如会场座位的布局与排列。

（3）环境语言反映了人们的态度与观念，如一个人的时间语言，往往反映出他对某事的态度。态度的情感因素和行动密切相关，积极的情感会使人主动积极，遵守时间。

（4）环境语言可以促使缩小或加大彼此的文化差异，不同文化背景的人对物理空间的理解不同，在美国，只要有可能，每个办公室工作人员都要尽量有属于自己的办公室。如不可能，也必须想办法将一间屋子用活动板隔开，至少也将办公桌分开。他们不能理解中国人为什么可以两张办公桌相对。对他们来说，办公桌是每个人神圣不可侵犯的“领地”。

三、非语言表达技巧

语言表达在交往沟通中起到了方向性和规定性的作用，而非语言表达则能准确地反映出“话语”的心理因素和真实感情。

非语言表达与语言表达两者关系密切，它们都是人际交往沟通交流系统的组成部分，缺一不可。正是由于彼此互相协调，共同传递意义信息，人们才能应付各种复杂的社会交际场面。所以我们有必要加强对非语言表达方式的探讨和运用，使它更好地为我们的日常交际服务。

正确运用非语言表达沟通，将有助于你获得良好的人际关系。

（一）丰富的情态语言

情态语言主要表现为眼、眉、嘴、鼻、面部肌肉的变化。眼睛是心灵的窗户，能够最直接、最深刻、最丰富地表现人的精神状态和内心活动，自由地沟通彼此的心灵，创造无形的、适宜的情绪气氛，代替词汇贫乏时的表达，促成无声的对话；眉宇间的肌肉皱纹能够表达人的情感变化，柳眉倒竖表示愤怒，横眉冷对表示敌意，挤眉弄眼表示戏谑，低眉顺眼表示顺从，扬眉吐气表示畅快，眉头舒展表示宽慰，喜上眉梢表示愉悦。嘴部表情主要体现在口形变化上，伤心时嘴角下撇，欢快时嘴角提升，委屈时撅起嘴巴，惊讶时张口结舌，愤恨时咬牙切齿，忍耐痛苦时咬住下唇；厌恶时耸起鼻子，轻蔑时嗤之以鼻，愤怒时鼻孔张大，鼻翼翕动，紧张时鼻腔收缩，屏息敛气；整体面部肌肉松弛表明心情愉快、轻松、舒畅，肌肉紧张表明痛苦、严峻、严肃。一般来说，面部各器官是一个有机的整体，协调一致地表达出同一种情感。

（二）合理的空间距离

人与人之间有着看不见但实际存在的心理界限，这就是个人领域意识。这里的空间距离专指人与人之间的距离，不属于“环境语言表达”的类型。因此根据空间距离，也可以推断出人们之间的交往关系。在人们交往中，根据交往对象和目的，选择和保持合适的空间距离是极为重要的。常见的人际交往沟通的距离有亲密空间距离、社交空间距离、礼仪空间距离、公共空间距离。

1. 亲密空间距离

与对方距离0～0.5米，适合进行较敏感的沟通。这是恋人之间、夫妻之间、父母子女之间以及至爱亲朋之间的交往距离。亲密距离又可分为近位和远位两种。近位亲密距离在0~15厘米之间。这是一个“亲密无间”的距离空间，在这个空间内，人们可以尽情地表现爱抚、安慰、保护等多种亲密情感，人们可以彼此肌肤相触，能直接感受到对方的体温和气息。恋人之间极希望处于这样的空间，在这样的空间里，双方都会感到幸福和快慰。远位亲密距离大约在15~50厘米之间。这是一个可以肩并肩、手挽手的空间，在这个空间里，人们可以谈论私事，说悄悄话。

当然，只有较亲密的人，才被允许进入亲密空间距离，如果陌生人进入，人们通常会感到不舒服，并会设法拉开距离。

2. 社交空间距离

与对方距离一般在0.6~1.5米之间，表现为伸手可以握到对方的手，但不易接触到对方的身体，这一距离对讨论个人问题是很合适的。但要注意绝对不要把对方逼到墙边，否则他会觉得你把他囚禁起来，因而会有压迫感。记得给别人留有转身的空间，这意味着他能自由转身走开。

3. 礼仪空间距离

与对方距离大约在1.6~3米之间，属于礼节上较正式的交往关系。该距离主要适用于向交往对象表示特有的敬重，或用于举行会议、仪式等。

4. 公共空间距离

距离指大于3米的空间距离，又称大众距离。一般适用于演讲者与听众、领导给下属讲话，主要适用于与自己不相识或不亲近的人共处。

人际交往的空间距离不是固定不变的，它具有一定的伸缩性，这依赖于具体情境、交谈双方的关系、社会地位、文化背景、性格特征、心境等。

（三）恰当的副语言

一般来说，人在高兴、激动时，语调往往清朗、欢畅、上扬；悲伤、抑郁时则黯淡、低沉、下降；平静时柔缓、温和、平稳；愤怒时则重浊、快速、宽厚。从一句话的字面上看，往往难以判定其真实的含义，而它的弦外之音则可传递出不同的信息。恰当的语调、音调和语速可以完整正确地传递人与人之间的信息和情感，加深沟通的程度。人际交往沟通中，根据语境，适当配合以音调高低、音量大小、节奏快慢、抑扬顿挫等。副语言可以单独表达清晰的信息，当语言信息与副语言信息相互矛盾时，副语言信息才能展示个性与感情，也更加真实有效。

（四）优雅的态势

态势是说话者传情达意的又一重要手段，是另一种沟通“语言”，它包括说话者的姿态、手势、身体动作等，既可以帮助说话，又可以诉诸对方视觉的因素。态势作为一种沟通语言，我们在说话中应怎样正确地运用它呢？

1. 态势要美观

站着说话时，身体要伸直，挺胸、收腹，重心放在两腿之间，两臂自然下垂，形成一种优美挺拔的体态，使对方感觉到你的有力和潇洒，留下良好的印象。坐着说话时，上身要保持垂直，可轻靠在椅背上，以自然、舒适、端正为原则；双手可以放在腿上，或抱臂。无论是坐姿还是站姿，在非正式场合可随便一点，但在正式场合就要有明确的目的。我们在说话时，一举手一投足，都要使其有内在的根据和清楚的用意，这样才能更好地发挥态势语言的表达和交流作用，从而更有助于获取说话的最佳效果。

2. 态势要确切精练

说话时，我们运用态势语言的主要目的是要沟通感情，补充或加强话语语气，帮助对方理解。因此，态势要精练，不要太“花”，要以少胜多、恰到好处。例如手势动作，如果不间断地随便使用，或者多次重复使用同一种手势，就有可能丧失它的功效。

3. 态势要得体

说话时要根据环境和对象运用各种态势语言。在长辈和上司面前不要用手指指点点，更不要勾肩搭背，否则就会被看作是一种失礼行为。在同辈和亲朋好友面前可以随意一点，但也要掌握分寸，切忌用手指点他人的鼻子和眼睛。要时刻注意你的各种态势应与你的说话内容默契配合，自然灵活，恰到好处。

本章小结

（1）口语表达是指用口头语言的方式传达自己的思想、观点、意见、建议、情感，以达到与人沟通交流的目的。口语表达要求清晰、流畅、响亮和口语化。

（2）口语表达的特点有同步性、简散性、暂留性、临场性、系统性。

（3）口语表达要遵守合作、得体和角色的原则。

（4）口语交际中的心理障碍大多为害羞、自卑、恐惧、焦虑、自闭，加强口语交际与沟通可以逐渐克服和改善这些心理障碍。

（5）言之有的、言之有物、言之有理、言之有礼、言之有序、言之有度是口语交际的基本准则。

（6）人际交往与沟通中的口语表达形式多种多样，诸如称呼与招呼、介绍与交谈、提问与回答、赞美与批评、拜访与待客、感谢与致歉、安慰与拒绝、劝说与告诫、委托与受托、接听与打出电话。

（7）口语表达的基本环节是人们进行口头沟通所经历的心理与生理活动的过程。这个表达过程是说话人将自己的内部语言（思维）借助于有声语词，按一定句式结构快速转换为外部语言（有声语言），听话人接收并进行理解（思维）的过程。

（8）口语表达的艺术技巧有幽默语、委婉语、暗示语、模糊语。

（9）非口语表达是不包括口头语言的个体之间的交流，这种交流依赖于面部表情、视觉接触和身体语言等而不是言语。

（10）常用的非口语表达包括纸质书面式沟通和电子介质式沟通。

（11）非语言表达类型分为副语言表达、身体语言表达和环境语言表达三种形式。

（12）非语言表达技巧有丰富的情态语言、合理的空间距离、恰当的副语言和优雅的态势。

关键术语

语言表达、内部语言、外部语言、非语言表达、副语言、身体语言、环境语言、情态语言

案例分析

案例1　如此“热情”

李玉从河北承德到广州当了一名个体出租司机。他接洽客人的热情很高，普通话说得比较标准，读高职专时又考过了英语四级，又跟堂弟学习了“英语口语300句”，能说一口比较流畅的“外交式”英语。特别是一年两次的“广交会”期间，来广州经营贸易生意的外国人特别的多，这让李玉拉活一点儿问题都没有。

一般情况下，客人如果是个老外，李玉先做自我介绍，并主动介绍广州的风土人情和旅游景点。为了表示中国人的好客，李玉像熟人一样与客人拉起家常。

“您今年贵庚?”

“来中国做生意好做吗?”

“一条裤子到你们国家能赚多少?”

“成家了吗?”

“有几个孩子?”

“你父母是干什么的?”

李玉只管问下去，从不回头关注客人的脸色。以上一连串的询问有时让老外很不耐烦或保持沉默。聪明的客人也会指着路边的建筑说“广州太漂亮了!”“绿色的广州呵!”勉强岔开了话题。

李玉觉得，这老外一点不像中国人热情好客。

案例2　卖拐

2001年的春节联欢晚会上，经典小品《卖拐》给人留下深刻印象。“孩儿他爸”——“大忽悠”凭借三寸不烂之舌将一位好端端的骑自行车的“大脑袋厨师”说得神魂颠倒、真假不分、失去判断力，一瞬间本来没病而感觉真生出了病，不仅掏空腰包买下一副对自己一无用处的双拐，为了感恩，还心甘情愿地把自行车赠送给“大忽悠”。

更为可怜可笑的是，“大脑袋厨师”在自己上当受骗后，还把好心揭穿坑骗术的大嫂“孩儿他妈”——“大忽悠的老婆”挖苦、奚落一通。用“大脑袋厨师”的话说：“同样生活在一起的夫妻，做人的差距怎么这么大呢?”

（注：赵本山小品《卖拐》）

思考与辩论

（1）人际交往中，语言沟通可称为“艺术”吗?

（2）口语表达有哪些特点，请在实践中加以证明。

（3）想一想，除了本书上提到的环境语言类型，你认为还有哪些环境语言类型？请举出实例。

（4）如何改进口语交际中的不当言语？

（5）如何在口语交际中寻找话题，以使彼此的交流顺畅、愉快进行？

（6）请讨论：你的口语交际中，曾经出现过哪种心理障碍，是如何克服的？

（7）请尝试扩充非语言表达的类型，并举出实例。

（8）思考与辩论：如何练就自己的语言同说话的幽默风格？

（9）讨论：平常多实施语言转换训练，提高自己的思维和表达能力，如诵读法、复述法、描述法、述评法、质疑法、演说法、辩论法。

（10）到某一购物中心观察售货员是如何与顾客进行非语言沟通的，最好选择两米左右的距离，观察大约 10 分钟，记下售货员和顾客的非语言信号。

①顾客都发出了哪些非语言信号？

②服务员能理解顾客的非语言信号吗？

（11）回忆：当你与父母发生不愉快时，虽然没有大吵大闹，但彼此都会发出非语言行为。

（12）你在课堂上，身体前倾时，是否表示感兴趣和特别关注？

（13）请多观察：一个人的眼珠儿如果游移不定、转来转去，是有说谎、厌烦、分心和不感兴趣的迹象吗？

第六章　人际交往礼仪

学习目标

（1）明确人际交往礼仪的基础知识；

（2）识别交往礼仪的特征；

（3）了解交往礼仪的功能；

（4）掌握个人礼仪、家庭交往礼仪、邻居交往礼仪、校园交往礼仪、节日交往礼仪、公共场所交往礼仪、职业场所交往礼仪、商务活动礼仪、网络交往礼仪；

（5）学会在上述各种场合实施礼仪。

社会是人们交往作用的产物，没有人际交往就不能成为社会。人是社会的人，扮演着多重的社会身份与角色，如家庭角色、职场角色、公众角色等。无论哪种角色，要生存发展，就要依赖社会的方方面面，因此说，社会人际交往是必然的。懂得交往礼仪是人们促进事业成功、追求生活幸福的重要条件。

第一节　礼仪基础知识

人类自从出现教育以来，人的发展始终是教育的主旋律，我国古代的“六艺”教育强调人的多方面能力的全面发展。“六艺”有两种学说，第一种是指“礼、乐、射、御、书、数”，《周礼·保氏》曰：“养国子以道，乃教之六艺：一曰五礼，二曰六乐，三曰五射，四曰五驭，五曰六书，六曰九数。”第二种，指所谓的“六经”，即《易》《书》《诗》《礼》《乐》《春秋》。奇妙的是两种学说中的“礼”均指的是“礼节”，可见，要成为一个可堪大用的人才，必须先进行一个全面的学习，既包括知识学养上的才能，也包括思想道德修养上的品格，甚至于言谈举止与待人接物上的礼仪。

我国是一个具有悠久历史的文明古国，中华民族素有崇尚礼仪、讲究文明的优良传统，在世界上享有“礼仪之邦”的美誉。礼仪在中国，源远流长，深入人心。作为炎黄的后代，我们要继承和发扬中华民族的传统美德，做一个讲文明、懂礼貌的人。中国自古至今都是一个崇尚礼仪的传统国家。

早在战国时期的《礼记·玉藻》中就提到“足容重、手容恭、目容端、口容止、声容静、头容直、气容肃、立容德、色容庄、坐如尸”。

足容重，即举步若轻，行走的过程中要稳健庄重。

手容恭，即作揖时两手摆放的位置，要高而正以显示出对人的尊敬。

目容端，即眼神要端正，目不斜视，目光平稳，从容地注视前方，而不是闪烁左右。

口容止，即嘴巴在说话、饮食以外的时间，保持静止状态。

声容静，即不要发出打饱嗝或吐唾液的声音。

头容直，即脑袋的姿态，要直而正，昂首挺颈，不东倚西靠。

气容肃，即气息要控制得平稳、均匀，不出粗声怪音。

立容德，即保持中立，不倚不靠，表现出形体风范。

色容庄，即面容气色庄重，面无倦怠。

坐如尸，即端坐如尸（尸是指古代的重大祭祀仪式上，会选择一个人象征性地端坐在神位上，如坐在神位上的“尸”）。

礼仪是历史发展进程中，人们为了维护一种稳定的秩序，为了保持一种交际的和谐而应运产生并继承和发展至今的。特别是进入 21 世纪，中国与世界经济全面接轨，中国已进入全面开放时代，人们思想开放、文化多元发展，多渠道拓展了人际交往，这就要求人们更讲究礼仪。

从个人的角度来看，礼仪是一个人内在修养的外在体现，通过他的一举一动、一言一行，可以将一个人的涵养、素质、才华充分展现在人们面前，给人以全面的印象。通过礼仪方面的训练，可以提高个人素质、美化个人形象，使之更容易被人接受。

从交际的角度来看，礼仪是一种人际交往的方式和技巧。用一些规范化的习惯做法在人际交往中传达一份尊重和友好的方式。好的礼仪是一种交往的艺术，是人际关系的润滑剂，可以有效地、迅速地达到沟通和理解的目的，从而改善人际关系。

一、交往礼仪的定义

礼仪，是人类社会生活中，为表示尊重、亲善、友好，在人际交往互动活动中，人们在言行方面，约定俗成的、敬人律己的、共同遵守的行为准则和规范。礼仪的内涵主要表达了以下几层意思：

（1）礼仪是在人际中发生的，一个人是不存在礼仪的。

（2）礼仪是一种敬人律己行为的准则或规范。

（3）礼仪准则或规范是一定社会的人们约定俗成、共同认可的。

在社会实践中，礼仪往往首先表现为一些不成文的规矩、习惯，再经过漫长的历史进程，逐渐上升为人们认可的，可以用语言、文字、动作来进行准确描述和规定的行为准则，并成为人们有章可循、自觉学习和遵守的行为规范。

交往礼仪是指人们在社会交往活动过程中形成的应共同遵守的行为规范和准则。

交往礼仪涉及的内容很多，以下将一一进行讲解。

二、交往礼仪的功能

（1）交往礼仪是个人教养、学养、涵养、修养的外在表现。

（2）交往礼仪在社会交往过程中是构成第一印象的主要因素，会影响领导和同事对其业务能力和任职资格的判断。

（3）交往礼仪在社会交往过程中，是一张没有文字却形象生动的名片，会体现个人形象和组织形象。

下面将从个人礼仪、家庭交往礼仪、邻居交往礼仪、校园交往礼仪、节日交往礼仪、公共场所交往礼仪、职业场所交往礼仪、商务活动礼仪、网络交往礼仪等方面加以介绍。

三、交往礼仪的特征

礼仪是人们在社会人际交往活动互动中，约定俗成的需要遵循的行为准则或规范，具有如下基本特征：

（一）规范性

礼仪既有内在的道德准则，又有外在的行为尺度，对人们在交往互动活动中的言行举止具有规范和约束作用。遵循礼仪规范，就会得到人们的认可；违反礼仪规范，就会招致非议和批评。

（二）实践性

礼仪规范以人为本，实践中习得，人人可学，习之易行，行之有效。敬人律己，应当怎样做，不应当怎样做，礼仪有着切实可行的具体操作方法。

（三）差异性

礼仪规范经过历史的长河约定俗成，不同国家、不同地区、不同民族，由于其自然环境、文化传统、宗教信仰、生活习惯的不同，也就形成了不同的礼仪规范，正所谓“十里不同风，百里不同俗”。

（四）时代性

礼仪一旦形成被人们所用，则会世代传承。然而礼仪并非世世代代一成不变，而是随着时代的进步、人们生活方式的改变而吐故和纳新，随着内外交往日益活跃而借鉴和吸收，甚至超越原来的标准。

第二节　个人礼仪

个人礼仪是笼统地综合了人的仪容、仪表之礼仪，诸如人的形体、健康、容貌、姿态、言行举止、服饰、风度等。处于不同交往场合的个人礼仪表现如何，将影响个人的形象与声誉。

个人交往礼仪是在个人参与交往活动过程中，体现出来的仪容与仪表的总和。由于每个人在社会上都会充当不同角色和出席各种场合，以下将从多方面讲述个人礼仪。

一、仪容

仪容是人的“硬件，先天生来的”，通常指人的外貌。在人际交往中，每个人的仪容都会引起交往对象的特别关注，反过来，讲究仪容也是对交往对象的尊重。

可以说，一个人生得是否“漂亮”“英俊”，无法选择。但保持“整”和“洁”的仪容，是不难做到的。

头发齐整、干净、顺滑，没有头皮屑或者没有过多油脂使头发粘连；面部肌肤清洁、光滑，有弹性，无污渍；眼部洁净，眼角中没有留存眼屎；鼻腔无烟味，没有鼻屎，无长毛露出；口腔无异味，牙齿白皙，牙缝无残留食物；（男士）上唇胡须与下唇胡须没有剪剃出奇形怪状，胡须刮得干净齐整；饭前便后洗手，手与脚的指甲修剪平齐，指甲缝中没有残留污垢；加强锻炼，节制饮食，腰腹部没有过多脂肪赘肉的堆积，保持形体基本健美；体味正常，无烟味、汗渍味、尿液味、油脂味和狐臭味。杜绝一些不雅行为，比如剔牙齿、掏鼻孔、挖耳屎、修指甲、搓泥垢等。

二、仪表

仪表是人的“软件，后天‘修’来的”，通常指人的修饰、言行举止、风度、风韵、气质等。倘若仪容先天不足，可以通过后天的“仪表”给自己的礼仪形象加分。

(一) 服装礼仪

在各种交往场合着装得宜的人，能有效展现个人魅力，赢得众人好感与信任，从而容易获得众人支持，使得交往目标达成。

一是着装目的要明确。不同的着装会给别人留下不同的印象，或高雅的，或成熟的，或自信的，也可能是可爱的或随意的。

二是着装要适应不同场合。由于每个人的身份、地位或角色需要，将会出入不同的场合，着装要随着场合的变化而变化。譬如交际场合着装讲究时尚华丽，公务场合要庄重严肃，休闲场合则要舒适随意。

三是着装要符合自己身份。不同身份地位或角色的人要选择适合自己的服装，着装要注意在展现个人魅力的同时，不要喧宾夺主，抢了别人的风头。譬如参加婚礼，不可穿大红颜色的。

四是着装要适合自身条件。俗话说，“佛靠金装，人靠衣装”，合适的着装能够修补人体的缺陷，张扬人体的优点，扬长避短，增加人的魅力。应该根据自身的年龄、身材、肤色和气质等自然条件着装。

五是无论男士或女士，着装除了干净、整洁、合身外，还要显得高雅、大方和美丽，要体现出职业特点、性格特征和性别魅力，要与具体场景和季节相协调，还要注意在不同的场合发挥不同的作用。

1. 女士着装礼仪

(1) 女性标准职业装。

样式：在办公场合，女性职业装主要有西服套裙、两件套裙或连衣裙。西服套裙是女性主要的职业装，它可以塑造职业女性成熟、干练、高效的形象。双排扣的上衣应该始终系着（包括内侧的纽扣)，单排扣的上衣则可以不扣。短上衣配长裙显得窈窕，长上衣配短裙显得洒脱，适合个子高挑的女士。短衣短裙显得利落，适合个子较矮的女士，短裙的长度最短最好不要短于大腿的二分之一。款式以简洁大方为宜，切忌太复杂、太花哨、装饰性太强。

颜色：色泽应与场合气氛相协调。可以选择深色、素色和单色的职业装。

面料：面料要选择质地好、垂感好的面料。比如，纯毛华达呢、亚麻、混纺、丝绸等面料，不要选择绒类、廉价的化纤类等面料。

（2）女士职业便装。

女士选择衣着的范围较大，可根据场合穿着西装套裙、各式上衣配长裙或长裤、运动衣、T 恤装、连衣裙、旗袍等。

（3）衬衫。

衬衫配套装时，套装里面衬衫的颜色可以多种多样，只要与套装相匹配就可以。但是面料要细致讲究，而且要熨帖平整。

（4）鞋子。

搭配的鞋子颜色应与服装颜色相同或相近。鞋的款式以简洁大方为宜，不要有多余的装饰。搭配的丝袜颜色以接近肤色的肉色为宜，黑色丝袜只能配黑色裙子。注意不要让袜口暴露于裙子下摆之外，不要穿跳丝的袜子。

（5）皮包。

皮包的颜色一般讲究与鞋子的颜色相协调，款式要大方正式，不要太过休闲。

（6）首饰。

首饰的搭配要与服装的风格相一致，不要戴满全身，一般不超过两件。款式选择要与自身条件相适合，样式也要简洁。

（7）围巾。

选择围巾要注意颜色中应包含有套裙的颜色。根据季节、天气选择丝绸、细毛质地的为好，围巾打结比较美观。

（8）化妆。

化妆以淡雅为宜，不要浓妆艳抹。需要补妆的时候应回避公开场合，洗手间是最适合补妆的地方。

2. 男士着装礼仪

（1）男士的标准职业装。

在样式上男士选择范围相对较窄，一般有两件套或三件套西装两种。三件套的西装多加一件马甲，马甲的颜色应与外衣一致。

西装的上衣是双排扣的要全部扣好，不能敞开来穿。单排扣的上衣可以敞开穿，但是正式场合还是要系好。两粒扣的上衣只系上面那粒，三粒扣的上衣可以系上面两粒，也可只系中间一粒。坐下时，一般要解开扣子，以便保持西服的平整。西装的大小要合体，西装的上衣应长过伸直手臂的虎口，西装的袖子的长度以达到手腕为宜，裤子的长度以能盖住皮鞋鞋面为宜。西装里面除了衬衫，最多只能再穿一件鸡心领的薄羊毛或羊绒衫。西装上衣左胸外侧的口袋最多可放一条装饰用的手帕。上衣的口袋和裤兜基本不放东西，以免把西装撑得变形。

（2）男士职业便装。

交际场合，男士着装可以选择运动式夹克配长裤、T 恤衫配长裤、毛衣配长裤，但是衣着颜色不应过多变化，大致以不超过三种色为原则。合体、整洁、平挺、庄重应是男士服饰追求的整体效果。

（3）衬衫。

西装配衬衫有讲究，西装衬衫的袖子长度应比西装袖子长出 1.5 厘米，衬衫领子一定要硬挺平整，要高出西装领口 1 ~ 2 厘米，领口露出部分与领带下露部分相呼应，显得美观、利落、活泼，有生气。穿西装时衬衫必须塞进裤腰内，忌下摆露在外面。衬衫袖子的扣子要扣紧，切忌翻起。正式场合忌穿花衬衫，白衬衫是首选，使男士显得精神焕发，其他单色或竖细条纹的也可以，但是如果外套是条纹的，衬衫就不要选条纹的了，否则看上去像斑马。衬衫左胸的口袋不能放任何东西。

（4）皮鞋。

通常说西服革履，穿西服一定要穿皮鞋。正式场合，可以穿深咖啡色皮鞋，因为它与黑色、灰色、藏青色以及深咖啡色的西装都相配，穿黑色西装和皮鞋最为庄重。

（5）袜子。

袜子是裤子和皮鞋之间的桥梁，起到衔接作用，一般应穿与裤子、鞋同类颜色或较深颜色的素色袜子，以黑色袜子为最佳。白色袜子只可以配白色或米黄色的西装。

（6）领带。

领带的颜色不要与西服颜色一样，但可以是同一色系，颜色和图案不要太鲜亮、花哨，最好是单色的，可以有条纹和细小的图案，但是条纹领带不要配条纹衣服，领带选用丝质较高雅。领结要打得饱满，紧贴领口，系好时领带下端要正好垂在皮带扣上端，要用领带夹固定，夹于衬衫的第三、四粒纽扣之间。

（7）皮包、皮带。

皮包、皮带的颜色要与皮鞋一致，皮带扣要简洁，皮包要选手提公文包。

（8）配饰。

男士可以戴一枚戒指，还可选戴精致的薄型手表，年轻的男士不要戴昂贵华美的手表，要注意与自己的身份地位相匹配。

（二）举止礼仪

举止是指人的动作和表情。举止是一种不说话的“语言”，很大程度上反映了一个人的素质和修养。在人际交往中，一个人的举止既能体现他的道德修养、文化水平，又能表现出他与别人交往是否有诚意。因此，在交往中应该使自己成为举止优雅的人。以下从 12 个方面加以阐述。

1. 站姿礼仪

站姿是静态的，体现静谧的美。

标准站姿的要领：头正，双目平视，嘴唇微闭，下颌微收，面部平和自然；双肩放松，稍向下沉，身体有向上的感觉，呼吸自然；躯干挺直，抬头，收腹，挺胸，立腰；双臂放松，自然下垂于身体两侧，手指稍微弯曲；双腿并拢立直，膝盖与两脚跟靠紧，脚尖分开成 60 度，身体重心放在两脚中间。

以上为标准站姿，在此基础上还可以有所调整，以下是适用于不同场合的几种站姿。

（1）叉手站姿。

两手在腹前交叉，右手搭在左手上，直立。男子可以两脚分开，距离不超过20厘米。女子可以用小丁字步，即一脚稍微向前，脚跟靠在另一脚内侧。站立较久时身体重心还可以在两脚间转换，以减轻疲劳，这是一种常用的接待站姿。

（2）背手站姿。

双手在背后交叉，右手贴在左手外面，放置于两臀之间。两脚可分可并，分开时，不超过肩宽，脚尖展开，两脚夹角成60度。挺胸立腰，收颌收腹，双目平视。这种站姿优美中略带威严，易产生距离感。如果两脚改为并立，则突出了尊重的意味。

（3）背垂手站姿。

一只手背在后面，贴在臀部，另一只手自然下垂，中指对准裤缝，两脚既可以并拢也可以分开，也可以成小丁字步，男士多用这种站姿，显得大方、自然、洒脱。

2. 坐姿礼仪

坐姿是静态的，体现肃穆的美。

标准坐姿的要领：入座时要轻稳，走到座位前，转身后退，轻稳地坐下；女子穿裙装入座时，应将裙摆向前收拢一下再坐下；上身自然坐直，立腰，双肩平正放松；两臂自然弯曲放在膝上，也可以放在椅子或沙发的扶手上，掌心向下；双膝自然并拢（男士可略分开些），双脚平落在地上；坐在椅子上，坐满椅子的三分之二。端坐时间过长，会使人感到疲劳、不自然，可换一下姿势。不论何种坐姿，上身都要保持端正，如古人所言的“坐如钟”。若坚持这一点，那么不管怎样变换，身体的姿态都会优美、自然。女士与男士的多种坐姿有着很大的不同。

（1）女士坐姿。

标准式：轻缓地走到座位前，转身后两脚成小丁字步，左前右后，两膝并拢的同时上身前倾，向下落座。如果穿的是裙装，在落座时要用双手在后边从上往下把裙子拢一下，以防坐出皱纹或因裙子被打折坐住而使腿部裸露过多。坐下后上身挺直，双肩平正，两臂自然弯曲，两手交叉叠放在两腿中部，并靠近小腹。两膝并拢，小腿垂直于地面，两脚保持小丁字步。

前伸式：在标准坐姿的基础上，两小腿向前伸出一脚的距离，脚尖不要跷起。

前交叉式：在前伸式坐姿的基础上，右脚后缩，与左脚交叉，两踝关节重叠，两脚尖着地。

屈直式：右脚前伸，左小腿屈回，大腿靠紧，两脚前脚掌着地，并在一直线上。

后点式：两小腿后屈，脚尖着地，双膝并拢。

侧点式：两小腿向左斜出，两膝并拢，右脚跟靠拢左脚内侧，右脚掌着地，左脚尖着地，头和身躯向左斜。注意大腿小腿要成90度的直角，小腿要充分伸直，尽量展示小腿长度。

侧挂式：在侧点式基础上，左小腿后屈，脚绷直，脚掌内侧着地，右脚提起，用脚面贴住左踝，两膝并拢，上身右转。

重叠式：重叠式也叫“二郎腿”或“标准式架腿”等。在标准式坐姿的基础上，两腿向前，一条腿提起，落在另一腿的膝关节上边。要注意上边的腿向里收，贴住另一腿，脚尖向下。

二郎腿一般被认为是一种不严肃、不庄重的坐姿，尤其是女士不宜采用。其实，这种坐姿常常被采用，因为只要注意上边的小腿往回收、脚尖向下这两个要求，不仅外观优美文雅，大方自然，富有亲切感，而且还可以充分展示女士的风采和魅力。

（2）男士坐姿。

标准式：上身正直上挺，双肩正平，两手放在两腿或扶手上，双膝并拢，小腿垂直落于地面，两脚自然分开成45度。

前伸式：在标准式的基础上，两小腿前伸一脚的长度，左脚向前半脚，脚尖不要跷起。

前交叉式：小腿前伸，两脚踝部交叉。

屈直式：左小腿回屈，前脚掌着地，右脚前伸，双膝并拢。

斜身交叉式：两小腿交叉向左斜出，上体向右倾，右肘放在扶手上，左手扶把手。

重叠式：右腿叠在左膝上部，右小腿内收、贴向左腿，脚尖自然下垂。

3. 行姿礼仪

行姿是动态的，体现活力的美。

标准行姿的要领：头正，双目平视，收颌，表情自然平和；两肩平稳，防止上下前后摇摆；双臂前后自然摆动，前后摆幅在30～40度；两手自然弯曲，在摆动中离开双腿不超过一拳的距离；上身挺直，收腹立腰，重心稍前倾；步位直，两脚尖略开，脚跟先着地，两脚内侧落地；走出的轨迹要在一条直线上；步幅适度，行走中两脚落地的距离大约为一只脚长，即前脚的脚跟与后脚的脚尖相距一只脚的长度为宜；步速平稳，行进的速度应保持均匀、平衡，不要忽快忽慢。在正常情况下，步速应该自然舒缓，显得成熟、自信。不过，不同的性别、不同的身高、不同的着装，要求都有些差异。

（1）各种行姿。

后退步：与人告别时，应当先后退两三步，再转身离去。退步时脚轻擦地面，步幅要小，先转身后转头。

引导步：引导步是用于走在前边给宾客带路的步态。引导时要尽可能走在宾客左侧前方，整个身体半转向宾客方向，保持两步的距离，遇到上下楼梯、拐弯、进门时，要伸出左手示意，并提示请客人上楼、进门等。

前行转身步：在前行中要拐弯时，要在距离所转方向远侧的一脚落地后，立即以该脚掌为轴，转过全身，然后迈出另一脚，即向左拐，要右脚在前时转身；向右拐，要左脚在前时转身。

（2）穿不同鞋子的行姿。

穿平底鞋：走路时要比较自然、随便、轻松、大方。前行时脚跟先落地，力度要均匀。由于穿平底鞋不受拘束，应当注意防止过分随意。步幅时大时小，速度时快时慢，容易给人以松懈的印象。

穿高跟鞋：女士穿高跟鞋走路时步幅要小，脚跟先着地。行进时一定要保持踝、膝、髋关节的挺直，保持挺胸、收腹、向上的姿态。注意避免用屈膝的方法来保持平衡，那样行姿不但不挺拔，反而因屈膝、撅臀而显得笨拙、不雅。无论男士或女士都要警惕不良姿态，行走时要防止八字步，低头驼背。不要双臂大甩手、扭腰摆臀。

（3）行走时应杜绝的行为。

步行要走人行道，靠右行走，并且让出盲道。过马路“宁停三分，不抢一秒”，只走人行横道、天桥或地下通道，不能翻越绿化带或隔离栏。

两人并行时，右者为尊；两人前后行时，前者为尊；三人并行时，中者为尊，右边次之，左边再次之；三人前后行时，前者为最尊，稍后次之。

道路狭窄又有他人迎面走来时，则退至道边，请对方先过。路过居民住房时，不东张西望，窥视私宅。

一个人独步街头时，行走的路线应尽量成直线。不要在行进中走走停停、左顾右盼。

上下台阶时，一步一阶，不可并排而行挡住后人。上楼梯时，让尊者或女士走在前面；下楼梯时，尊者或女士走在后面。

男女同行时，男士主动走在靠近街心一侧，让女士靠自己右侧行走。恋人同行时，不要勾肩搭背、搂搂抱抱。

4. 蹲姿礼仪

蹲姿是动态的，体现优雅的美。

标准蹲姿的要领：下蹲拾物时，应自然、得体、大方，不遮遮掩掩；下蹲时，两腿合力支撑身体，避免滑倒；下蹲时，应使头、胸、膝关节在一个角度上，使蹲姿优美；女士无论采用哪种蹲姿，都要将腿靠紧，臀部向下；蹲姿要迅速、美观、大方。若用右手捡东西，可以先走到东西的左边，右脚向后退半步后再蹲下来。脊背保持挺直，臀部一定要向下，避免弯腰翘臀的姿势。男士两腿间可留有适当的缝隙，女士则要两腿并紧，穿旗袍或短裙时需更加留意，以免尴尬。以下多种蹲姿可以选用：

（1）交叉式蹲姿。

下蹲时右脚在前，左脚在后，右小腿垂直于地面，全脚着地。左膝由后面伸向右侧，左脚跟抬起，脚掌着地。两腿靠紧，合力支撑身体。臀部向下，上身稍前。

（2）高低式蹲姿。

下蹲时右脚在前，左脚稍后，两腿靠紧向下蹲。右脚全脚着地，小腿基本垂直于地面，左脚脚跟提起，脚掌着地。左膝低于右膝，左膝内侧靠于右小腿内侧，形成右膝高左膝低的姿态，臀部向下，基本上以左腿支撑身体。

（3）半跪式蹲姿。

左脚平放在地上，左腿自然弯曲向左打开约 30 度，右脚尖着地，右脚跟跷起，将臀部的重心放在右脚跟上，右膝向下向右打开约 60 度，两手平放在大腿上，指尖与膝盖取齐，两肘紧贴两肋，上身挺直，昂首挺胸，目视前方。练蹲姿时，必须时刻保持标准姿势，没有命令不许晃动，不许换腿。

（4）蹲姿杜绝的行为。

弯腰捡拾物品时，两腿叉开，臀部向后撅起，这是不雅观的姿态；两腿展开平衡下蹲，其姿态也不优雅。蹲时注意内衣“不可以露，不可以透”。

5. 握手礼仪

虽然握手是一件再简单不过的动作，但它贯穿于人们在各种场合交往的各个环节。

握手时的要领：必须站立握手，以示对他人的尊重、礼貌。要注视对方的眼睛，微笑致意，力度要适中，轻抖三下左右；握手时应该摘掉墨镜和手套；握手时间一般两三秒钟为宜，若是老朋友意外相见，握手时间可适当加长，以表示不期而遇的喜悦，男士与女士握手，时间应较短；一个人同时与多人握手时，应待女士、长辈、主人、已婚者、职位高者伸出手来之后，男士、晚辈、宾客、未婚者、职位低者方可伸出手去呼应；多人同时握手时不要交叉，待别人握完后再伸手，也不可同时伸出双手与两人握手；握手的同时向对方作自我介绍，除介绍姓名外，还应介绍职务；若为他人介绍，则要首先确定被介绍的双方哪一方更应该被尊重，即所谓的“尊者决定”，要先让被尊重的一方了解对方的情况：即把职位低者、年轻人、男士、来访者介绍给职位高者、年长者、女士、主人；如果把一个人介绍给众多人时，首先应该向大家介绍这个人，然后再把众人逐个介绍给这个人；集体介绍可以按照座位次序或职务次序一一介绍。

6. 鞠躬礼仪

鞠躬礼仪是人们在生活中对别人表示恭敬的一种礼节，既适用于庄严肃穆、喜庆欢乐的场景，也适用于一般性的社交场合。在一般性的社交场合，晚辈对长辈、学生对老师、下级对上级、表演者对观众等都可施鞠躬礼仪。

鞠躬的要领：身体挺直，五指自然下垂并拢，身体从头顶到脚下是一条线，视线向前。五指并紧从侧面向膝头慢慢滑去，达到手指将要相碰的程度为宜，同时上身伸直，由腰部带动上体下腰。以站立的姿势上体下腰，视线随身体自然下移，如果看着对方脸鞠躬，自己的下颌向上，由脖子到背部的线会被破坏；行鞠躬礼应停止脚步，两臂自然下垂，躬身 15 ~ 30 度，头跟随向下，并致问候语。行礼方式：当与客人交错而过时，面带微笑，可行 15 度的鞠躬礼，以表示对顾客的礼貌及打招呼；当迎接或相送顾客时，可行 30 度的鞠躬礼；当感谢顾客或初次见到顾客时，可行 45 度的鞠躬礼以表示礼貌；鞠躬必须先摘下帽子，用右手（如右手持物，可用左手）抓住帽前檐中央，用立正姿势，双目注视对方，身体上部前倾约 15 度，而后恢复原来姿势；鞠躬一次即可。不可连续地重复施礼。

7. 致意礼仪

致意是与人交往中随时随地都派上用场的礼仪。致意是一种不出声的问候礼节，通常用于相识的人之间在各种场合打招呼。

致意的要领：向对方致意问候时，应该诚心诚意，表情和蔼可亲。若毫无表情或精神萎靡不振，会给人以敷衍了事的感觉。致意方式有以下几种：

点头致意：点头致意适于不宜出声交谈的场所，如在会议、会谈进行中，与相识者在同一场合见面或与仅有一面之交者在社交场合重逢，都可以点头为礼。点头致意的方法是头微微向下一动，幅度不大。

举手致意：举手致意一般不必出声，只将右臂伸直，掌心朝向对方，轻轻挥一下手即可，不要反复摇动。举手致意，适于向较远距离的熟人打招呼。

欠身致意：欠身致意是全身或身体的上部微微向前一躬，这种致意方式表示对他人的恭敬，其适用的范围较广。

脱帽致意：脱帽致意是与朋友、熟人见面时，若戴着有檐的帽子，则以脱帽致意最为适宜。即微微欠身，用距对方稍远的一只手脱帽子，将其置于大约与肩平行的位置，同时与对方交换目光。

致意时要注意文雅，一般不要在致意的同时向对方高声叫喊，以免妨碍他人。致意的动作也不可以马虎或满不在乎，必须是认认真真的，以充分显示对对方的尊重。

8. 微笑礼仪

笑是人们思想感情的外露，具有沟通感情、传递信息的作用。笑容能够消除人与人之间的陌生感，使人产生心理上的亲切感和愉悦感。人与人见面，笑容是问候语；交往有误解，笑容是道歉语；接待朋友，笑容是欢迎词。笑容是人们相互交融、相互感染的过程，能够创造出融洽、和谐、互尊、互爱的气氛，能够减轻人们身体上和心理上的压力。

笑有多种，诸如微笑、轻笑、冷笑、大笑、憨笑、傻笑、嘲笑、讥笑等。微笑是交往礼仪中最简单、最通常的表达方式，也是人们亲切友好最具美感、最具亲和力的表情。

微笑既是一种感情的表达，也是一种品格的展示，还是一种珍贵的交往技巧，它可以变为巨大的资源宝库。

微笑的要领是：五官全部自然调动起来，才能显示出是发自内心的真笑；眼睛略眯，眉毛上扬，鼻翼张开，脸肌收拢，嘴角上翘；神情结合，显出友善的气质；笑时要精神饱满，神采奕奕，亲切甜美，你的热情、诚意才能为人理解，并起到锦上添花的效果；与肢体动作和谐一致，从外表上形成完美统一的效果。

9. 寒暄礼仪

寒暄不是真正意义上的谈话和交流，只是像微笑一样表示见面时的礼节。常见的寒暄方式有：

问候式：如“你好”“您好”“早上好”“好久不见，真想你啊”之类的常见礼貌语。

触景生情式：如“早上好！这会儿遛弯儿空气真舒坦!”“这里风景很好”等。

赞美式：如“多年不见，您还是这么漂亮!”“多年不见，您还是这么年轻!”“李子，身材更苗条了啊!”等。

敬慕型：如“久仰大名!”“拜读过您的作品!”“很高兴见到您!”等。

寒暄没有固定的语句和模式，应因人、因时、因地而灵活运用，终以真诚、亲切、自然为好。

10. 奉茶礼仪

招待客人时，应该为客人准备如茶水、咖啡或其他饮料等。通常以现场沏茶待客的方式较为常见。奉茶礼仪如下：

（1）奉茶的方法。

奉茶应在主人与客人还没有正式交谈之前。正确的步骤是：双手端茶从客人的左后侧奉上。要将茶盘放在临近客人的茶几上，然后右手拿着茶杯的中部，左手托着杯底，杯耳应朝向客人，双手将茶递给客人并热情地说道“您请用茶”。

（2）奉茶的顺序。

奉茶应讲究先后顺序，一般应为：先客后主；先女后男；先长后幼；先高（职务）后低（职务）。

（3）奉茶的举止要求。

不用一只手端着茶杯，尤其不能用左手。切勿让手指抠到杯口内侧。为客人倒的第一杯茶通常不宜斟得过满，以杯深的2/3处为宜。继而把握好续水的时机，不能等到茶叶见底后再续水，以不妨碍主客交谈为佳。

【案例赏析】

速　度

廖海珍在北京上大学一年级，暑假回石家庄的家里时，福建乡下老家来了一大帮亲戚。

廖海珍每天都把家里整理、打扫一遍，包括桌椅、沙发、水杯、茶几、烟灰缸、地面、厨房、床铺等，还要替妈妈去市场买菜和烧饭，更让她手忙脚乱的是帮这些亲戚们端茶倒水。

为了更有效率，廖海珍经常把四只茶杯摆成一个四方形，杯挨着杯，将沏好的茶水依次倒进茶杯里，第1、2、3、4根手指分别插进4只杯，形成一小撮儿，她一次性地就能将茶水送到四位亲戚的手上。

可是，有的亲戚喝得“嗞儿嗞儿”响，有的亲戚却一口茶未沾。

11．敬酒礼仪

招待客人举行宴会进餐时，大多为客人准备好各种酒水。传统的酒品以白酒为主。敬酒礼仪如下：

（1）斟酒。

敬酒之前需要斟酒。斟酒应该用本次宴会上最好的酒斟，宾客端起酒杯，应起身站立给予回敬，表示感谢。斟酒一般要从位高者开始，按顺时针顺序斟酒。

（2）敬酒。

敬酒应以不影响宾客用餐为前提。敬酒分为正式敬酒和普通敬酒。正式敬酒，是宾主入席后、用餐前，主人的敬酒，敬酒时要说简短的敬酒词。普通敬酒，指的是其他成员的相互敬酒，在正式敬酒之后就可以陆续开始了。敬酒要看时机，当然是在对方方便的时候，比如他当时没有和其他人敬酒，嘴里没有咀嚼食物，认为对方可能愿意接受你的敬酒的时候。如果向同一个人敬酒，应该等身份比自己高的人敬过之后才能向其敬酒。

（3）敬酒顺序。

一般情况下应按年龄大小、职位高低、性别、宾主身份为序，敬酒前一定要充分考虑好敬酒的顺序，分清主次，避免造成尴尬局面。如果难以分清职位、身份高低，就按统一的顺序敬酒，比如先从自己身边按顺时针方向开始敬酒，或是从左到右、从右到左进行敬酒。

（4）敬酒举止要求。

无论是主人还是来宾，如果是在自己的座位上向大家同时敬酒，就要求首先站起身来，面朝大家，面带微笑，手端酒杯到双眼高度。

当主人向大家敬酒、致祝酒词时，所有人应该一律停止用餐或喝酒，端起酒杯站起来，主动“碰”向主人的酒杯。按国际通行的礼仪，敬酒不一定要喝干，但即使平时滴酒不沾的人，也要拿起酒杯抿上一小口儿，以示对主人的尊重。

主人向大家敬酒后，宾客还要按顺序先后一一向主人回敬。回敬时，最好走近主人身旁，右手端着杯子，左手托底，与对方同时干杯。干杯时，要向对方轻碰一下酒杯口儿，但切忌用力过猛。出于敬重，可以使自己的酒杯位置较低于对方酒杯。如果与对方相距较远，可以以酒杯杯底轻碰桌面，表示碰杯。

12．赠花礼仪

鲜花是大自然的精灵，美的化身。五颜六色、千姿百态、香气四溢，让人赏心悦目，心旷神怡。鲜花在人际交往中，被认为是最具有品位和最受欢迎的馈赠礼品。它高雅脱俗，温馨浪漫。通过赠花来表达感情和心意，还需要了解赠送鲜花的礼仪常识。

（1）鲜花寓意（花语）。

鲜花寓意，是指人们借用花卉来表达某种情感、愿望的寓意，也称花语。“人有人言，花有花语”。赠送鲜花，要将花语与人要表达的情感完美地结合，例如：

①玫瑰——求爱，初恋，爱情，爱与美。红色玫瑰：热情，真爱；粉红色玫瑰：初恋，浪漫；白色玫瑰：纯洁。

②康乃馨——母亲，我爱您，健康长寿；表示热情，真情。红色康乃馨：相信你的爱；粉红色康乃馨：亮丽；白色康乃馨：我爱永在，纯洁。

③百合——顺利，心想事成，百年好合，祝福。香水百合：纯洁，文静，婚礼的祝福，高贵；白色百合：庄严，心心相印。

④满天星——关怀，淡泊名利，清纯，高雅（主要用于配花）。

⑤勿忘我——永恒，真挚。

⑥并蒂莲——夫妻恩爱，吉祥如意。

⑦郁金香——爱情，胜利，祝福。红色郁金香：爱的宣言；粉红色郁金香：热恋，幸福；黄色郁金香：珍重，财富；紫色郁金香：忠贞，最爱。

⑧向日葵——光明，忠诚，爱慕，活力。

（2）送花礼仪技巧。

①新春佳节：可选送牡丹花、水仙花、桃花、金橘、吉祥果等，表示吉祥。

②祝贺开业：可选红月季、牡丹、一品红等，表示开业大吉、生意兴隆。

③看望父母：可选康乃馨、百合花、满天星，祝父母百年好合，幸福美满。

④探望病人：可选素净淡雅的马蹄莲、素色苍兰、剑兰、康乃馨表示问候，并祝愿早日康复。

⑤送别朋友：赠一束芍药花，表示依依惜别之情。

⑥迎接亲友：可选紫藤、月季、马蹄莲组成花束，表示热情好客。

⑦祝诞辰：一是祝长辈华诞，可选送长寿花、大丽花、迎春花、兰花等寓意“福如东海，寿比南山”；二是为年长者祝寿，宜送万年青、龟背竹、鹤望兰、寿星橘、寿星桃，以祝贺老人健康，更加长寿。

⑧祝同辈生日：可选石榴花、红月季等，含有青春永驻、前程似锦的祝愿。

⑨乔迁：适合送稳重高贵的花木，如剑兰、玫瑰、盆栽、盆景，表示隆重。

⑩丧事：适合用白玫瑰、黄色菊花、白莲花或素花，象征惋惜怀念之情。

（3）赠花礼仪。

赠送鲜花从形式、色彩和数量上都有礼仪性的讲究。因此，赠花时应该注意以下事项：

①品位最高的是鲜花，其次为绢花。现在人们的生活水平提高了，最好选择鲜花赠送。

②探望病人送花不要选择盆栽的花，以免病人误会久病成根。香味太浓郁的花对手术病人不利，易引起过敏性的咳嗽；颜色太浓艳的花会刺激病人的神经，易激发其烦躁情绪。

③花语的差异性。

印度和欧洲国家，玫瑰和白色百合花，是送死者的虔诚悼念品；日本人讨厌莲花，认为莲花是人亡灵世界的用花；拉丁美洲，千万不能送菊花，人们将菊花看作一种“妖花”，只有人死了才会送一束菊花；巴西，绛紫的花主要是用于葬礼，看望病人时，也不要送那些有浓烈香气的花；墨西哥人和法国人忌讳黄色的花，在法国，黄色的花是不忠诚的表示；与德国、瑞士人交往时，不要送红玫瑰给他们的妻子或普通异性朋友，因为红玫瑰代表爱情，会使他们误会；德国人视郁金香为“无情之花”，送此花给他们代表绝交；在意大利、西班牙、德国、法国、比利时等国，菊花象征着悲哀和痛苦，绝不能作为礼物相送；在俄罗斯、南斯拉夫等国家若送鲜花的话，记住一定要送单数，因双数被视为不吉祥；罗马尼亚人什么颜色的花都喜欢，但一般送花时，送单不送双，只在过生日时例外；百合花在英国人和加拿大人眼中代表着死亡。

④花的数量。

东、西方对数量的理解差异很大，比如，中国讲究好事成双，举行活动往往选择双数，寓意吉祥，成双成对，所以喜庆的日子一般定在偶数日期，送花也要选择双数，但在丧礼上则应送单数，以免“祸不单行”。而西方国家则认为奇数吉祥，所以送花一、三、五、七都可以，只有九不受欢迎，注意避开星期五即可。

在日本、韩国、中国认为 4 不吉利。日本还忌讳 9，认为送给他们 9 枝花，是将其视为强盗，也不能送日本人带 16 瓣的菊花，因为这是日本皇室徽章的标记。

⑤花的色彩。

中国人喜欢红色，认为大吉大利。西方人喜欢白色，认为是纯洁美丽；在中国白色作为哀悼颜色。把红色花送给西方人，则有向对方倾诉爱意之嫌，所以西方人送花时，多以多种颜色的鲜花组成一束赠送，很少送清一色红或黄。

花是美好的象征，以花充当联络情意的使者，能够加速感情沟通，把握好送花礼仪，必将和谐人际关系，增加生活情趣，抒发典雅情感，营造出美丽的心情。

第三节　家庭交往礼仪

家庭不仅是家人吃、穿、住的场所，也是充满情感的温暖港湾。可见，家庭中的每个人以礼相待，和睦相处，家庭就能兴旺发达、幸福永远。

谈及家庭交往礼仪，先引述三条名言：《论语》中说“礼之用，和为贵”。清代吴趼人的《二十年目睹之怪现状》中说：“大凡一家人家过日子，总得要和和气气。从来说‘家和万事兴’。”清代金缨的《格言联璧》“勤俭，治家之本；和顺，齐家之本；谨慎，保家之本；诗书，起家之本；忠孝，传家之本”，“以父母之心为心，天下无不友之兄弟；以祖宗之心为心，天下无不和之族人；以天地之心为心，天下无不爱之民物”。

家庭交往礼仪是家庭成员在一起生活和交往时遵循的言行举止的准则和规范。

一、家庭关系

家庭成员之间相处讲究礼仪，才能营造温馨的家庭气氛，更能提升整个家庭的幸福指数。反之，行为举止随便，礼仪失缺，就容易造成矛盾和摩擦，进而影响相互之间的感情，造成家庭关系的紧张甚至感情破裂。

（一）家庭关系

家庭关系是指基于婚姻、血缘或法律拟制而形成的一定范围的亲属之间的权利和义务关系。家庭关系可以依据主体分为夫妻关系、亲子关系和其他家庭成员之间的关系。

家庭是社会的基本单位，人的社会化起始于家庭，人的文明礼貌的养成，也必然是从家庭开始的。如果家庭在平常生活和交往中重视构建家庭礼仪文化，就会使家庭成员在礼仪文化的熏陶中，成为有教养、懂礼貌、常施礼仪之人。“父子和而家不败，兄弟和而家不分，乡党和而争讼息，夫妇和而家道兴”。

（二）家庭交往礼仪要领

家庭交往礼仪是维持家庭生存、实现幸福的基础，调节家庭成员之间达成和睦、和谐的关系。家庭交往一般体现在吃喝拉撒睡等具体细微的言行举止上。

1．整洁

维护家庭的环境卫生人人有责，每个人都应养成勤劳和卫生的习惯，勤打扫，多收拾，共同营造一个秩序井然、整齐洁净的家。

2．用餐

就餐时要等长辈先入座，并等他们动筷子后，自己再开始用餐，夹菜时不要东挑西拣，吃东西时不发出声响，如果先于长辈结束用餐，离桌时应向长辈言语一声。

3. 客套话

家庭是最具私人性的场合，但这并不改变基本的人性需要，经常对亲人说尊重的、感恩的、关心的客套话，如“谢谢”“辛苦了”“对不起”“别太累了”“早点休息”之类的话，会使亲人感到精神的愉悦和心理上的满足。

4. 晚辈尊敬长辈

晚辈与长辈说话时语气要温和，平心静气地接受长辈的教诲甚至是批评，有事多与长辈沟通，避免长辈无谓的挂念和担心。

5. 长辈尊重晚辈

长辈与晚辈说话时语气要柔和，不轻易冒昧地批评晚辈，遇到事情时多征求晚辈的意见，多关注晚辈的长处并给予表扬和鼓励。

6. 男女平等

男女平等体现在夫妻关系上为是否一方欺负另一方，也体现在长辈是否重男轻女或重女轻男上。实现男女平等才是健康和谐的家庭。

7. 教育有方

教育子女是家长永远学不完的课程。要树立教育子女的新理念，首先了解和尊重子女，然后再帮助子女培养好的生活和学习习惯，培养健康的身体和人格，让子女既成人又成才。

【案例赏析】金牌调解·丈夫的创业不靠谱（观看视频，网址：https：//www.baidu. com/#ie = utf - 8&f = 8&rsv_ bp）

二、接待宾客

荀子曾讲过：“人无礼则不生，事无礼则不成，国无礼则不宁。”随着时代的发展，人们的精神需求日益增长，人人都在寻求一种充满友爱、真诚、互助的温馨和谐的人际往来环境，因此，家庭就是家族人员、亲戚、朋友、同事之间串门走访的场所。

1. 待客

客人到访时，应面带笑容迎接，同时要向客人问好。预先做好准备，整理房间，整饬衣物，备齐用品，提前等候；热情迎接问候，快速让进屋内；先请客人落座，主人后坐下；及时送上饮品，敬茶须用双手端送，放在客人右边；专注交谈，不宜边交谈边做事或一边看电视一边交谈。

2. 陪客进餐

对于宴席上的熟食制品，陪客者要先尝尝。如果尊者给予未吃完的食物，那就要将其放入自己所用的餐具中才可享用。陪长者饮酒，少者酌酒时应起立，离开座席面向长者。长者表示不需这样客气，年少者才能返回入座饮酒。如果长者举杯一饮未尽，少者不得首先饮尽。陪伴年长位尊的人吃饭，少者要先吃几口饭，这被称为“尝饭”。在吃饭的过程中，不能自己先吃饱就停下，必须等年长位尊的人吃饱后才能放下碗筷。

3. 送客

客人要告辞时，主人应不惜表露挽留之意。主人不能先于客人起身，不能走在客人前面为客人开门。客人临别时家中成员都应起身相送或握手告别。最后将客人送至门口或楼下，待客人身影完全消失后才可返回。绝不能客人刚出门就将门重重地关上，这将使客人产生极不舒服的感觉。

送客时，起身相送，一般送到电梯口、楼下或大门口；应挥手致意，目送客人远去。

三、亲戚关系

俗话说：是亲三分近。中国人亲戚观念浓烈。亲戚关系是一个家庭以血缘关系和姻缘关系为中介延伸开去的一个庞大家族关系。每个人都有三亲六戚，与这些亲戚来往是交际生活中的一项重要内容。

亲戚关系和其他关系一样，彼此交往中也有一定的章法可循，能够遵循这些章法行事，彼此的关系就会越来越亲，如果违背了这些章法，亲戚之间就会越来越疏远，甚至产生矛盾纠纷。其章法如下：

（1）自己遇到难处请求亲戚帮助的时候，需要诚实热情，如实道出困难的原委和需要帮忙的方面与程度，作为亲戚会根据自己的能力，伸出救援之手。如果亲戚由于能力所限，没有办成所求之事，切不可恼羞成怒。

（2）亲戚之间存在着多种差异，诸如经济上的、地位上的、文化上的、地域上的、性格上的等。这些差异既可能成为彼此交往的诱因，也可能成为产生矛盾的原因。要树立正确的相处心态和价值观念，切不可嫌贫爱富、攀富结贵，也不可看不得亲戚的发达，从而妒火中烧，远离而去，老死不相往来。

（3）亲戚交往的频繁或稀少，决定了亲戚关系的亲疏。亲戚之间，要学会放下架子，放下身段，释放善意，学会主动“吃亏”，做出放弃行动，相信吃亏就是福，维护稳定、长久、和睦的亲戚关系。

（4）亲戚之间在交往中彼此敬爱，自尊自重，当以情意为中心，逢年过节要相互走动看望，以加深感情，“亲戚亲戚，越走越近，越走越亲”。

（5）经济往来要清楚，不能弄成一笔糊涂账。俗话说得好：“亲兄弟明算账。”亲戚之间的经济往来，一般顾及“面子”，不好意思用一纸合同作为凭据，这就要求彼此都要心里清楚，不存贪便宜心理，及时清理往来经济账。

（6）亲戚之间存在辈分、地位、职务、经济等方面的差异，切忌以此居高临下，发号施令、强人所难，要充分尊重亲戚的意志和尊严。

（7）亲戚之间相互串门走动是加强亲密关系的一条途径，切不可自我感觉良好，肆无忌惮、为所欲为，由着自己的性子来，相处中要把握分寸。不要有不良的行为，如到亲戚家随意翻找物品，想用拿起就用，想吃拿起就吃，不遵守亲戚家的作息时间等。否则，终有一天会给彼此的关系笼罩上一层阴影。

四、登门拜访

拜访是个人日常生活中最常见的与亲朋好友、领导及同事等的交际形式，也是联络感情、增进情谊的一种有效方法。

为客之道就是客随主便，登门拜访的要领是：

（1）无论到被访者家里还是工作单位，都要事前与其联络。在对方同意的情况下，才能确定登门拜访的时间。

（2）确定具体拜访时间，要避开吃饭和休息，尤其是午休和晚休时间。

（3）守时很重要，由于路途遥远、交通阻塞或事务繁忙等因素，必须预留出一定的时间。

（4）到访敲门是一门艺术，要用食指背面敲门，力度适中，间隔有序连敲三下，等待回音。

（5）进门要等主人让座后再落座。根据主人要求，换上拖鞋，存放自己的衣物，如拎包、围巾、大衣等。

（6）交谈态度要友好、热情，应尽快表明来意，不要东拉西扯，不能东张西望，问这问那，要专心专意配合主人，有话就直接告诉主人，以达到拜访的目的。谈话时间不宜过长。

（7）如有礼物相送，一般在刚见面或临告别时比较适宜，送礼时，应落落大方，双手捧着礼品，说上几句问候祝福的话。切忌将礼品悄悄放置犄角旮旯里，有必要时，还应协助受礼者将礼品打开，以表示诚意。

（8）告辞时，对主人及其在场家人的接待表示感谢。出门后，主动请主人“留步”“请回”等，同时向对方发出邀请。

第四节　邻居交往礼仪

俗话说：“远亲不如近邻。”改革开放以来，我国城乡居民的住房条件得到较大的改善。城市家庭，与楼上楼下和左邻右舍的居民为邻；乡村家庭，与街坊邻里和前院后院居民为邻。元代戏曲作家秦简夫的《东堂老》第四折：“岂不闻远亲呵不似我近邻，我怎敢做得个有口偏无信。”意思是“远亲不如近邻”，俗话也说“邻里好，赛金宝”。的确，邻里和睦、频繁交往和融洽相处是每个人的基本素质要求，也是现代社会文明的一种体现。

一、邻居交往礼仪

社会上的人都要与左邻右舍相处，搞好邻里关系，既能增加相互的友谊，又有利于各自的家庭生活。因此，要与邻里和睦相处，形成一种互敬、互信、互助、互让、互谅的新型邻里关系。邻居交往要遵循一定的礼仪规则，把握一定的分寸，正常的邻里关系是“老吾老以及人之老，幼吾幼以及人之幼”。

二、邻居交往要领

（1）相互尊重，以礼相待。平时见面要互相打招呼，点头致意、问候或寒暄几句，给对方温暖和亲近的感觉。

（2）互相关照，当邻居家处于困境或者婚丧嫁娶红白喜事的时候，应主动上前给予关心、支持和帮助。

（3）借用邻居的钱财，要主动留下借据，并及时如数归还；借用邻居的物品，应小心使用，若有损坏，应主动赔偿。

（4）互相体谅，不在背后议论邻居，如有疑难判断和棘手解决的问题，不能相互猜疑；如有误会，要当面解释和澄清事实；要尊重邻居的隐私，不在背后议论和诋毁。

（5）楼上若有衣物掉在楼下，楼下应主动告知楼上居民，或亲自送上楼去；楼上居民搬动桌椅板凳要轻拿轻放，不在屋内来回跑动、大声喧哗。如果一旦行为失当影响到楼下生活，应礼貌地进行道歉。

（6）左邻右舍的家庭娱乐要注意掌握时间，音量不要太大，以免影响邻居休息。应欣然接受左邻右舍的善意提醒，不必采取吵闹等过激行为。

（7）如果家里有事，如装修可能会影响邻居，应事先打招呼，以求得他人的理解和谅解。

（8）要保持环境的整洁。不要乱抛垃圾杂物，在阳台上种花草注意浇水时不要让水滴到楼下；晒衣物，应当注意不让水滴到下面，最好是先在洗衣机里弄干；放在阳台上的杂物、花盆之类的要固定好，以免被大风刮落；不能占据居民区的公用通道、区域；积极参加居民区的公共卫生打扫活动，维护环境整洁与安定团结秩序。

第五节　校园交往礼仪

《论语》中说："不学礼，无以立。"身居高等学府，应为礼仪之人。知书达礼，待人以礼，应当是大学师生的一个基本素养要求。然而，在校园里仍有许多不知礼、不尚礼、不守礼、不施礼的行为，还有许多与礼仪修养、与精神文明建设相背离的非文明现象。

学生是学校工作的主体之一。学生应具有的礼仪常识是学校礼仪教育重要的一部分。学生在课堂上、活动中、与教师相处中都要遵守一定的礼仪。

一、课堂礼仪

遵守课堂纪律是学生最基本的礼貌。

（1）上课。

上课的铃声一响，学生应端坐在教室里，恭候老师上课。学生应当准时到校上课，若因特殊情况，不得已在教师上课后进入教室，应先得到教师允许后，方可进入教室。

（2）听课。

在课堂上，要认真听老师讲解，注意力集中，独立思考，积极与老师互动。发言时，身体要立正，态度要落落大方，声音要清晰响亮。课堂上不应背着老师玩手机、吃东西、睡觉、聊天和做与课堂无关的事情。

（3）下课。

听到下课铃响，但老师还未宣布下课时，学生应当安心听讲，不要忙着收拾书本，或把桌子弄得乒乓作响，这是对老师的不尊重。走出教室不应一窝蜂似的涌成一堆，应秩序井然。

二、服饰仪表

学生穿着基本要求是合体、整洁、适时，不应一味追求时尚，或过于暴露，上课或参加活动时不应穿着拖鞋。

三、尊师礼仪

（1）学生在校园内与老师相遇时，应主动向老师打招呼。

（2）学生进入老师办公室时，应先叩门，经老师允许后方可进入。

（3）在老师的工作、生活场所，不能随便翻动老师的物品。

（4）学生不应在老师背后评头论足，要尊重老师的行为习惯，不应以老师家庭成员为话题进行人身攻击和诋毁老师人格。

四、同学礼仪

同住、同吃、同学、同乐几年，同学来自五湖四海，各自的性格、习惯、心理、经历等都有着巨大的差异，彼此朝夕相处更需讲究礼仪，这是获得良好人际关系的基本要求。

（1）不能用“喂”“哎”等不礼貌用语称呼同学。

（2）当有求于同学帮助和支持时，须用“请”“谢谢”“麻烦你”等礼貌用语。

（3）借用日常物品时，应先征得同意后再用，用后应及时归还，并答谢。

（4）当同学遭遇不幸、挫折、失败、失意时，应该给予热情的帮助，而不应冷漠、嘲笑、歧视或暗喜。

（5）要尊重同学，不应对同学的相貌、体态、衣着等评头论足，不能给同学起带侮辱性的绰号，更不能嘲笑同学的生理缺陷。

五、活动礼仪

学校活动一般在操场或礼堂举行，如召开大会、举办庆典等，由于参加者人数众多，又是正规场合，因此要格外注意其中的礼仪。切忌迟到早退，神情嘻嘻哈哈，眼神东张西望，要保持严肃，凝神静心，顺利完成活动任务。

六、学校公共场所礼仪

学校的公共场所很多，如图书馆、阅览室、食堂、大礼堂、操场、广场、教室、楼道等。

（1）树立良好的公共环境意识，自觉保持环境整洁，不乱扔纸屑、果皮，不随地吐痰，不乱倒垃圾。

（2）处于吃饭、借书、开会等活动排队时，要遵守先来后到的秩序。

（3）要爱护公共财物、花草树木，爱护教学设备和设施，不乱涂、乱画、乱抹、乱刻。

（4）要自觉节约资源，如节约用水、用电和爱惜粮食。

学生还没有经历社会化过程，但也要尝试学会在各种场合与各类人打交道，除在校园内遵守礼仪外，在其他各种场合，学生也要掌握“十会”：会打招呼、会致意、会问候、会微笑、会鼓掌、会道歉、会道别、会谦逊、会道谢、会礼让。

第六节 节日交往礼仪

我国是一个历史悠久的文明古国。漫长的历史发展，在各民族人民的共同生活中，逐渐形成了一些约定俗成的、稳定的、独具特色的传统节日，并得到华夏子孙的世代相传。我国的传统节日与其风俗有着密切的关系，节日礼仪与风俗特色一脉相承。我国人民非常看重传统节日的交往，那么，交往必须遵守一定的节日礼仪。以下主要介绍春节、元宵节、清明节、端午节、中秋节的礼仪。

一、春节

春节是我国各族人民重视的盛大的团圆节日，在几千年的文明历史演变过程中，形成了许多极富生活情趣和健康意义的风俗习惯和例行实施的礼仪活动。

最隆重的是春节拜年的礼俗。

（1）赠送年礼。

中国人自古讲究礼尚往来。每到新春佳节，人们就相互赠送年礼，诸如：名土特产、花卉盆栽、高档烟酒、烟花爆竹、山珍野味、名牌产品等。

（2）拜年礼仪。

在民间的大年初一早上，男女老少都穿上漂亮衣服开始拜年。通常，先在家中拜长辈，辈分依次从高到低：祖父祖母、父亲母亲、伯伯伯母、叔叔婶婶，然后拜本姓家族中的长辈。年初二至正月十五之间均是走访亲友的好日子。拜年仪式各地不一，有的用双膝下跪，行叩首礼；有的行鞠躬礼；有的施“拱手礼”；有的行“握手礼”；有的用问好的方式，如“二叔过年好！”采用上述哪种拜年仪式，要看血亲的远近、辈分的高低、关系的亲疏等。

（3）“压岁钱”。

压岁钱有两种，由长辈给予晚辈的，表示压岁（压祟）；另一种是晚辈给年纪较长的老人的，这个压岁钱的“岁”指的是年岁，意在期盼老人长寿百岁。

我国的机关团体、企事业单位，春节期间也会举办各种春节团拜活动，领导和员工互致新春祝福。

近些年来，随着电子信息技术的发展，人们有的采用了打电话、发短信、发电子邮件或微信的方式进行拜年。

二、元宵节

农历正月十五是我国传统的元宵节，也称花灯节。因为是一年中的第一个月圆之夜，又与春节相连，因此备受人们重视。这一天，家家吃元宵、吃饺子，祝福团圆，年年登高。

元宵节的民间风俗是观花灯、闹花火、扭秧歌、舞龙灯、耍狮子、踩高跷、跑旱船、唱大戏等。正月十五之夜，城镇街市到处火树银花，彩灯高悬。人们制造出各种各样、五颜六色的花灯和焰火，悬挂各种灯谜。

赠送节礼：很多地方，人们喜欢互赠元宵，寓意为团圆美满，阖家幸福。同时，人们亲切握手，互致问候和祝福。

三、清明节

清明节，主要是祭扫祖墓，整修坟墓四周，在墓前植树以示保护，并以此作为标志。

祭祀礼仪：各地风俗不同，在逝者墓前，有的亮烛、点香；有的焚烧冥币、斟酒；有的宣读祭词；有的诵经、祈祷，无论采用哪种方式，最终亲人们都会在逝者墓前肃穆地施以双膝跪拜叩首礼或者行鞠躬礼。

新中国成立后，每逢清明节，人们除了祭祖外，单位还会组织祭扫烈士陵园，缅怀革命先烈。

四、端午节

每年农历五月初五是我国传统的端午节，又名端阳节。这天是我国古代爱国主义诗人屈原投江殉国的日子，因而端午节便和纪念屈原的活动紧密联系在一起了。由于地域广大，民族众多，加上许多故事传说，于是不仅产生了众多相异的节名，而且各地也有着不尽相同的习俗。其内容主要有：女儿回娘家，挂钟馗像，迎鬼船、躲午，贴午叶符，悬挂菖蒲、艾草，游百病，佩香囊，备牲醴，赛龙舟，比武，击球，荡秋千，饮用雄黄酒、菖蒲酒，吃五毒饼、咸蛋、粽子和时令鲜果等。普及最广的是包粽子，吃粽子。

粽子不仅形状很多，有三角形的、四角形的、长方形的、扁长形的等，品种也各异，而且各地的风味也有甜和咸的。甜味有白水粽、赤豆粽、蚕豆粽、枣子粽、玫瑰粽、瓜仁粽、豆沙猪油粽、枣泥猪油粽等；咸味有猪肉粽、火腿粽、香肠粽、虾仁粽、肉丁粽等，但以猪肉粽居多。另外还有南国风味的什锦粽、豆蓉粽、冬菇粽等，还有一头甜一头咸、一粽两味的“双拼粽”。

端午礼仪：人们喜欢包粽子，买粽子，吃粽子，相互赠送粽子。现代人要学会取其精华，去其糟粕，与时俱进。首先要了解接受者是否喜欢，喜欢哪种，然后才能施之以礼，否则，送礼不当会给对方增加负担。赠送粽子当然要讲究适度包装，包装体现相应的文化内涵。端午节购买粽子时，一定要关注保质期和内在品质。名不见经传的品牌或者马上就要过期的粽子会让人反感和厌恶，反而达不到交往的目的。另外一种情况是自己家制作的绿色食品，如果粽子是自己家包的，适宜送给至亲和关系密切的亲友，反而更容易拉近关系。

五、中秋节

中秋节即农历的八月十五。这一天正值秋分前后，昼夜一样长，加之秋高气爽，故中秋之夜的月亮最圆最亮，人们很自然地形成了中秋赏月的习惯。

又由于中秋正值秋收的黄金季节，明亮的圆月又象征团圆，人们便赋予它吉祥、美好的含义，阖家团圆，饮酒赏月，吟诗作画，共度佳节。

中秋礼仪：中秋节，人们阖家团圆，饮酒赏月的同时，还要吃月饼。月饼象征着阖家团聚和欢乐，所以，月饼也被称作“团圆饼”。寄托着人们的美好愿望。因此，中秋节前家庭至亲、左邻右舍、亲朋好友之间互相串门，大兴赠送月饼之风。赠送月饼礼仪为：一是月饼的包装要精美，包装的外观具备高雅的情调，显现出赠礼人的文化品位，能引起受礼人的兴趣和被尊重的感觉，从而令双方交往愉快。否则会使礼品价值大打折扣。二是选择赠礼场合，送礼不宜在公开场合进行，而应在私下进行。三是赠礼时间，节日礼品一定要在节日前赠送，如果节后赠送会让人感觉被藐视。

第七节　公共场所交往礼仪

每个人除了大部分时间充当家庭和职场角色之外，还在公共场所充当公众角色，诸如在影剧院、图书馆、交通工具、旅游景点、医院、超市等各种场所都有应该遵守的礼仪。

一、特定公共场所礼仪

（一）影剧院

进入影剧院遵守的要领是：

（1）作为一名观众，应提前几分钟入座。

（2）如果自己的座位在中间，应当有礼貌地向已经就座者示意，请他们方便一下让自己通过。通过他们前面时要与之面对面通过，切勿让自己的臀部正对着人家的脸，否则失礼自不必说。

（3）衣着整洁，即使天气炎热，袒胸露背都是不雅的行为。

（4）不可大呼小叫，笑语喧哗，不可大声接打电话。

（5）不可在影剧院大吃大喝，乱扔瓜果籽皮、纸屑。

（6）演出结束，观众退场时，应有秩序地排队离开，不要拥挤推搡。

（二）图书馆、阅览室

进入图书馆、阅览室遵守的要领是：

（1）要注意衣装整洁，不能穿着袒胸露背的衣服。

（2）不得光脚穿着拖鞋入内。

（3）就座时，不要为别人预占位置。

（4）查阅资料时，不可将资料撕坏，或用笔在上面涂抹画线，更不可偷窃其中的资料。

（5）要保持安静，走动时脚步要轻，不要高声谈话，不要吃会发出声音或带有果皮的食物。

二、乘交通工具礼仪

（一）骑自行车

（1）不要在机动车流中穿行，不要在人行道或盲道上骑行，不要将自行车乱停乱放。

（2）骑行不要过快，遵守绿灯行、红灯停的交通规则，骑车时不撑雨伞，不互相追逐或曲折竞驶，不骑车带人。

（3）遇到老弱病残或动作迟缓者，要主动绕开，一旦老弱病残者挡住前行路线，要给予谅解，主动礼让。

（二）乘火车、轮船

（1）在候车室、候船室里，要保持安静，不要大声喊叫，不与陌生人进行经济交往。

（2）上车、登船时要依次排队，不要乱挤乱撞。

（3）在车厢、轮船里，不要随地吐痰，不要乱丢纸屑果皮，也不要让自己的小孩随地大小便。

（三）乘公共汽车

（1）车到站时应依次排队，对妇女、儿童、老年人及病残者要照顾让其先上。

（2）上车后不要抢占座位，更不要把物品放到座位上替别人占座。

（3）遇到老弱病残孕及怀抱婴儿的乘客应主动让座。

（四）乘飞机

（1）乘机前的礼仪。

按机场要求时间提前到达机场等候；行李重量不要超重；乘坐飞机前要及时领取登记卡，确保证件齐全；不要违规携带非安全品上机，不要拒绝安全检查；候机厅内吸烟要到专门吸烟区；不要因飞机延误而大吵大闹；在前往登机口的途中，乘坐扶梯时，要单排靠右站立，将左侧留给需要急行的人；上下飞机时，作为乘客应礼貌地点头致意回应乘务员的热情问候。

（2）乘机时的礼仪。

要根据飞机上座位的标号按秩序对号入座；找到自己的座位后，要将随身携带的物品放在座位头顶的行李箱内，较贵重的东西放在座位下面，自己管好，不要在过道上停留太久；飞机起飞前，专心看乘务员示范表演如何使用氧气面具和救生器具；当飞机起飞和降落时，要系好安全带；不使用移动电话、AM/PM 收音机、便携式电脑、游戏机等电子设备；飞机起飞后，不要隔着座位大声说话；不宜谈论有关劫机、撞机、坠机一类的不幸事件；也不要对飞机的性能开玩笑；调整靠背角度时应考虑前后座人的感受；不要跷起二郎腿摇摆颤动；用餐时要将座椅复原，吃东西要轻声慢嚼；喝饮料小心不要洒落；脱鞋休息不要失礼和不能因为脱鞋而“污染”空气味道；要保持洗手间卫生，如若呕吐，尽量吐在清洁袋内，严重时可求得乘务员的帮助。

三、旅游观光礼仪

（一）游览观光

（1）应爱护旅游观光地区的公共财物。对公共建筑、设施和文物古迹，甚至花草树木，都不能随意破坏；

（2）不能在柱、墙、碑等建筑物上乱写、乱画、乱刻。

（3）不要随地吐痰、随地大小便、污染环境；不要乱扔果皮纸屑、杂物。

（二）宾馆住宿

（1）旅客在任何宾馆居住都不要在房间里大声喧哗，以免影响其他客人。

（2）对服务员要以礼相待，对他们所提供的服务表示感谢。

（3）不要让访客留宿，不接待普通关系的异性客人。

（三）饭店进餐

（1）尊重服务员的劳动，对服务员应谦和有礼，当服务员忙不过来时，应耐心等待，不可敲击桌碗或喊叫。

（2）对于服务员工作上的失误，要善意提出，不可冷言冷语、讽刺挖苦和谩骂。

（3）进餐时交谈要降低语调，保持谈话的私密性。

四、舞会礼仪

参加舞会，舞场上均须检点个人的仪容仪表，注意自己言行举止的临场表现，时时处处地遵守舞会的礼仪规范。

（一）仪容

参加舞会前应该进行沐浴，梳理适当的发型，注意个人口腔卫生，认真清除口臭，并禁食气味刺激的食物，男士务必剃须，女士如穿短袖或无袖装时须剃去腋毛，外伤患者、感冒患者以及其他传染病患者，应自觉地不要参加舞会。

（二）仪表

1．化妆

参加舞会前，要进行适度的化妆。男士化妆的重点，通常是美发、护肤、祛味。女士化妆的重点则是美容面部、美发和美甲。

2．服装

舞会的着装必须干净、整齐、美观、大方。男士参加正式舞会的传统着装是白色领结和大燕尾服或小燕尾服。但一般舞会不必拘于此，只要简洁大方，干净平整，颜色沉稳，上衣与裤子、衣服与鞋袜搭配就可以了。女士参加正式舞会的着装应是长款裙，白色衣裙最佳，如穿着无袖或无肩带的裙子，可戴长手套。

（三）跳舞

1．邀人

请舞伴时，最好是邀请异性。通常讲究由男士去邀请女士，不过女士可以拒绝。另外，女士亦可邀请男士，然而男士却一般不能拒绝。较为正式的舞会上，尤其是在涉外舞会上，同性之人切勿相邀共舞。舞会上的头一支舞曲，一般讲究由男士邀请与自己一同前来的女士共舞。

2．方法

邀请他人跳舞，应当力求文明、大方、自然，并且注意讲究礼貌。一般来说，邀请舞伴时，有两种具体办法可行。其一是直接法，即自己主动上前邀请舞伴，先向被邀请者的同伴含笑致意，然后再彬彬有礼地询问被邀请者：“能否有幸请您跳一支舞?”其二是间接法，即自觉直接相邀不便，或者把握不是很大时，可以托请与彼此相熟的人士代为引见介绍，牵线搭桥。

3．选择

舞会自行选择舞伴时，亦有规范可循。一般说来，以下八类对象，是自选舞伴之时最理智的选择。

第一类，年龄相仿之人。年龄相似的话，一般更容易进行合作。

第二类，身高相当之人。如果双方身高差距过大，未免会令人感到尴尬难堪。

第三类，气质相同之人。邀气质、秉性相近的人一同共舞，往往容易看对眼，相互间产生好感，从而和谐共舞。

第四类，舞技相近之人。在舞场，“舞艺”相近者“棋逢对手”，相得益彰，有助于更好地发挥技艺，产生快感与满足。

第五类，少人邀请之人。邀请较少有人邀请之人，既是对其表示的一种重视，也不易遭到回绝。

第六类，未带舞伴之人。邀请未带舞伴的人共舞，成功机会往往是较大的。

第七类，希望结识之人。想结识某人的话，不妨找机会邀对方或其同伴共舞一曲，以舞为“桥”，接近对方。

第八类，打算联络之人。在舞会上碰上久未谋面的旧交，最好请其或其同伴跳一支曲子，以便有所联络。

除以上几种情况之外，在舞会上倘若发现有人遇上异性的纠缠骚扰，最得体的做法，是应当挺身而出，主动邀请被纠缠者跳一支曲子，以便“救人于水火之中”。

4．顺序

就主人方面而言，自舞会上的第二支舞曲开始，男主人应当前去邀请男主宾的女伴跳舞，而男主宾则应回请女主人共舞。接下来，男主人还须依次邀请在礼宾序列上排位第二、第三的男士的女伴各跳一支舞曲，而那些被男主人依照礼宾序列相邀共舞的女士的男伴，则应同时回请女主人共舞。就来宾方面而言，有下列一些女士，是男宾应当依礼相邀，共舞一曲的。她们主要包括：一是舞会的女主人；二是被介绍相识的女士；三是碰上的旧交的女伴；四是坐在自己身旁的女士。

以上女士若被男宾相邀后，与其同来的男伴最好回请该男宾的女伴跳上一曲。

5. 拒绝

（1）态度。

在拒绝他人邀舞的请求时，态度要友好、自然，表现要彬彬有礼。不要让对方“晾”在一旁下不了台，或者对其视而不见，置若罔闻。口头拒绝对方时，最好起身相告具体原因，并且勿忘向对方致歉，对其说上一声：“实在对不起”，或是“抱歉之至”。被人拒绝后，要有自知之明，有台阶就下。千万不要自找没趣，赖着不走，胡搅蛮缠。拒绝一个人的邀请之后，不要马上接受他人的邀请，尤其是不要当着前者的面，堂而皇之地这样做。否则，会被前者视为是对其的侮辱。

（2）托词。

拒绝他人时，语言不宜僵硬、粗鲁，不宜说“你谁呀”“一边待着去”“请别来烦我”“也不看看自己算老几”等。通常，拒绝别人，应在说明原因时，使用委婉、暗示的托词。对此，拒绝者要会讲，被拒绝者则要善于“听话听音”，知难而退。例如托词：“已经有人邀请我了”，“我累了，想休息一会儿”，“我不会跳这种舞”，“我不喜欢跳这种舞’，“我不熟悉这首舞曲”，“我不喜欢这首舞曲”。

（四）舞姿

1. 标准

在舞场上跳舞，按规范步入舞池时，须女先男后，由女士选择跳舞的具体方位。而在跳舞的具体过程中进行合作时，则应由男士带领在先，女士配合于后。每个人在跳舞时，身体都应保持平衡，步法切勿零碎、杂乱。跳舞时所有人的行动方向，都必须按照逆时针方向进行。在一般情况下，男士应当将自己所请的女士送回其原来的休息之处，道谢告别之后，才能再去邀请其他女士。

2. 文明礼貌

在舞场上跳舞时，每个人的舞姿均应符合文明规范。跳舞时的具体动作，要与届时演奏的舞曲协调一致。在跳舞之时，要注意与另外的跳舞之人保持适当的距离，以防相互影响。万一不慎碰撞或踩踏了别人，应当自觉地向对方道歉。若系他人因此而向自己道歉，则须大度地向对方表示“没关系”。不论自己与舞伴是何种关系，两个人在一起合作跳舞时，除必要的以手相互持握外，身体的其他部位都要保持大约一拳的间隔。男士不能借机对女士又拉又抱，女士则不宜主动贴向男士，除交谈之外，在跳舞时切勿长时间地紧盯舞伴的双眼。万一碰到了对方身体的其他部位，应立即为自己的不慎向对方说一声“对不起”。

3. 交际

（1）叙旧。

在舞会碰上了老朋友、老关系，除了要争取邀请对方或其同伴共舞一曲之外，还要尽量抽时间找对方叙上一叙，致以必要的问候，并且传递适当的信息。

（2）交友。

在舞会上结交新朋友，通常有三种方法可行：主动把自己介绍给对方；请主人或其他与双方熟悉的人士代为介绍；通过邀请舞伴的方式直接或间接地认识对方。

与互不相识的舞伴跳舞时，可略作交谈。其内容以称道对方的舞技、表扬乐队的演奏等为佳。有时，也可以进行简短的自我介绍。交谊舞广泛流行于世界各国，它既体现着人们的活力、青春和朝气，又是一种很好的社交方式，能起到促进友谊和联络感情的积极作用。因此，一个注意社交的人，交谊舞是一门不可缺少的“必修课”。所以交谊舞也像其他社交活动一样，存在着自己的规则，包括礼仪规则，既然是规则，那对于男女都一样有效，这种规则之所以存在是为了对舞伴的尊敬。

（五）舞会礼仪注意事项

男女即使彼此互不相识，但只要参加了舞会，都可以互相邀请。通常由男方主动去邀请女方共舞，但男士也要认真观察她是否已有男友伴舞，如有，一般不宜前去邀请，以免发生误解。

男士邀请女士跳舞时，如果遇到女士的先生在身旁时，应该首先征询其先生的意思，征得其同意后方可向女士发出邀请的言行。

邀舞时，男方应步履庄重地走到女方面前，弯腰鞠躬，同时轻声微笑说：“想请您跳个舞，可以吗?”弯腰以15度左右为宜，不然会显得不雅。

一般情况下，两名女性可以同舞，但两名男性却不能同舞。在欧美，两名女性同舞，是宣告她们在现场没有男伴；两名男性同舞，则意味着他们不愿向在场的女伴邀舞，这是对女性的不尊重，也是很不礼貌的。

如果是女方邀请男伴，男伴一般不应拒绝。音乐结束后，男伴应将女伴送到其原来的座位，待其落座后，说一声：“谢谢，再会!”然后方可离去。切忌在跳完舞后，不予理睬。

有时当两位男士不约而同去邀请同一女士共舞时，男士请勿自打退堂鼓，互相推让，那可能会令女士感到不悦，这时较理想的做法是，让女士自己选择这支曲与谁共舞，而有风度的女士应该把下一支曲保留给另一位男士。

男士陪着女士跳舞时，双方的动作要大方得体，相对而立，摆好握持舞姿，两人之间要保持大约一拳半的距离，避免引起对方的反感。男士切忌不能把女士拉得太近，左手也不能握得太紧。两人间距太近，容易引起女士误认为是存心搂抱，有“非礼”之嫌，这点要特别注意。

跳舞时，一般由男士带领女士跳舞，女士应密切配合。男士应带领舞伴按逆时针方向绕行，而不要在舞场中横冲直撞。

跳舞时，男士不要询问女士芳名和了解对方在何单位工作，忌讳说三道四，问长问短。暂时不想跳，可以到场外走走。跳舞时不能东张西望，要专心、集中精神跳好舞。一首舞曲结束后，随即向女伴致谢，然后退出舞池。

男士邀舞时，女士不能不理不睬，更不能矫揉造作，这是不文明、不懂礼貌的表现。

若不想跳，也应微笑并申述理由。男士应有绅士风度，以示理解，面部不能露出不愉快的表情，更不能恶语相向。女士拒绝了男士的邀舞之后，不能马上接受另一个男士的邀请。

休息时，不能争抢座位，在发现有女士站着时，男士应主动给没有座位的女士让座，以示风度。

舞会前不要吃蒜、韭菜等带刺激性气味的食品，也不要喝酒或大量吸烟，最好漱一下口，或嚼几片口香糖，否则满口异味会使你的舞伴受不了的。

女士应穿裙子参加舞会，正规舞会应穿着裙摆较大、长及脚踝的裙子，化晚妆，轻轻喷一点香水，穿上高跟鞋，头发应该挽起。

男士则应该穿着衬衫和西裤，在学校舞厅牛仔裤亦可，但切记要把衬衫下摆放在裤子里，任何时候必须穿长裤参加舞会，否则不礼貌，把头发梳理整齐，胡子刮干净，皮鞋擦亮。

【案例赏析】

不看僧面看佛面

北交会主办方举办了一场大型舞会，广南新亚机械有限公司副经理刘林瞄准了他的营销对象——河北红星矿山机械设备有限公司王琦总经理的夫人，刘林彬彬有礼地走到夫人面前，微笑着弯下90度的腰，毕恭毕敬地向夫人说道："我可以请您跳舞吗？"夫人扭头望了一下身边的先生王琦，王琦似乎听而不闻，夫人停顿片刻婉拒道："不好意思，我身体不大舒服……"刘林扫兴而去。

大概不到一刻钟，又来了一位自称为"小吴"的先生，他姿态端庄，面带微笑，落落大方地走到王琦总经理夫人面前说："夫人，您好！"然后又转向夫人的丈夫——王经理，温文尔雅地问道："先生，您好！我可以邀请您的夫人跳支舞吗？"王琦微笑着看了看夫人说："你请便吧。"

随后小吴先生身体转向夫人，同时伸出右手掌心向上，说道："我可以请您跳舞吗？"夫人愉快地起身，双双共同步入舞池……

第八节　职场交往礼仪

职场即职业场所。职场交往指人们一旦就业，就会加入某一特定的职业群体和场所，成为其中的一员，并因工作关系必定同其他成员建立起的相应的交往关系。一位人力资源专家说："职场是什么？职场就是'我'是谁、做什么、怎么做、做最好。"人是社会的人，人都在具体的职业场所中从事某种职业。无论你在什么职场上工作，都免不了与方方面面的人进行交往，与人交往就必须讲究礼仪，交往还要分清与什么人交往，对不同的人就要施以不同的礼仪。

一、工作关系礼仪

俗话说：事好做，人难做。职场上的人际关系错综复杂，人际交往涉及上下左右，方方面面，需要很高的技术含量，交往礼仪也千差万别。重要的是要妥善运用职场交往礼仪，让各种关系资源为己所用。

（一）与组织的关系

与组织的关系是互利关系，也是锅与碗的关系、大河与小溪的关系，因此必须树立真正的主人翁意识，强烈的大局意识、责任意识和忧患意识，认真做事，用心工作。

（二）与组织领导的关系

与领导的关系是上下级关系，也是绝对服从的关系，要听从领导的工作安排，尽职尽责，养成扎实的工作品质，按照领导的意图完成工作的质量目标。

（三）与所在岗位部门的关系

所在岗位部门是个人的坚强后盾，服从和支持所在岗位部门的工作分配，扮演好个人的岗位角色，服从而不盲从，智慧地处理问题，如发现不合理、不正确之处，要及时与岗位部门负责人沟通协调，保持良好的互动。

（四）与同事的关系

与同事的关系是情同手足的兄弟姐妹关系，你中有我，我中有你，大家在工作中相互支持和配合，缺失哪一个都将影响到工作的完成。要学会欣赏同事，经常站在同事的立场上思考和处理问题，在与同事频繁的交往中，做到分工而不分家，到位而不越位，尊重而不依赖，汇报而不告状，沟通而不絮叨，包容而不苛求。

（五）与下属的关系

与下属的关系是鱼水关系，下属的全力支持才有“上司”的存在。要学会人心换人心，要关心爱护下属，下属有求于自己时，作为部门领导责无旁贷，应立刻挺身而出，切实解决他们的工作、生活和思想上的问题，作为部门领导要做下属职业生涯中的伯乐和引领者。

（六）与竞争对手的关系

与竞争对手的关系，表面上看是竞争，其实也是“同盟”关系。没有竞争，就不知奋进；没有竞争，就没有战略谋划；没有竞争，就没有发展强大。因此，从某一角度上讲，竞争对手才是自己的盟友与合作伙伴。从发展的眼光看，今天的竞争对手，明天可能成为自己的盟友与合作伙伴。

二、面试礼仪

面试是求职永远无法代替的一种“被考核”形式，因为在人与人的交流互动中，面见、面谈是最有效的，面试官与面试者可以进行语言交流、眼神交流，面试者的气质、形象、身体语言比较直观。因此，面试者充分掌握面试礼仪细节，是迈向理想职场工作的重要第一环节。

求职面试基本礼仪如下：

（一）外在形象

面试官从面试者的外在形象获得第一印象。第一次见面，面试官往往以自己的经验和阅历，凭着面试者的外在形象来判断面试者的身份、学识、个性、气质、品质、素养等，并形成一种特殊的心理定式，这种心理定式再加上个人的情绪定式就定格在“第一印象”。

外在形象往往比一个人的规范的简历、介绍信、文凭等的作用更直接，更能产生直觉的效果。据哈佛大学有关专家的研究表明，与陌生人交往一般在 7 ~ 30 秒就会将外表不合格的人淘汰掉，当然，最初 30 秒内的第一印象将决定面试官是否录用这位面试者。

外在形象包括很多礼仪细节：浑身要充满精气神，仪容要整洁，发型要适宜，言谈举止要大方文雅，服饰要得体等。

（二）见面礼仪

面试中的见面礼仪是面试礼仪中至关重要的一点，面试者在面试时给面试官行一个标准的见面礼，会给面试官留下很深刻的印象，直接体现出施礼者良好的修养。

标准的见面礼，一般采用鞠躬的方式，正确的鞠躬方式在于，先问好再鞠躬，让面试官看到面试者完整的礼仪细节。

（三）入场礼仪

入场—问好—鞠躬，鞠躬幅度以 15 度为宜，以臀部为轴心，头、脖颈、腰要一起俯下，呈直板状。

男士双手要自然垂下放在裤缝处，鞠躬时不得移动；女士要双手握住放在前面呈鞠躬姿态。无论如何，致谢的状态一定要自然、稳重、愉悦。

（四）应答礼仪

求职面试的核心内容就是应答，面试者必须对自己的谈吐加以认真的把握。应答过程中，要注意礼节，务必要使自己的谈吐表现得文明礼貌。

（1）注意用语的礼貌，切忌出现不文明的语句，称对方公司时要加尊称“贵”，比如“贵公司”。“请”“谢谢”等礼貌用语要常挂在嘴边，少说或不说口头禅，更不能出言不逊，贬低他人。

（2）回答问题时，问什么答什么，问多少答多少，切忌问少答多或问多答少。答不出来要礼貌地直言告知面试官，不可向面试官使眼色。

（3）注意把握谈话的重点，思路要清晰，不要跑题，说普通话，语言连贯，内容简洁。

（五）言谈举止

言谈举止，是指人的言语、举动和行为。它体现在人与人交往中的谈吐、姿态和风度上，它是人们在外观上可以明显地被觉察到的言语交流、动作、活动，以及在言语交流、动作、活动之中身体各部位所呈现出的姿态，包括人的站姿、坐姿、走姿、面部表情等。

面试时，言谈举止要得体。得体是要求面试者的言谈与行为动作要符合身份，适合场合，说话有礼貌，讲究分寸，声调温和，语速适中，恰如其分地传达出面试者的心理状态和思想情感。有专家认为，人际交往中，约有 80% 的信息是借助于行为举止这种无声的“第二语言”来传达的。面试时，行为举止要自然、大方、文明、优雅。立要直，坐要正，走姿要文雅、端正、庄重、稳健。

表现出的言谈举止是人的修养的表现，人们的举手投足都在不知不觉中传递着信息。

（六）告别礼仪

面试时，要特别注意对方结束面谈的明示或暗示，适时停止回答并礼貌告辞，可与面试官握手并致谢，轻轻起立并将座椅轻手推至原位置。

若面试官当场表态可以接受你，即本次面试成功，当然要向面试官表示谢意，并表示今后将努力工作；若面试官没有当场表态，说明面试官还要进一步研究考查，当然不要急于逼迫对方表态；若面试官明确表态本次面试没有成功，当然也不要做出过激言语行为。按照国际惯例，面试 24 小时之内最好给招聘方打个电话或写电子邮件再次表示谢意。这不仅是礼貌之举，还可以增加被录取的机会。

当面试官宣布面试结束后，面试者还要在退场时行告别鞠躬礼：退后一步—致谢—鞠躬，鞠躬幅度以 30 度为宜，以臀部为轴心，头、脖颈、腰要一起俯下，呈直板状。

三、公务礼仪

如今，在社会组织中，公务礼仪显得尤为重要，公务礼仪涉及组织对外工作的方方面面。因此，做好公务礼仪是展示组织良好形象的重要工作和任务。

公务礼仪也称行政礼仪或办公礼仪，是指社会组织的工作人员，在公务、工作活动中，为塑造个人和组织的良好形象而应当遵循的敬人、律己的规范和程序。组织中常见的公务活动有日常接待礼仪、会议活动礼仪、宴会礼仪等。

（一）接待礼仪

接待是各种组织工作的重要环节，接待工作水平高低能够集中反映一个组织的整体形象，同时对于推动工作开展也具有十分重要的作用。

接待工作中的迎接客人、引见客人、送别客人等环节的礼仪非常重要。

1. 迎接环节

（1）一是要做好接待的心理准备，“进门即是客”，无论来客找谁，或者以前由谁接待，只要客人进入你的办公室，都应热情与客人打招呼，不应将客人晾在一边。二是形象准备，仪容仪表、着装、修饰要大方得体，保持良好的职业形象；行为举止方面，要端庄优雅，礼貌热情，体现出组织的形象。三是环境准备，接待场所要清洁、雅致，会客厅、前台可以摆放花束和绿色植物，走廊楼梯要干净、无异味，接待室茶具、座椅等要干净，物品要整齐；接待室要有足够的座椅、茶具、茶叶、饮料等。

（2）事先确定好接待规格，视情况而定高格接待、低格接待，还是对等接待。要说明的是接待规格过高，影响主要领导的正常工作；接待规格过低，损伤彼此的关系。所以，确定接待规格时应慎重全面考虑，错用低规格接待是严重的失礼行为。

（3）迎接客人，是交往接待活动中最重要环节，是表达情谊、体现礼貌素养的重要方面。对前来访问、洽谈业务、参加会议的外国、外地客人，应先了解对方到达的车次、航班，安排与客人身份、职务相当的人员前去迎接。

接待人员到车站、机场迎接客人，应提前15分钟到达恭候客人。对初次来访互不相识的客人，可事先做一块写有客人姓名的牌子，以便相认。

接到客人后，应首先问候“一路辛苦了”“欢迎您来到我们公司”等，并与客人亲切握手。如果需要，可以视与客人的关系，送上鲜花。

握手时要注视对方的眼睛，力度要适中，握手时间一般两三秒钟为宜，男士与女士握手，时间应较短。一个人与多人握手时应遵守先高后低，先长后幼，先主后宾，先女后男的原则。多人同时握手时不要交叉，待别人握完后再伸手，也不可同时伸出双手与两人握手。握手的同时向对方作自我介绍，若为他人介绍，则要首先确定被介绍的双方哪一方更应该被尊重，要先让被尊重的一方了解对方的情况，即把职位低者、年轻人、男士、来访者介绍给职位高者、年长者、女士、受访者。如果把一个人介绍给多人时，首先应该向大家介绍这个人，然后再把众人逐个介绍给此人。

交换名片的礼仪：当与长者、尊者交换名片时，可双手递上，身体微微前倾，以齐胸的高度递上，并说一句“请多关照”。一般来说，来访者、男性、身份低者在交换名片时应使自己的名片低于对方的，以示尊重。若想得到对方的名片，可以用请求的口吻说：“如果您方便的话，能否留张名片给我?”双手接过名片后，眼睛注视着名片，认真看对方的姓名、身份，也可轻轻读出名片上的内容，然后将名片放入名片夹中。

乘车接回客人：接待人员让客人先上，自己后上；主动打开车门，先开右门，以手示意并用手扶住门框，以防碰到客人的头，待客人坐稳后再关门，关门时切忌用力过猛；乘车座位很讲究，按照国际惯例，乘坐轿车的座次安排的常规是：右高左低，后高前低。具体而言，轿车座次的尊卑自高而低是：后排右位、后排左位、前排右位、前排左位。

如果是小轿车，说明接到的是重要嘉宾，分清座次“尊卑”礼仪是必需的。以下就两种小轿车的座次详作介绍。

就双排五座轿车而言，由主人亲自驾驶时，座位顺序应当依次是：副驾驶座、后排右座、后排左座、后排中座。由专职司机驾驶时，座位顺序应当依次是：后排右座、后排左座、后排中座、副驾驶座。

就三排七座轿车而言，由主人亲自驾驶时，座位顺序应当依次是：副驾驶座、后排右座、后排左座、后排中座、中排右座、中排左座。由专职司机驾驶时，座位顺序应当依次是：后排右座、后排左座、后排中座、中排右座、中排左座、副驾驶座。

乘车返回时，除了安排好座位，在车上还要与客人寒暄，不能让他们感觉自己受到冷落。

2. 引见客人礼仪

有的客人要与领导见面，通常由职能部门的工作人员引见和介绍。在引导客人去领导办公室的路途中正确的引导方法和引导姿势如下：

（1）走廊的引导方法。

接待人员不要背对着客人，应斜身在客人左前方1~1.5米，配合客人步调，让客人走在内侧。如果走廊较长，接待人员不能只顾闷头向前走路，可以随机介绍一下本单位大概情况或与客人说几句客套话。在进领导办公室之前，要先轻轻叩门，叩门时应用手指背面关节轻叩，得到领导允许后方可进人。进入房间后，应先向领导点头致意，再把客人介绍给领导，同时用手势示意。介绍完毕，先请示领导是否可以走了，走出房间时应自然、大方，保持较好的行姿，出门后应回身轻轻把门带上。

(2) 楼梯的引导方法。

当引导客人上楼时，应该让客人走在前面，接待人员走在后面，若是下楼时，应该由接待人员走在前面，客人在后面，上下楼梯时，接待人员应该提醒并注意客人的安全。

(3) 电梯的引导方法。

引导客人乘坐电梯时，接待人员先进入电梯，等客人进入后关闭电梯门；到达时，接待人员按“开”的钮，让客人先走出电梯。

(4) 客厅里的引导方法。

当客人走入客厅，接待人员用手指示，请客人坐下，看到客人坐下后，才能行点头礼后离开。如客人错坐在下座，应请客人改坐上座（一般靠近门的一方为下座）。

(5) 次序礼仪。

接待过程中，遵从次序礼仪的要求，能准确地突出来访者的身份，是对来访者的尊重。接待过程中的次序礼仪一般有以下要求：

①就座时，右为上座。即将客人安排在组织领导或其他陪同人员的右边。

②上楼时，客人走在前，接待人员走在后；下楼时，接待人员走在前，客人走在后。

③迎客时，接待人员走在前；送客时，接待人员走在后。

④进电梯时，有专人看守电梯的，客人先进，先出；无人看守电梯的，接待人员先进、后出并按住电钮，以防电梯门夹住客人。

⑤送茶、递名片、握手、介绍时，应按职务由高到低进行。

⑥进门时，如果门是向外开的，把门拉开后，应按住门，请客人先进。如果门是向内开的，把门推开后，再请客人先进。

总之，职场公务场合，一般以右为大、为尊。进门、上车、就座，均应让尊者先行，一切接待服务均从尊者开始。

3. 送别礼仪

送别客人时，应把客人送到电梯口，按下电梯按键，等客人进入电梯，电梯关闭下行后才能转身离开；若是送客人到大门口，则应等客人进入车里，车子开走时要微笑并挥手告别，等车子不见后才能转身离开；若是重要的客人，应安排有关领导或工作人员到客人住地或去车站、码头、机场为客人送行，一一握手道别，并预祝对方旅途愉快。

4. 日常接待访客礼仪

任何单位每天都会有各种各样的访客，有已经预约的，也有没预约的。

(1) 见到预约客人的第一时间，应该做到“3S”，即马上站起来（Stand up）并注视（See）着对方微笑（Smile），然后伴以15度的鞠躬，鞠躬完毕后向客人问候：“您好！欢迎您的来访！”或“您好！我能为您做些什么？”等。

（2）预约客人要找的会见人临时不在时，要明确告诉对方会见人到何处去了，以及何时回到单位。请客人留下电话、地址，双方要明确是由客人再次来本单位，还是我方会见人到对方单位去。

（3）预约客人到来时，本单位会见人由于种种原因不能马上接见，要向客人说明等待理由与等待时间，若客人愿意等待，应该向客人提供饮料、报纸、杂志等。

（4）未预约来访者到来时，要有礼貌地询问客人的来意，再根据当时情况，凭借自己以往的接待经验，采取适当的应对办法。应做到：

①主动热情，面带微笑主动迎接问候来访者，并以礼貌友好、欢迎的态度上前了解未预约来访者。

②搞清情况，了解来访者要访问的部门或人员，看看能否安排尽可能早的预约时间。若来访者要求马上见面，则要设法联系有关部门或人员，看被访者能否接见来访者，若可以，则按照预约来访者的工作程序进行，若不可以，则向来访者说明情况，主动请对方留言或留下联系方式，保证尽快将留言递交给被访者，或是尽可能快地安排会见时间并通知对方，如果来访者要见领导，而领导不愿见，则要找借口打发来访者，或是请示领导能否指定别人代替，若可以，则礼貌地请来访者与指定的人员会谈。如果采访者坚持要见领导，而领导实在不想见，则一方面要为领导挡驾，让来访者明白今天想会见是无论如何都不可能了，另一方面让对方留下电话和会面时间、要求，表示将及时禀告领导，待领导决定后立即通知对方。

③耐心倾听，若来访者是怒气冲冲前来指责批评或是脾气急躁的，则要耐心倾听，礼貌接待，切不可针锋相对，致使事态恶化。

④快速寻找解决方法，向对方表示尽力帮助解决问题，抱着友善、认真、真诚的态度对待，使对方感到你是真心诚意为其着想的，等事态缓和下来后再想办法解决问题。

（二）会议礼仪

会议礼仪，是召开会议前、会议中、会议后及参会人应遵守的行为规范，懂得会议礼仪对会议的顺利召开和执行会议精神有很大的促进作用。

1．会议座次礼仪

会议座次礼仪的规则：遵循国际惯例，以右为上；中央高于两侧，居中为上；适用于所有会议场合，前排为上；远离房门为上，以远为上；良好视野为上，面门为上。

主席台座次：中国惯例是，以本人为基准，左为尊，即左为上，右为下。

当领导人数为奇数时，1 号首长居中，2 号首长排在 1 号首长左边，3 号首长排右边，其他依次排列。从台下的角度看，是 9、7、5、3、1、2、4、6、8 的顺序；从主席台上的角度看，是 8、6、4、2、1、3、5、7、9 的顺序。

当领导人数为偶数时，有些人会搞错，网上的说法也有很多是不正确的。具体应该是：1 号首长、2 号首长同时居中，2 号首长排在 1 号首长左边，3 号首长排右边，其他依次排列。从台下的角度看，是 7、5、3、1、2、4、6、8 的顺序；从主席台上的角度看，是 8、6、4、2、1、3、5、7 的顺序。

2. 发言人礼仪

会议发言有正式发言和自由发言两种，前者一般是领导报告，后者一般是讨论发言。正式发言者，应衣冠整齐，走上主席台应步态自然，刚劲有力，体现一种成竹在胸、自信自强的风度与气质。发言时应口齿清晰，讲究逻辑，简明扼要。如果是书面发言，要时常抬头扫视一下会场，不能低头读稿、旁若无人。发言完毕，应对听众的倾听表示谢意。

自由发言则较随意，要注意，发言应讲究顺序和秩序，不能争抢发言；发言应简短，观点应明确；与他人有分歧时，应以理服人，态度平和，听从主持人的指挥，不能只顾自己。

如果有会议参加者对发言人提问，应礼貌作答，对不能回答的问题，应机智而礼貌地说明理由，对提问人的批评和意见应认真听取，即使提问者的批评是错误的，也不应失态。

3. 主持人礼仪

各种会议的主持人，一般由具有一定职位的人来担任，其礼仪表现对会议能否圆满成功有着重要的影响。

（1）主持人应衣着整洁，大方庄重，精神饱满，切忌不修边幅，邋里邋遢。

（2）走上主席台应步伐稳健有力，行走的速度因会议的性质而定，对重要的会议步频应较慢。

（3）入席后，如果是站立主持，应双腿并拢，腰背挺直。持稿时，右手持稿的底中部，左手五指并拢自然下垂。双手持稿时，应与胸齐高。坐姿主持时，应身体挺直，双臂前伸。两手轻按于桌沿，主持过程中，切忌出现搔头、揉眼、跷腿等不雅动作。

（4）主持人言谈应口齿清楚，思维敏捷，简明扼要。

（5）主持人应根据会议性质调节会议气氛，或庄重，或幽默，或沉稳，或活泼。

（6）主持人对会场上的熟人不能打招呼，更不能寒暄闲谈，会议开始前，可点头、微笑致意。

4. 参加者礼仪

会议参加者应衣着整洁，仪表大方，准时入场，进出有序，依会议安排落座，开会时应认真听讲，不要私下小声说话或交头接耳，发言人发言结束时，应鼓掌致意，中途退场应轻手轻脚，不影响他人。

（三）宴会礼仪

宴会又称燕会、筵宴、酒会，是在普通用餐基础上发展而成的社交与饮食结合的一种形式，也是指宾主之间为了表示欢迎、祝贺、答谢、喜庆等目的而举行的一种隆重、正式的餐会。本章所讲的宴会礼仪是指因公务需要而举行的宴饮聚会。宴会礼仪是人们参与宴会期间需要遵守的行为准则。人们通过宴会场合，不仅获得饮食美味的享受，而且还能增进人际的交往和情谊。宴会上的一整套菜肴席面称为筵席，由于筵席是宴会的核心，因而人们习惯上常将这两个词视为同义词语。

1. 中式宴会礼仪

中华民族的饮食文化博大精深、源远流长。人们讲究“民以食为天”的同时，更加讲究宴会礼仪。宴会礼仪因宴席的性质、目的而不同，不同的地区，也是千差万别。

（1）宴会的组织礼仪。

宴会活动的整个组织安排应该始终贯穿公务活动的宗旨，且合乎公务宴请礼仪规范的要求。

①宴请客人的“5M 原则”。

安排宴请的公务礼仪应遵守“5M 原则”。“5M 原则”是指在公务交往中安排宴会时有五大基本问题需要兼顾，因这 5 个基本问题的英文第一个字母都是 M，所以称为“5M 原则”。

第一个原则：Meeting，即约会，是确定邀请客人会餐的时间。为避免浪费主宾时间，首先应征询主宾意见，区分轻重缓急，选择安排适合宾客出席的时间，其次是约会的方式，如当面邀请、电话邀请、送请柬等。

第二个原则：Media，即环境，宴请客人要讲究环境，一方面，环境要选择优雅、清洁、方便的酒店；另一方面，即层次的问题，要视宾客身份的尊卑、工作业务内容的轻重、主人与宾客关系的亲疏等安排宴席的等级规格、场面规模和酒店星级。

第三个原则：Money，即费用，宴请强调务实，既不奢侈和铺张浪费，又俭省且有节制，以让宾主都吃饱吃好为准。

第四个原则：Menu，即菜单，宴请讲究菜肴的安排要考虑到个人、民族、宗教的禁忌，一定要提前问清客人喜欢吃什么，不吃什么，然后再点菜，一般情况下，家乡菜、风味菜、当地特产菜、本店品牌菜、民间土菜等要推荐给客人品尝。

第五个原则：Manner，即举止，作为组织宴会方，要处处维护个人与组织形象：遵守时间，服饰整洁，谈吐文雅，正确使用餐具，餐桌上不高谈阔论，让酒让菜礼到为止。

②桌次安排。

中国人讲究圆满，一群人围着圆桌进餐讲究的是一个气氛。餐具大部分是圆的，盘子是圆的，勺子是圆的，碗是圆的，餐桌是圆的，这是中国人世世代代传承下来的一种生活习惯。因此，宴请客人都用圆桌。宴会桌次的排列原则：主桌排定后，桌次高低以离主桌位置远近而定，一般右高左低，桌数多时，要放置桌次牌。

举办正式公务宴会，应当提前排定桌次和席次，或者只排定主桌席位，其他只排桌次。桌、席排次时，先定主桌主位，后排座位高低。

中式宴会的桌次安排。中式宴会通常 10 人一桌为标准，人数较多时也可以平均分成几桌。在宴会不止一桌时，要安排桌次。国内所通行的宴会座次排列方法主要有以下几种：

居中为上：各桌围绕在一起时，居于正中央的那张餐桌应为主桌。

以右为上：当餐桌分为左右时，以面门为标准，居右之桌为上。

以远为上：当餐桌距离餐厅正门有远近之分时，以距门远者为上。

临台为上：当餐桌距离主席台有远近之分时，以距主席台近者为上。

餐桌排列规则举例如下：

两张圆桌排列规则：如两桌横排，以面门为基准，1 号桌在门的右侧，2 号桌在门的左侧；如两桌竖排：以面门为基准，1 号桌离门远，在 2 号桌的里侧，2 号桌离门近，在 1 号桌的外侧。

三张圆桌排列规则：遵循“面门为主，右高左低，各桌同向”的规则。三桌横成品字形，一种是以面门为基准，1 号桌离门远，在 2、3 号桌的里侧，2、3 号桌离门近，在 1 号桌的外侧；另一种是以面门为基准，1、2、3 桌排成一排，1 号桌离门远，在 2、3 号桌的里侧，2、3 号桌离门近，在 1 号桌的外侧。（图 6－1 以下方为门的方向）

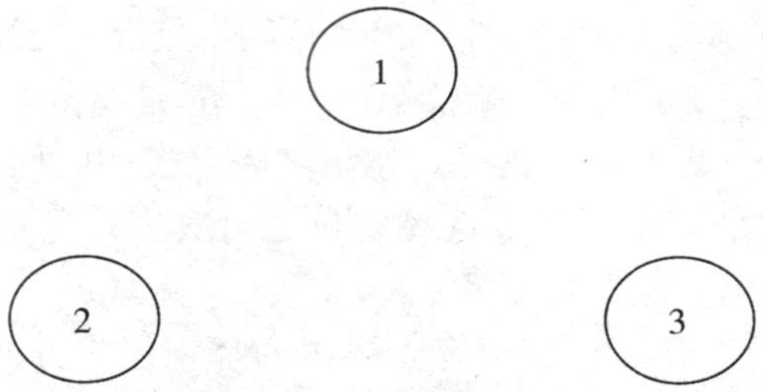

图 6－1　三张圆桌桌次排列图

四张圆桌排列规则：遵循"面门为主，居中为上，右高左低，各桌同向"的规则。1 号桌离门远，2 号桌在 1 号桌外侧，3 号桌在 2 号桌右侧，4 号桌在 2 号桌左侧。（图 6－2 以下方为门的方向）

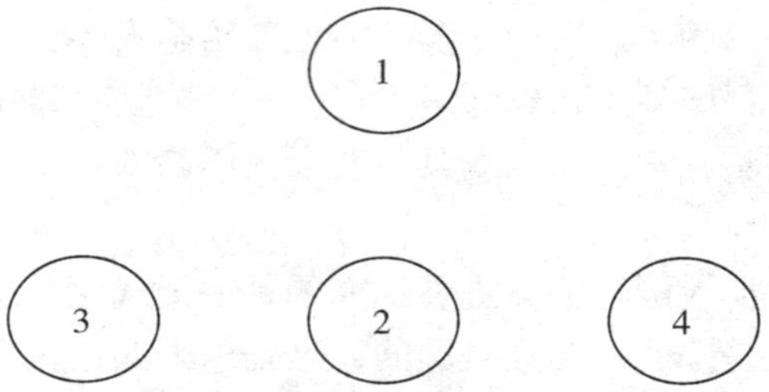

图 6－2　四张圆桌桌次排列图

五张圆桌排列规则：以面门为基准，排成三列横排，1 号桌离门远，在 2、3 号桌和 4、5 号桌的里侧，2、3 号桌排在中间，4、5 号桌离门近，在 1 号、2 号与 3 号桌的外侧。（图 6－3 以下方为门的方向）

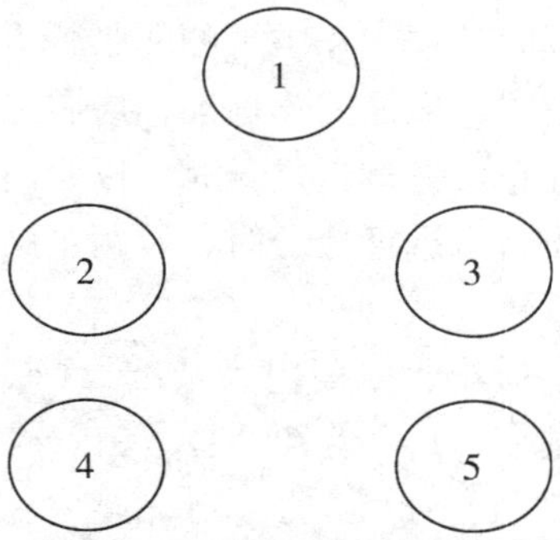

图 6－3　五张圆桌桌次排列图

③座次安排。

在排列每张桌子上的具体座次时，主要有“主人为中心”“面门为主”“右高左低”“好事成双”“各桌同向”等基本的礼仪惯例。

主人为中心：在排列每张桌子上的具体座次时，以主桌上的主人为中心。

面门为主：指以面对宴会厅正门的正中座位为主位，通常应请主人在此就座。

右高左低：指在每张餐桌上，除主位之外，其余座位位次的高低，应以面对宴会厅正门时为准，主人座位右侧的位次高于左侧的位次。

各桌同向：指宴会上，其他各桌的主陪之位，均应与主桌主位保持同一方向。

好事成双：即每张餐桌人数为双数，吉庆宴会尤其如此。

座次排列见图 6－4、6－5。（本图例以下方为门的方向）

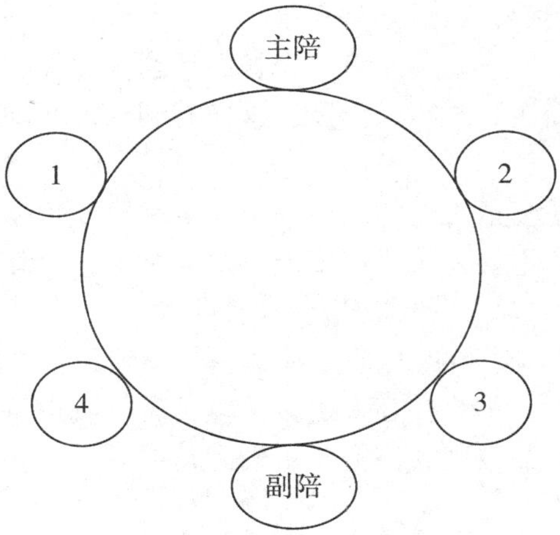

图 6－4　六位座次排列图

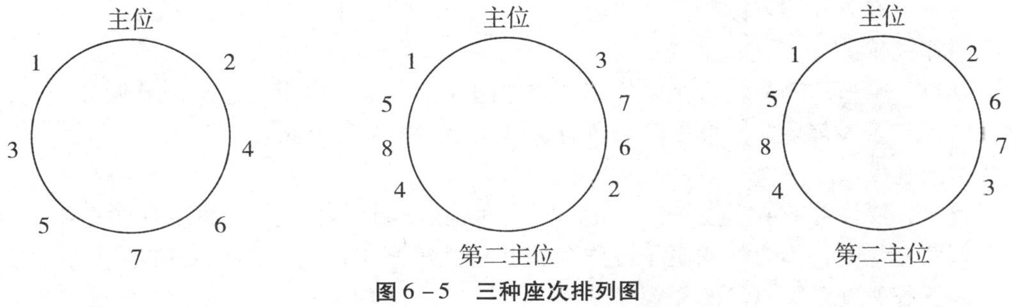

图 6－5　三种座次排列图

④宴会进程礼仪。

迎接宾客：主人应提前站在酒店门口或餐桌旁等候迎接，面带笑容与客人握手，显示对客人热情欢迎的态度。

引导宾客入席：做出规范的手势，引导客人坐在餐桌指定的座位上。

饮品适当：根据事先的规格安排，选择适当的酒品或饮料，如白酒、红酒、啤酒或可乐、果醋、果汁等。

上菜适时：中餐礼仪无论点菜还是上菜，都是按照分类和顺序上菜的。首先是开胃菜，通常是四种冷盘组成的大拼盘，有时可多达十种，最具代表性的是凉拌海蜇皮、皮蛋等。有时冷盘之后，接着还会上四种热盘，常见的是炒虾、炒鸡肉等，不过，热盘多半被省略。紧接在开胃菜之后的是主菜，又称为大件、大菜，多于适当时机上桌，如菜单上注明有“八大件”，表示共有八道主菜；主菜的道数通常是四、六、八等的偶数，因为中国人认为偶数是吉数。在豪华的餐宴上，主菜有时多达十六或三十二道，但普通的是六道至十二道。这些菜肴是使用不同的材料，配合酸、甜、苦、辣、咸五味，以炸、蒸、煮、煎、烤、炒等各种烹调法搭配而成，其出菜顺序多以口味清淡和浓腻交互搭配，或干烧、汤类交互搭配为原则。其次通常是汤，然后是点心，指主菜结束后所供应的甜点，如馅饼、蛋糕、包子、杏仁豆腐等；最后则是水果。

祝酒致辞：一般说来，一个宴会总有一个核心话题。这样，在饮第一杯酒以前，就需要致祝酒词。祝酒词必须简短、凝练和幽默，这样有利于彼此间的对话和交流，为后面的宴饮创造美好的气氛。

送客话别：送客礼仪是宴请工作的最后一个环节，要处理妥当，送客时再次表示感谢光临。当客人准备告辞时，不要客人一说要走，主人马上站起相送，或者起身相留，这都有逐客之嫌。因为有些客人本来还想与客人交谈，因怕打扰主人或试看主人态度，于是以“告辞”来观察主人的反应，要等客人起身后，主人再起身。送客时应主动与客人握手送别，并送出门外或送到楼下，不要在客人走时无动于衷，或点点头或摆摆手算是招呼。必要时为客人安排交通工具，并按照规格安排车辆。

（2）出席宴会礼仪。

①出席前的礼仪准备。

及时回复是否接受邀请并准时赴约，适度地进行个人修饰，做到整洁、优雅。见到主人应主动致意并表示感谢。

②落座礼仪。

放好自身携带的物品，入座要从座椅的左侧入席，坐下后将自己的坐姿调整端正，无论相互认识与否，都要向同桌的客人致意，并做简单的自我介绍。

③席间礼仪。

用餐时，要注意吃相的文雅，小口进食，咀嚼食物不要发出大的声音，不要乱翻菜肴，与邻座交谈时，不要挥舞筷子以作为道具，就餐既不可过快结束，也不可过于缓慢，应视主人就餐速度调控自己的就餐速度。

④告别礼仪。

最好不要第一个告辞，也不要拖拖拉拉最后一个离开。临别时应对主人的热情款待表示衷心感谢。

2．西式宴会礼仪

随着对外交流的日益增加以及中西文化的融合，中国人吃西餐的机会越来越多。因此了解西式宴会礼仪是必要的。

（1）赴宴前准备。

受别人邀请，无论答应还是拒绝，都应及时告知对方，切忌答应某一邀请后，又因参加别的约会而失此约。

西式赴宴，往往收到的请柬中会写明“请穿礼服”，一般喜庆时应穿华丽一些，并带好手帕、面巾等物品。赴宴需带礼品，一般带一瓶葡萄酒、一盒巧克力或一束鲜花都可以。到饭店赴宴可不带礼品，但到饭店赴宴要准时，而到家里赴宴可稍晚几分钟，给女主人留一点时间。

（2）座次安排。

西餐均使用长桌。西式宴会的座位安排遵守女士优先的原则，即男士主动为女士移动椅子让女士先坐，坐右座、靠墙靠里坐。入座或离座均应从座椅的左侧走为宜。以国际惯例为依据，桌次的高低依距离主桌位置的远近而定，右高左低，桌次较多时一般摆放桌次牌，同一桌上座位的高低以主人的座位的远近而定。

西方习俗是男女交叉安排，以女主人的座位为准，主宾坐在女主人的右上方，主宾夫人坐在男主人的右上方，在我国则依据传统，照例主宾坐在男主人的右上方，主宾夫人坐在女主人的右上方。不管是参加中式还是西式正式宴会，都要找准自己的位置，不可贸然入座。西餐的座次安排与中餐不同，西餐的讲究是：主客相隔而坐，男女相隔而坐，夫妻分开而坐。即使餐桌上有座签，也需等主人带领才能入座。

（3）入席与退席礼仪。

①入席礼仪。

男主人带领女主宾第一个入席，女主人带领男主宾最后一个入席，其他客人由服务员引座。最得体的入座方式是从左侧入座，男性要为左边的女性拉开椅子。当椅子被拉开后，身体在几乎要碰到桌子的距离站直，领位者会把椅子推进来，腿碰到后面的椅子时，就可以坐下来了。用餐时，上臂和背部要靠到椅背，腹部和桌子保持约一个拳头的距离。两脚交叉的坐姿最好避免。在宴请没有女主人时，双方身份最高者最先入席。

②入席后礼仪。

女主人拿起餐巾打开，表示宴会正式开始。客人才可打开餐巾，对折后放在膝盖上，不可以塞在领口处。餐巾只能用来擦嘴，不能用来擦汗。用餐前，女性最好把唇膏擦掉，以免印在餐巾和酒杯上不雅。

③暂时离开的礼仪。

席间暂离时，应把餐巾放在自己椅子上，表示还要回来。如果放在盘子旁边就表示用餐完毕，服务员会把餐具收走。

④退席礼仪。

女主人或第一主人看到大家用餐基本完毕时，才可以放下手中餐具，把餐巾稍加折叠放在桌子上，这表示宴请结束。大家应马上停止用餐，把餐巾放在桌上，跟着女主人退席。仍由椅子左侧退出，告辞时应向主人表示感谢。

（4）席间礼仪。

①正确使用餐具。

西式餐具主要是刀、叉、匙。正确的持刀姿势是大拇指与食指相对，五指相握在刀柄处。正确的持叉姿势是轻握五指持住叉柄，叉柄顶端应处在食指的第二关节处。正确的持匙姿势和持叉姿势相同。

用餐时，左手持叉，右手用刀，用刀叉切割食物时应用叉牢牢按住所切的食物，刀紧贴在叉边切下以防滑开；不能用力过猛，否则会发出刺耳响声。一般应切一块吃一块，每一块以一口咬下为宜。使用盘中的黄油刀抹油时，应在盘子里或盘子上部进行。把黄油刀稍靠右边放，刀柄放在盘边外面以保持清洁。用完一道菜时，应将刀叉平行排放在盘子上右侧，叉尖向上，刀刃向内。如果未用完，正确的摆放姿势是刀叉相交成夹角位置，叉尖向上。

汤匙专用于喝汤，不宜用来进食，但可以与叉并用，帮助叉取食物。喝汤时，应用右手持匙，左手扶着盘子，由自己一方向桌中心方慢慢舀，喝剩少许时，应用左手把汤盘靠自己一边稍提起，再用汤匙轻轻地由里向外舀。喝完后，汤匙应放在盘子里，匙心向上，匙柄置于盘子右边缘外。

②全套西餐上菜顺序。

正式的全套西餐上菜顺序是：汤或前菜（冷食）→鱼→主菜（肉类菜）→色拉→甜食（布丁或冰激凌）咖啡→水果。

一般的宴请没有必要全部都点，点太多却吃不完反而失礼。稍有水准的餐厅都欢迎只点前菜的客人。前菜、主菜加甜点是最恰当的组合。点菜并不是由前菜开始点，而是先选一样最想吃的主菜，再配上适合主菜的汤。

③西餐上酒次序。

西餐不论是便餐还是宴会，十分讲究以酒配菜。总的来说，就是口味清淡的菜式与香味淡雅、色泽较浅的酒品相配，深色的肉禽类菜肴与香味浓郁的酒品相配，餐前选用旨在开胃的各式酒品，餐后选用各式甜酒以助消化。具体地说有以下几点：

餐前酒：在用餐之前，饮用一杯鸡尾酒，具有开胃功能。法国和意大利生产的味美斯酒（Vermouth）、仙山露（Cinzano）、马丁尼（Martini）等也可作为餐前酒。

开胃菜：根据开胃菜的具体内容选用酒品。如鱼子酱要用俄国或波兰生产的伏特加酒（Vodka）。

汤类：与汤类相配的有西班牙生产的雪利葡萄酒（Sherry）。也可以不同的汤配用不同的酒，如牛尾汤配雪利酒，蔬菜汤配干味白葡萄酒等。

海味：相配的酒品最好是白葡萄酒，白葡萄酒要喝冰的，应事先放在冰箱几个小时或几天时间。

肉类、禽类及各式野味菜肴：各式牛排或烤牛肉，羊肉类菜肴如羊扒、烤羊肉，猪肉类如火腿、烤肉，家禽类菜肴，野味菜肴等肉类菜，最适合选用红葡萄酒。红葡萄酒的饮用温度与室温相同。

甜品：一般配饮甜葡萄酒或葡萄汽酒，诸如德国莱茵白葡萄酒、法国的香槟酒等。

餐后酒：西餐讲究进餐完毕后要饮用咖啡、茶等，与其相配的餐后酒可选用各种餐后的甜酒、白兰地酒等。西餐在进餐过程中，饮用香槟酒佐餐是件愉快的事，它可以与任何种类的菜式相配。在不了解西餐酒品选择规律时，选用香槟酒不失为一种稳妥的选择。每道菜撤下去时，相配的酒也不再喝了，酒杯随之撤下去。

④取食带骨食物的方法。

鱼：先用刀叉把鱼头和鱼尾割下，放在盘边。然后用刀尖顺着鱼骨把鱼从头到尾剖开。这时你有三种选择：将鱼骨滑出；将鱼平着分开，取出鱼骨；揭去上面一片，吃完后再去骨。如果嘴里吃进了小骨头，用拇指和食指捏出，爱吃鱼的人会连小鱼头吃掉，而吃到鱼的脸颊是很幸运的事。

鸡肉：先吃鸡的一半。把鸡腿和鸡翅用刀叉从联结处分开。然后用叉稳住鸡腿（鸡胸或鸡翅），用刀把肉切成适当大小的片。每次只切两三片。如果场合很正式，不能使用刀叉取用的，干脆别动。如果是在非正式场合，你可以用手拿取小块骨头，但只能使用一只手。

肉排：用叉子或尖刀插入牛肉、猪肉或羊肉排的中心。如果排骨上有纸袖，你可用手抓住，来切骨头上的肉，而这样就不会使手油腻。在正式场合或者在饭店就餐时即使包有纸袖也不能用手拿着骨头啃着吃。另外，在非正式场合，只有骨头上没有汤时才可以拿起来啃着吃。

鸟类：先把翅膀和腿切下，然后借助刀和叉来吃身体部分。你可以把翅膀和腿用手拿着吃，但不能拿身体部分。

⑤面包、三明治、蛋卷的吃法。

吃烤面包时，先用两手撕成小块，再用左手拿来吃是原则。吃硬面包时，用手撕不但费力而且面包屑会掉满地，此时可用刀先切成两半，再用手撕成块来吃。切时可将面包固定，避免发出声响。小的三明治是用手拿着吃的，大点的吃前先切开。配卤汁吃的热三明治需要用刀和叉。面包或蛋卷抹黄油之前，先把其切成两半或小块。小饼干用不着弄碎。热吐司和小面包要马上抹油。不必把面包条掰碎，可在其一面抹黄油。把丹麦糕点（甜蛋卷）切成两半或四半，随抹随吃。

⑥甜点吃法。

吃冰淇淋一般使用小勺。当和蛋糕或馅饼一起吃或作为主餐的一部分时，要使用一把甜点叉和一把甜点勺。

⑦意大利面条的吃法。

用叉子挑起几根面条，左手持勺，勺子面抵住叉子尖，转动叉子，面条就绕在叉子上，这样就可以一口把它递进嘴里。若没有大勺子，可以用叉子尖抵住碗壁转动，面条就绕在叉子上了。

⑧吃水果的方法。

苹果、梨——在宴席上，要用手拿取苹果或梨，放在盘里。你可以用螺旋式将其削皮。如果说这样做很难的话，可以把水果放在盘上，先切成两半，再去核切块，然后用叉或水果刀食用。如果场合更加随便的话，你可以用手拿着吃。

香蕉——如果是在餐桌上吃香蕉，要先剥皮，再用刀切成段，然后用叉子叉着吃。在非正式场合如野餐、海滩等，把香蕉剥出一半，然后咬着吃。

无花果——鲜无花果作为开胃菜品与五香火腿一起吃时，要用刀叉连皮一起吃下。若上面有硬杆，用刀切下（否则会嚼不动）。作为饭后甜食吃时，要先把无花果切成四半，在橘汁或奶油中浸泡后，用刀叉食用。

柚子（橙子、橘子）——吃柚子时，要先把它切成两半，然后用茶匙或尖柚子匙挖出食用。在非正式场合，可以把柚子汁小心地挤到茶匙中。剥橙子皮有两种方法，两者都要使用尖刀。方法一：螺旋式剥皮。方法二：先用刀切去两端的皮，再竖直将皮一片片切掉。剥皮后，可以把橙肉掰下来，如果掰下的部分不大，可一口吃掉；如果太大，要使用甜食刀叉先切开，后食用；如果橙子是切好的，也可以像吃柚子那样使用柚子匙或茶匙挖着吃。吃橘子要先用手剥去皮，再一片一片地吃。你可能还要去除白色的橘丝，尤其是膜很厚的时候。

葡萄——对于无籽葡萄没什么讲究，一粒粒地吃就行。若葡萄有籽，则把葡萄放入口中吸食肉质，然后把籽吐到手中。要想容易地剥去葡萄皮，则要持其茎部放在嘴边，用中指和食指将肉汁挤入口中。最后把剩在手中的葡萄皮放在盘里。

芒果、木瓜——整个芒果，要先用锋利的水果刀纵向切成两半，然后去核再切成四分之一。用叉子将每一块放入盘中，皮面朝上，并剥掉芒果皮。也可以像吃鳄梨那样用勺挖着吃。如把芒果切成两半，可挖食核肉，保留皮壳。吃木瓜像吃鳄梨和小西瓜一样，先切成两半，抠出籽，然后用勺挖着吃。

桃李——将桃李先切成二分之一半，再切成四分之一半，用刀去核。皮可以剥下来，但如果带着皮切成小块，用甜食刀叉食用也是不错的。

柿子——吃柿子有两种方法：一是先切成两半，然后用勺挖出柿肉；二是将柿子竖直放在盘中，柄部朝下，切成四块，然后再借助刀叉切成适当大的小块。食用时将柿核吐在勺中，放到你的盘子的一边。

菠萝（果肉）——很简单，吃鲜菠萝片时，始终使用刀和叉。

草莓——大草莓可以用手抓住柄部，蘸着白砂糖（自己盘中的）整个吃。然后将草莓柄放入自己的盘里。如果草莓是拌在奶油里的，当然要使用勺子。

西瓜——切成块的西瓜一般用刀和叉来吃，吃进嘴里的西瓜籽要及时清理，并吐在紧凹的手中，然后放入自己的盘子。

浆果、樱桃——吃法很多，你可视情况而定，一般来说，吃浆果时，不管有无奶油，都要用勺子；吃樱桃要用手拿，将樱桃核文雅地吐在手中，然后放入自己的盘子里。

⑨喝咖啡或茶的方法。

可用小茶匙自取一些牛奶和糖放入杯中轻轻搅拌，小心不要溅出来，搅拌后把茶匙放回小碟里，不要用小茶匙盛咖啡或茶喝。

⑩进餐速度。

进餐速度最好与大家一致，不要太快也不要太慢。太慢了，大家还要等你，下一道菜上不来；太快了，你要等大家，无事可做，有点尴尬。

（5）宴后礼仪。

赴宴的第二天，要向主人表示感谢。可以通过写信或打电话来表示。

第九节　商务活动礼仪

商务，广义概念是指一切与买卖商品服务相关的商业事务；狭义概念是指商业或贸易。商务活动，是指企业为实现生产经营目的而从事的各类有关资源、知识、信息交易等活动的总称。

商务活动中，为了体现人与人的相互尊重，需要通过一些行为准则去约束人们在商务活动中的方方面面。按照商务活动的表现形式，商务礼仪包括商务形象礼仪、商务文书礼仪、商务接待与拜访礼仪、商务宴请礼仪、商务会议礼仪、商务庆典活动礼仪、商务谈判礼仪、签字仪式礼仪等。鉴于前五项已分别在各章专题进行了阐述，以下主要介绍商务庆典活动、商务谈判、签字仪式三种礼仪。

一、商务庆典活动礼仪

商界各组织单位所举行的各类商务庆典活动仪式，都是比较正式的。对于商界人士而言，参加庆典时，往往会有多方面的礼仪要求。

商务庆典活动是指组织为提高知名度，招徕顾客，争取生意兴隆，或为了宣传崭新形象，明确今后的发展目标，密切与公众的关系等，围绕自身或所处社会环境中的重要事件、节日、纪念日等举办的各种仪式或庆祝活动。商务庆典活动形式多样，如开业庆典、周年庆典、颁奖庆典、开工庆典、竣工庆典等，其中以开业庆典、周年庆典最为常见。

（一）商务庆典活动的准备工作

1．确定活动主题

不同的商务庆典活动有不同的主题，举办方应当根据举办庆典活动的具体目的以及社会环境、人文环境等因素来确定本次活动的主题，然后围绕主题安排整个活动的内容，内容的安排要注意突出主题。

2．做好舆论宣传

举办各种商务庆典活动的主旨在于塑造本企业或组织的良好形象，吸引社会各界的关注，争取公众的认可和接受，而舆论宣传的作用则至关重要。

企业或组织可以选择有效的大众传播媒介，在报纸、电台、电视台等进行集中的广告宣传，内容一般包括庆典活动的举办日期、地点、主要活动等。

企业或组织还可以邀请新闻记者在庆典活动举办之前到现场进行采访报道，以便进一步地进行正面宣传。

3．做好来宾邀请工作

（1）拟定邀请名单。

商务庆典活动影响的大小，往往取决于来宾身份高低与数量多少。一般来说，邀请来宾的范围包括：

①上级领导。

邀请地方领导、主管部门领导及地方职能管理部门的领导，感谢他们对本企业或组织的关心和支持。

②社会名流。

邀请社会名流参加商务庆典活动，是为了更好地提高本企业或组织的知名度。

③新闻记者。

通过新闻记者对商务庆典活动的报道宣传，加深公众对本企业或组织的了解与认可，扩大社会影响。

④同行人士。

邀请同行业人士参加商务庆典活动，表示希望有更多更好的合作的良好愿望。

⑤社区代表。

邀请社区代表的目的是搞好本企业或组织与本地区的关系，让更多的人关心、支持本企业或组织的发展。

⑥员工代表。

员工是企业或组织的主人，每一项成就的取得都离不开员工的辛勤工作，参加庆典活动会让员工更有归属感和荣誉感。

（2）及时发出邀请。

拟定好邀请来宾名单，经领导审定后，应准备好精美雅致的请柬，提前两周左右寄达或送呈给被邀请者，以便被邀请者安排时间，按时赴会。在活动举办前三天再电话核实有无变动，对贵宾宜在活动举办前再核实一次。

4．确定主持人和致辞人

主持人可以是相关领导，也可以是有一定影响力的电台、电视台或礼仪庆典公司的主持人。主持人应当仪表端庄、仪态大方、反应机敏、口才良好，并熟悉整个活动的程序。

致辞人除举办方的领导外，还要在来宾中选择嘉宾致辞人，一般由上级领导和来宾中身份较高者担任，并事先和对方进行沟通和确认。致辞人确定好后，要为其准备好致辞稿。

5．拟定庆典程序

商务庆典活动的内容和程序如下：

主持人宣布庆典活动开始，升国旗、奏国歌或升公司旗、奏公司歌，介绍领导、嘉宾，举办方负责人和来宾代表致辞，剪彩、授奖、参观等，酌情安排宴请或文艺演出，留影、题字等。

6. 安排剪彩事宜

如果是公司成立、商场开业或大型工程奠基仪式、竣工仪式等庆典活动，一般都需要举行剪彩仪式。安排剪彩事宜主要包括以下三个方面的工作：

（1）剪彩者的确定。

剪彩者一般请上级领导、合作伙伴或社会知名人士担任。根据惯例，剪彩者可以是一个人，也可以是几个人，但是不应当多于五个人。剪彩者名单一经确定，应当尽早告知对方，让其早有准备。在一般情况下，确定剪彩者必须尊重对方个人的意见，需要由几个人同时剪彩时，应当分别告知每位剪彩者届时他将与何人同担此任。

（2）助剪者的选择。

助剪者指在剪彩过程中为剪彩者提供帮助的人员。常由举办方挑选年轻、精干、身材和相貌较好的女职员担任，也可以到专业组织聘请。助剪者确定并做好分工后，要进行必要的培训和演练，让她们熟悉礼节，保证剪彩仪式的顺利进行。

（3）剪彩用品的准备。

剪彩用品主要有红色缎带、新剪刀、白色薄纱手套、托盘以及红地毯等。

红色缎带：亦即剪彩仪式之中的“彩”。按照传统做法，它应当由一整匹未曾使用过的红色绸缎在中间结成数朵花团而制成，现在为了节约，通常使用长 2 米左右的红色缎带。一般来说，红色缎带上所结的花团，不仅要醒目硕大，而且具体数目往往同现场剪彩者的人数相关。通常，红色缎带上所结的花团数目较现场剪彩者的人数多一个，使每位剪彩者总是处于两朵花之间，尤显正式。

新剪刀：专供剪彩者在剪彩仪式上正式剪彩时使用。它必须是剪彩者人手一把，而且是崭新锋利的，避免因剪刀不好用而让剪彩者尴尬。因此，剪彩仪式前，要逐一检查，确保剪彩者“一剪破的”，切忌一再补剪。在剪彩仪式结束后，举办方可以将每位剪彩者所使用的剪刀包装好，送给对方作为纪念。

白色薄纱手套：专供剪彩者在剪彩仪式上正式剪彩时使用。在准备白色薄纱手套时，除要确保人手一副外，还需使之大小适度，确保手套洁白无瑕，以示郑重和尊敬。

托盘：专供盛放剪刀、白色薄纱手套使用。最好是崭新洁净的，通常为银色的不锈钢制品，为了显示正规，还可以在使用时铺上红色绒布或绸布。在剪彩时，礼仪小姐可以用一只托盘依次为各位剪彩者提供剪刀和手套，也可以为每一位剪彩者各提供一只托盘，后一种方法尤显正式。

红色地毯：主要用于铺设在剪彩者正式剪彩时站立之处，其长度可视剪彩者的人数多少而定，宽度不应在 1 米以下。在剪彩现场铺设红色地毯，主要是为了提升仪式的档次，营造一种喜庆的氛围。

7. 做好接待准备

在商务庆典活动开始前，必须做好一切接待准备工作，事先指派专人负责。安排好接待和服务人员并进行礼仪培训，使他们各司其职。安排专门的接待室，以方便来宾在活动正式开始前休息或与相关人员交谈。接待室中要求茶杯洁净，茶几上放置烟缸，如果不允许吸烟，应当将礼貌标牌放置在接待室中，提示来宾。重要来宾应由组织负责人亲自接待。入场、签到、剪彩、宴请、留言等活动均需提前安排好专人领位。

8. 做好场地准备

商务庆典活动现场的选择应该结合庆典的内容、规模、影响力以及企业或组织的实际来定，一般选择企业或组织的正门之外的广场、正门之内的大厅等处，也可以是工程现场等地。场地的大小要同出席的人数相适应。

为了烘托热烈、隆重、喜庆的气氛，场地布置可充分利用飘空气球、彩虹门、步道旗、花篮、花卉植物、红地毯等，如悬挂印有会标、宣传标语、庆祝或欢迎词语的彩带条幅等。

9. 做好音响准备

在举行庆典之前，举办方要把音响设备准备好，尤其是供来宾讲话使用的麦克风和传声设备，不能在关键时刻出现麻烦，让主持人手忙脚乱、大出洋相。在庆典举行前后，通常播放一些喜庆欢快的乐曲，烘托庆典的气氛。对于播放的乐曲，要事先进行审查，以免随意播放背离庆典主题的乐曲。相关的摄影、录像等设备也要准备和调试好。

10. 其他准备工作

准备文字材料，如庆典活动程序表、来宾名单、主持词、致辞、答词以及企业或组织的宣传册等。再如准备贵宾留言册，应当用红色或金色锦缎面高级留言册，并同时准备好毛笔、砚墨或碳素笔。又如准备礼品，因为庆典活动中向来宾赠送礼品也是一种宣传手段。选择礼品要有象征性、纪念性、宣传性。其他各种必需物品也要准备齐全。

（二）商务庆典活动的仪式程序

1. 签到

来宾来到后，应有专人请他们签到。签到簿以红色封面、内部纸张为装饰美观的宣纸为宜。签到的同时，可以将本企业或组织的宣传或说明资料发给来宾，以扩大企业或组织的知名度。还可以准备两个盒子或碟子，一个装单位领导或公关部经理的名片，另一个装来宾的名片，便于今后联系或制作通讯录。

2. 接待

来宾签到后，由接待人员引领到备有茶水、饮料的接待室，让他们稍事休息并相互认识。本企业或组织人员应当陪同宾客进行交流，可以谈一些本企业或组织的事情，或对来宾的到来表示感谢。

3. 剪彩

（1）宣布开始。

主持人宣布剪彩仪式开始，礼仪小姐率先登场。在上场时，礼仪小姐应当排成一行前进，从两侧同时登台或从右侧登台。登台之后，拉彩者与捧花者应当站成一行，拉彩者位于两端拉直红色缎带，捧花者各自双手捧一朵花团。托盘者站立在拉彩者与捧花者身后1米左右，并且自成一行。

（2）剪彩者就位。

主持人宣布剪彩者的单位、职务、姓名，剪彩者从右侧出场登台，步履稳健地走向彩带。引导者应当在其左前方进行引导。当剪彩者都已到达既定位置之后，托盘者应当前行一步，到达前者的右后侧，以便为其递上剪刀、手套。

若剪彩者为一人，剪彩时要让他在中间站定。若剪彩者有几个人，同时上场剪彩时还要根据剪彩者的身份地位分出位次。一般的规矩是：中间高于两侧，右侧高于左侧，距离中间站立者越远位次便越低，即主剪者应居于中央的位置。“右侧高于左侧”是一项国际惯例，若剪彩仪式并无外宾参加时，则可以按照我国“左侧高于右侧”的传统做法。

（3）正式剪彩。

正式剪彩前，剪彩者应当首先向拉彩者、捧花者示意，待其有所准备后，集中精力，右手持剪刀，庄严地将红色缎带一刀剪断。若多位剪彩者同时剪彩时，其他剪彩者应当注意主剪者的动作，主动与其协调一致，力争大家同时将红色缎带剪断。

按照惯例，剪彩以后，红色花团应该准确无误地落入托盘者手中的托盘里，切勿使之坠地，为此需要捧花者与托盘者的合作。剪彩者在剪彩成功后，可以右手举起剪刀，面向全体到场者致意，然后把剪刀、手套放在托盘之内，举手鼓掌。

（4）退场。

剪彩完毕，剪彩者可以依次与主人握手道喜，并列队在引导者的引导下退场。退场时，一般宜从右侧下台。待剪彩者退场后，其他礼仪小姐再井然有序地列队由右侧退场。

4．致辞

由举办方领导和嘉宾代表致辞。无论是贺词、答词均应言简意赅、热烈庄重，切忌长篇大论。

5．配套节目

典礼完毕，适宜安排一些气氛热烈的节目，如敲锣打鼓、舞狮耍龙、播放喜庆音乐等。在允许燃放鞭炮的地区，还可以燃放鞭炮、礼花、礼炮等，制造喜庆的气氛。此外，还可以请军乐队演奏。

6．附加活动

主持人宣布仪式结束后，可以根据实际情况引导客人参观本企业或组织的生产设施、服务设施及产品或商品陈列，以融洽关系，宣传自己。也可以举行短时间的座谈或请来宾在留言簿上留言，广泛征求意见。之后，还可以安排舞会、宴会答谢来宾。

7．赠送礼品

准备纪念性的礼品赠送来宾，使来宾有受到尊重的感觉，以此达到感情的交流。

二、商务谈判礼仪

商务谈判是一项非常系统性的工作，需要谈判双方根据谈判内容，结合自身实际情况，采取科学的策略，使谈判顺利展开。同时也需要谈判双方真诚合作，相互协商，相互遵循谈判礼仪，使谈判有一个圆满的结局。

（一）商务谈判

商务谈判是组织或企业进行经济贸易活动的重要手段，是当事人之间为实现一定的经济目的，明确相互的权利义务关系而进行协商的行为。商务谈判实体各方为了自身的经济利益和满足对方的需要，必须通过礼仪性的交往、沟通、协商、妥协、合作、策略等各种方式，尽可能把商机确定下来。

（二）商务谈判的准备工作

1. 收集与谈判有关的信息

（1）环境信息。

任何谈判都是在一定的社会环境中进行的，因此，谈判所处的环境条件，是影响谈判的重要因素，因此，在谈判开始之前，谈判人员必须收集和分析以下的环境信息：

政治环境信息：政治状况关系到谈判项目是否成立和谈判协议履行的结果，因此，必须了解对方所处的政治环境，比如国内企业的政治风险主要是对方领导班子的团结和稳定，外贸中则要了解对方国家的政治制度和政府的政策倾向、政治体制、政策的稳定性等。法律制度信息：主要是了解与商务谈判活动有关的法律法规，如民法、合同法、公司法、商标法等。商业习惯信息：商业习惯不同会使商务谈判在语言使用、礼貌礼节、谈判效率，以及接触报价、谈判重点等方面存在极大的差异。社会文化环境信息：社会文化信息主要包括文化教育、宗教信仰、生活方式和社会习俗等。

（2）市场信息。

对市场信息的准备主要包括该产品市场上的需求信息、销售信息和竞争情况等方面。产品需求信息：包含产品的市场需求总量、需求结构、需求的满足程度，潜在的需要量等方面的情况。摸清目标市场上消费者的消费心理和消费需求，基本上掌握消费者对该产品的消费意向，客观估计该产品的竞争力，以利于和谈判对手讨价还价，取得更好的经济效益。产品销售信息：包括该类产品在过去几年的销售量、销售总额以及价格变动情况；该类产品在当地生产和输入的发展趋势等。通过对销售情况的调查，可以使谈判者大体上掌握市场容量，确定产品的销售数量或购进数量。产品竞争情况：包含目标市场上竞争对手的数目、生产规模、产品性能、价格水平等；竞争对手所使用的销售组织形式、所提供的售后服务、竞争产品的市场占有率等等；通过调查，使谈判者能够掌握竞争对手的基本情况，寻找他们的弱点，预测己方产品的竞争能力，在谈判中灵活掌握价格水平。

（3）有关谈判对手的信息。

在正式谈判前，对谈判对手的信息的掌握也非常重要，如果事先不了解谈判对手，谈判的困难程度和风险程度是可想而知的。资信情况：了解谈判对手的资信情况，包括对方是否具有签订合同的合法资格；对方的资本、商业信誉和履约能力；对方的谈判风格。了解谈判对手的谈判作风，对预测谈判的发展趋势和对方可能采取的策略，以及制定己方的谈判策略，可提供重要的依据。谈判作风因人而异，千差万别。因此，尽可能多地了解谈判对手的个人情况，比如谈判对手的年龄、职务、性格特征、兴趣爱好、业务能力、经验，以及谈判双方的实力对比等方面，通过在谈判中的接触观察或通过向与对方打过交道的人进行了解等途径，对对手的谈判作风进行分析。

2. 谈判方案的制订

谈判方案是指在谈判开始前对谈判目标、议程、对策预先所做的安排。谈判方案是指导谈判人员行动的纲领，在整个谈判过程中起着重要的作用。

一个好的谈判方案必须做到简明、具体、灵活。谈判方案应尽可能简明，目的是便于谈判人员记住其主要内容与基本原则，以使他们能根据方案的要求与对方周旋。不过，这里的简明必须与谈判的具体内容相结合，以谈判的具体内容为基础，否则，将会使谈判方案显得空洞和含糊，反倒使谈判人员不知所措。此外，谈判方案还必须有弹性，以使谈判人员能在谈判过程中根据具体情况采取灵活措施。一般说来，谈判方案应包括以下内容：

（1）谈判主题和目标的确定。

谈判主题是谈判活动的中心，整个谈判过程都应紧紧地围绕这个主题进行。谈判目标是谈判本身内容的具体要求，是期望通过谈判而达到的目的，即说明为什么要坐在一起来谈判，比如：为了探讨双方合作或交易的可能性，解决经济纠纷，达成一笔交易的协议等。任何一场谈判都应以目标的实现为导向，因此，谈判准备工作的关键是确立目标。

谈判目标一般可以分为三个层次：

必须达到的目标，也叫临界目标，它是己方在商务谈判中的最低目标，没有讨价还价的余地，宁可谈判破裂，也不能放弃这一目标。

可能达到的目标，也叫可以接受的目标，它是谈判中可以努力争取或者可以做出让步的范围（可变区间），双方的讨价还价多在这一层次展开。只有在万不得已时方可考虑放弃。

最高目标，也叫期望目标，它是己方在谈判中追求的最理想的目标，谈判者应该刻意追求。当然，必要时是允许放弃的。

（2）谈判议程的安排。

谈判议程即谈判的议事日程，主要是说明谈判时间的安排和双方就哪些内容展开谈判。

①谈判时间的安排。

谈判时间的安排包括谈判在什么时间举行、时间的长短、各个阶段时间如何分配、议题出现的时间顺序等，谈判时间的安排是议程中的重要环节，如果时间安排得很仓促，准备不充分，匆忙上阵，就很难沉着冷静地在谈判中实施各种策略；如果时间安排得很拖延，不仅耗费大量时间和精力，而且随着时间的拖延，各种环境因素都会发生变化，还可能会错过一些重要的机遇。

②谈判议题的确定。

就是要确定进行谈判的事项及其先后次序以及每一事项所占用的时间。

③谈判对策的选择。

在谈判开始前，可组织有关人员根据本次谈判的外部环境（如政治、经济、法律、技术、时间、空间等），双方的具体情况（如谈判能力、经济实力、谈判目标等），对谈判中双方的需要、观点以及对对方某项建议的反应等问题进行讨论，并针对不同的情况选择相应的对策。

④谈判策略的选择。

可选择运用策略很多，如开局策略、报价策略、磋商策略、成交策略、让步策略、打破僵局策略、进攻策略、防守策略、语言策略等等，要根据谈判过程中可能出现的情况，事先做好准备，做到心中有数。

3. 谈判的地点选择和现场布置

（1）谈判地点的选择。

不能认为谈判地点的选择无关紧要，因为它会对谈判中的战术运用产生影响。一般而言，谈判地点可以选择在己方根据地（主场），对方根据地（客场），或者是两者之外的中立地（中立场）。这三种选择各有利弊。

①主场谈判。

优点在于：心理优势，对谈判地点熟悉，具有安全感，信心十足；精力优势，以逸待劳，无须分心去熟悉或适应环境；配合优势，与本企业人员沟通方便，谈判遇到意外时，可以直接向上级请示，如果需要深入研究某个问题时，还可随时搜集和查询有关资料；成本优势，可以节省去外地谈判的费用和旅途时间，降低谈判成本。

缺点在于：谈判可能会受到其他事务的干扰；要承担烦琐的接待工作；对方对他们的责任和义务容易找借口逃避。

②客场谈判。

优点在于：己方可以全心全意投入谈判，不受或少受干扰；能越级同对方的上司直接谈判，避免对方节外生枝；现场观察对方的经营情况，易于取得第一手资料；必要时可以推说资料不全而拒绝提供情报资料。

缺点在于：在谈判中遇到意外时和上级沟通比较困难；环境陌生，临时需要有关资料不如主场方便；被动性强，在谈判场所的安排、谈判日程的安排等方面处于被动地位。

③中立场（第三地）谈判。

在中立场谈判可使双方心理上感觉更为公平，有利于缓和双方的关系。但由于双方都远离自己的根据地，会给谈判的物质准备、资料收集、与上级的信息沟通等方面带来诸多不便，因而在商务谈判中较少使用。

（2）谈判现场的布置。

选择环境优美、条件优越的具体谈判地点，并巧妙地布置会谈场所，使谈判者有一种安全舒适、温馨的心理感受，不仅能显示出己方的热情、友好的诚恳态度，也能使对方对己方的用心深表感谢，从而营造了和谐的谈判气氛。

①谈判地点的选择。

谈判地点的选择应该满足以下几方面的要求：交通便利，便于有关人员来往，便于双方通信要求；环境舒适、安静，应选择宽敞、整洁、舒适，具有良好的通风条件和采光条件，相对较安静，避免外界的干扰；必要时需备有密室，最好在举行谈判的会议室旁备有一两间小房间，以便于谈判人员协商机密事情；必要的办公设备，谈判的地点应配有计算机、打印机、投影仪等办公设备，便于双方人员处理文件。

②谈判环境的布置。

从礼仪角度讲，为合作或谈判方布置好谈判环境，使之有利于双方谈判的顺利进行，一般来说，谈判环境应考虑到如下几个因素：光线、声响、温度、色彩、装饰等。

③谈判会场的布置。

谈判会场的布置及座位的安排是否得当，往往是给客人的第一印象，是检验本企业和谈判人员素质的标准之一，有些商人会根据谈判会场的布置状况去判断主方对本次谈判的重视程度和诚意。

④谈判室安排。

谈判最好能安排在两个房间，一间作为主谈室，另一间作为备用室，有可能的话再配一间休息室。

主谈室作为双方进行谈判的主要场地，应当宽敞、舒适、光线充足，并备齐应有的设备和接待用品。除非征得双方同意，否则主谈室不能安装录音、录像设备，因为这会增加双方的心理压力，言行举止都会谨小慎微，很难畅所欲言。

备用室是双方都可以使用的单独房间，它既可以作为某一方谈判小组内部协商的场所，又可供双方进行小范围讨论之用。备用室最好能靠近主谈室，内部也要配备应有的设备和接待用品。

休息室应布置得轻松、舒适，条件允许也可以适当配置些娱乐设施，以便能使双方松弛一下紧张的神经，缓和彼此之间的气氛。

⑤座位安排。

谈判座位的安排是谈判礼仪的具体体现。最常见的排位方法是双方人员各自坐在谈判桌的一边，这种排位法使谈判小组容易产生安全感和实力感，便于查阅一些不想让对方知道的资料，可以就近和本方人员交换意见。但也容易造成双方的冲突感和对立感。

商务谈判遵循国际礼仪，通常采用长方形条桌，其座位安排如图 6－6、6－7 所示。

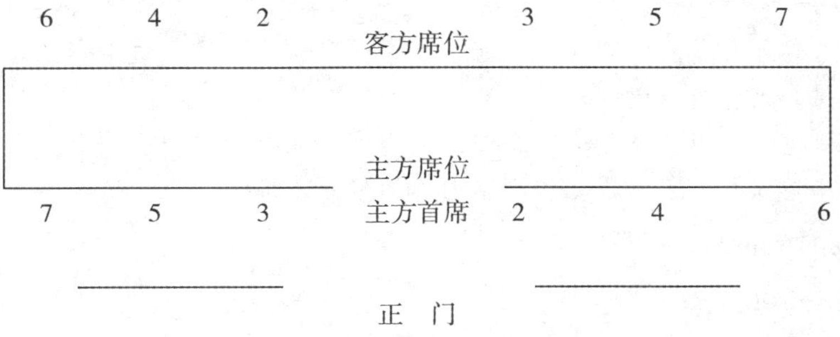

图 6－6　长方形条桌谈判座位安排（一）

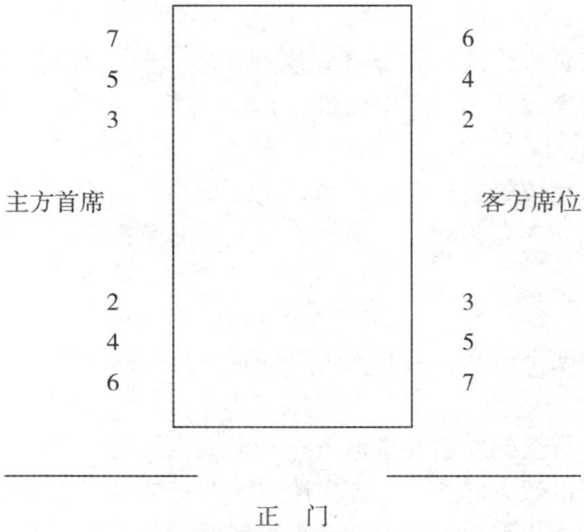

图6－7　长方形条桌谈判座位安排（二）

根据图6－6所示，若以正门为准，主人应坐背门一侧，客人则面向正门而坐，其中主谈人或负责人居中。我国及大多数国家习惯把翻译安排在主谈人的右侧即第二个席位上，但也有少数国家让翻译坐在后面或左侧。

根据图6－7所示，若谈判长桌一端向着门，则以正门的方向为准，右为客方，左为主方。其座位号的安排也是以主谈者（即首席）的右边为偶数，左边为奇数，即所谓“以右为大”。

若没有条桌，也可以用圆桌或方桌，其座位安排分别与上面两种相同，适合于小规模、双方都比较熟悉的谈判。

还有一种排位方法是双方人员随意就座。这种方法能减少对立感，体现双方谋求一致的指导思想，利于形成轻松、合作、友好的气氛。但谈判人员内部的信息传递比较困难，不利于主谈人对本方人员言行的控制，如果事先没有这方面的心理准备，还会产生谈判人员被分割、包围、孤立的感觉。

总之，谈判现场的布置及座位的安排，都应该为谈判的总目标服务，并且根据双方之间的关系、己方谈判人员的素质和谈判实力等因素而定。

（三）商务谈判的开局阶段

1. 建立良好的谈判气氛

谈判气氛直接影响着谈判者的心理、情绪和行为，进而影响到谈判的发展，有实力的谈判者总是试图通过有意识、有目的地掌握谈判气氛来实现他们对整个合作或竞争风格的选择。虽然谈判气氛在谈判不同阶段会呈现不同状态，但通常在开局阶段形成的谈判气氛最为关键，往往贯穿始终，所以在开局应尽可能营造有利于谈判的环境气氛。

（1）谈判气氛的类型。

谈判气氛没有固定的最佳模式，每一个谈判都因谈判内容、形式、参与人员以及地点不同，而有独特的气氛。谈判的气氛大概有四种：冷淡、对立甚至充满敌意的谈判气氛；效率低下、松松垮垮、慢腾腾的谈判气氛；热烈、积极、友好并具有建设性的谈判气氛；平静、严肃和严谨的谈判气氛。

谈判双方究竟将在哪种气氛中进行谈判，需要根据谈判的内容和对手进行调整。而这种气氛一般在双方见面后极短时间内就形成了，而且整个谈判都要受这种气氛的影响。

商务谈判讲究双方互惠互利，因此，创造一个轻松、愉悦的气氛，共同努力签订一个双方满意的协议，使谈判成为一件轻松愉快的事情成为开局阶段的首要任务。

（2）影响谈判气氛的因素。

谈判气氛受到多种因素影响，例如政治形势、经济形势、市场变化、文化气氛、实力差距等。但对谈判气氛产生直接影响的主要是环境、时间、情感与行为。其中谈判人员的主观因素对谈判气氛的影响是最直接的。谈判者的气质、风度、形象、服饰、表情、姿态、动作、说话的语气、话题的选择等都对气氛的形成起着关键作用。

（3）如何营造良好的开局气氛。

建立一种和谐、融洽、合作的良好开局气氛，能够为即将开始的谈判奠定良好的基础。良好的开局气氛可以传达双方友好合作的信息，减少双方的防范情绪，协调双方的思想和行动。谈判者都愿意在一个良好的气氛中进行谈判。

营造良好和谐的气氛，应该做到以下几点：

①把握开场白的节奏。

一般来说，开门见山式的谈判容易造成双方的不安。在谈判进入正式话题之前应该谈些什么问题呢？选择中性的话题最为合适，这些话题轻松而具有非业务性，容易引起双方共鸣，有利于创造和谐气氛。中性话题的内容通常有以下几种：旅游经历、文体新闻、业余爱好等。对彼此有过交往的老客户，可以叙述双方以往合作经历和取得的成功，以及天气情况、私人问候等。

开场白阶段实际上是过渡阶段，因此，不能冷场或停顿，开场白也不宜讲得太快，慌慌张张，或滔滔不绝。注意节奏适当，以形成既轻松又有高效率的谈判速度。

②动作自然得体，讲究表情语言。

人的姿势动作作为人体语言的一种重要形式，具有很强的感染力，比如初次见面的握手稍微有力，有的人认为这是友好的表示，会产生一种亲切感，而有的人可能觉得对方有意献媚，会产生厌恶之感，因此，作为谈判人员应事先了解对方及其每一个成员的背景与性格特点，根据不同的情况，采取不同的做法。

一般来说，可以从谈判人员流露的表情来判断其对谈判的态度。谈判人员是信心十足还是满腹疑惑，是轻松愉快还是紧张呆滞，都可以通过表情流露出来；是狡猾还是诚实，是凝重还是活泼也可以通过眼神表露出来。因此，谈判人员应时刻注意自己的表情和眼神，尽量表示出友好、合作的意愿。

③把握破题时机。

破题是指双方由见面的介绍和寒暄而转入实际性谈判的过程。

通过破题可以了解对方的性格、态度、意向、风格、经验。如若对方破题时瞻前顾后、优柔寡断，可以断定是一个初出茅庐者；反之，如果对方在开局阶段从容自若，设法调动我方兴趣，消除我方疑虑，或想方设法探测我方实力，则可以断定谈判者是一个行家。

破题时，谈判人员切忌过分闲聊，离题太远，尽量将话题集中于谈判目标、计划、进度和人员四个方面。就这四个方面充分交换意见，达成一致。最为理想的方式是以轻松、愉快的语气闲谈双方容易达成一致意见的话题。例如："我们先确定一下今天的议题如何?""先商量一下今天的大致安排，怎么样?"如果对方急于求成，一开局就喋喋不休地大谈实质性问题，己方应尽量避开，将对方引导到谈判的目的、议程上来。

2. 开场陈述

（1）开场陈述目的和任务。

开场陈述是开局阶段双方就本次谈判的内容，陈述各自的观点、立场和建议。

①陈述的目的。

要使双方理解彼此的意愿，内容应是横向铺开而不是深谈某一问题，既要体现一定的原则性，又要体现合作性和灵活性。

②开场陈述的任务。

让双方能把本次谈判所涉及的内容全部提出来，同时，使彼此了解对方对本次谈判内容所持有的态度、立场和观点，在此基础上就一些原则性分歧发表建设性意见或建议。

（2）开场陈述的内容。

①已发生的事件，我方对事件掌握的情况，包括我方认为开场应涉及的问题。

②双方希望通过谈判取得的各自利益。

③我方的基本利益，阐明哪些方面对我方来讲是至关重要的。

④我方可向对方作出的让步和商谈事项，我方可以采取何种方式为双方共同获取利益作出贡献。

⑤我方的原则，包括双方以前合作的经过，我方在对方享有的信誉，今后双方合作中可能出现的良好机会或障碍。

（3）开场陈述时注意事项。

①发言要简单，突出重点，恰如其分地把意图、感情倾向表明出来即可。

②陈述时，最好以诚挚和轻松的方式表达自己的意见、观点和立场。

（四）开局阶段的禁忌

开局阶段为了给对方留下良好的印象，必须注意以下几方面的礼仪禁忌：

（1）在建立恰当的洽谈气氛之前就迅速进入实际性洽谈。

双方见面后，马上进入实际性洽谈，这对谈判是相当有害的，为了使谈判成功，一开始需要建立一个友好的气氛，想取得一个相互合作的气氛也需要时间。

（2）个人形象差。

个人形象差会给对方造成不良印象，影响洽谈气氛，所以以下情形应当避免：

神态紧张，优柔寡断、疲惫不堪；装束不规范，搭配错误，不清洁，不整齐；动作、语言、表情不自然；握手时伸手犹豫、握手无力；与对方接触时，目光闪躲、游离等。

（3）对双方的权力分配处置失当。

人们对待权力问题常常十分敏感，处理不好会破坏会谈的气氛，甚至可能导致整个谈判的失败，因此，在这个阶段应特别注意，这个阶段的关键问题是：谁准备第一个发言？谁在洽谈议程中起主导作用？谈话时候如何在双方之间分配话语权？

通常双方拥有均等的发言机会，切忌说话滔滔不绝，不听取对方意见，这样会破坏会谈气氛。

（五）磋商阶段

1. 明示与报价阶段

（1）明示阶段。

将需要解决的问题摆出来。

①明示的内容。

明示的内容主要包括：己方需求、对方需求、双方的共同需求等。磋商阶段的关键是谈判者既要追求己方需求与目标，同时又要适当考虑对方需求和目标。

②了解对方的需求。

商务谈判的过程，就是需要的提出和满足过程。对方表达的是什么？对方想要什么？对方真正的目的是什么？这都需要不断的探测和判断。

③了解自己的需求。

己方的要求并不是一开始就全部提出的，有经验的谈判者会根据谈判的气氛和谈判的紧张程度来提出自己的要求。提出要求时，必须结合自己的地位和实力以及前期谈判的状况，否则你提出的要求不会得到重视。

（2）报价阶段。

经过明示阶段，实质性的阶段问题都展示在双方面前，接下来就是进行价格磋商了。

①报价。

报价是指对产品价格的要价，还指谈判一方向对方提出的所有要求，比如产品数量、质量、包装、保险、索赔等。

②报价分析。

报价和价格磋商是商务谈判的重要组成部分，往往在商务谈判中，卖者的初次报价是最高可行价格，而买者的初次报价是最低的可行价格。初次报价后，实际上双方都给价格谈判设置了上下限，并影响对方对自己潜力的评价。因此，在报价前要周密审慎地考虑，把开盘价的高低同对方的作风、合作的意图、谈判心理等因素结合考虑。

商务谈判中，哪方先报价不是确定的，先报价和后报价都各有利弊。比如，先报价首先设定了谈判的框架，但相比对方的报价就被动，可能对方对你的报价处处打压，而对方的底牌自己却不知道。而后报价虽然可以根据对方已经开出的价格来确定自己的价格，但如果对方寸步不让，也无济于事。

2. 讨价还价前的准备

(1) 探明对方报价的依据。

逐项探明对方标价内容的理由和依据。己方应逐项询问对方报出的每一个条件的依据和理由，并尽可能引导对方就各个条件的重要性及其变动的可能性、灵活性发表陈述。

探究对方的真正意图。从对方回答己方的各种询问时，应仔细倾听并认真做好记录，从中捕捉对方言谈中透露的信息，探究对方的真正意图。

适时适度地阐述己方的立场和依据。在听取了对方的立场后，应简明扼要地说明己方的理由和根据，注意要“少言多听”。

(2) 判断谈判形势。

谈判双方的分歧一般分为三类：

想象的分歧：一方没有很好地理解对方的要求和立场或不信任或误解对方的报价、解释而造成的分歧。

人为的分歧：一方为了种种目的有意设置关卡而造成的分歧。

实质性分歧：是原则性、根本利益的分歧，对于这种分歧，要反复研究做出某种让步的可能性，并做出是否让步的决定。

关于对方的真正立场，在己方的还价中，哪些条件可能为对方接受，哪些条件是对方不太可能接受的，哪些是对方急于讨论的，在价格和其他主要条件上对方的谈判实力如何，可能成交的范围怎样或是双方都可以接受的交易条件是什么。

对方报价后，要对谈判形势进行分析，在弄清对方期望的基础上，分析如何在满足己方需要的同时，兼顾对方利益。研究对方报价中哪些是必须得到的，哪些是可以磋商的，双方的真正分歧在哪里，什么是对方谈判重点。哪些是对方可以接受的，哪些是对方急于要讨论的，价格和其他主要交易条件上对方讨价还价的实力，如果双边分歧很大，己方可以要求对方重新报价或终止谈判。

3. 讨价

讨价是指评价方对报价方的价格解释进行评论后详细提出技术及商务要求的行为。讨价阶段是商务谈判短兵相接的阶段。

(1) 讨价的方式。

讨价方式基本上分两种：全面讨价与具体讨价。两种方式各有其用，亦应具体条件而生。

①全面讨价。

从总体条件上或从构成技术或商业条件的所有方面提出重新报价要求的做法。该方式多用于第一次要价，一般在价格评论之后，或交易复杂而又缺乏足够的可比资料时。

全面讨价的方式要视对方的态度和报价的虚实程度而定。一般评价方讨价的说法如下：“请就我方刚才提出的意见报出贵方的改善价格”；“贵方已听到我们的意见，若不能重新报出具体成交诚意的价格，我们的交易将难以成功”。以上两种说法表明了不同的讨价态度，采用怎样的说法视对方的态度和报价的虚实程度而定，目的是要求对方重新报价。

②具体讨价。

针对分项报价内容，逐一要求重报改善价格条件的做法，常用于对手第一次或第二次改善价格之后，以及不易采用全面讨价方式的报价，且对手坚持听取具体讨价的情况。

具体讨价的关键就是针对性和具体性。体现具体问题具体分析，在实际操作中，可将具体的讨价内容分为几类，如对于购买设备的谈判，可针对设备部分进行讨价，也可针对设备技术进行讨价等。具体有几种操作方法，如高报价法：有经验的谈判者为了拔高自己的要求，或者压低对方的要求，往往采取所谓的“开出天价，就地还价”的高报价法；鱼饵报价法：想要钓到大鱼，就必须准备“牺牲”鱼饵，有经验的谈判者会用对方期待的“鱼饵”吸引对方；中途变价法：在报价的中途改变原来的报价趋势，从而争取谈判成功的报价方法；挑剔还价法：即“吹毛求疵 ”，再好的物品也能从中挑出毛病来。

（2）讨价的程序。

一般来说，讨价的程序是全面性讨价—针对性讨价—全面性讨价三个阶段，即首次讨价从全面入手，不限一次，而针对性讨价也不是一点，最后的总体讨价，有反复还价的可能性，并不是一次能定价，故正确的讨价步骤是全面性讨价—针对性讨价—全面性讨价。

因为讨价是伴随价格评论进行的，故讨价应本着尊重对方、说理方式进行。因此在讨价上要讲究策略，通过启发、诱导卖方降价，并为还价做准备。如果在此时“硬压”可能过早进入僵局，对结果有负面影响，故在谈判初期、中期的讨价，应保持“平和信赖”的启发，充分说理以求最大的效益。

4．还价

在一方首先报价以后，另一方根据对方的报价，在经过一次或几次讨价之后，继续评估其保留价格和策略性虚报部分，推测对方可妥协的范围，然后根据己方的既定策略，提出自己可接受的价格，反馈给对方。报价、讨价和重新报价与还价的关系十分密切。一般来说，报价方作了数次调价后，强烈要求买方还价时，买方应以还价来表示尊重对方。还价一定要谨慎，还得好，则可谈性强，对双方都有利；还得不好，不但利益受损，还极易引起对方反感和误解，对谈判不利。

（1）还价前的运筹学。

还价策略的精髓在于“后发制人”：

①寻找突破口。

应根据对方对我方讨价所做出的反应和自己所掌握的市场行情及商品比价资料，对报价内容进行全面的分析，从中找到突破口和报价中相对薄弱的环节，作为我方还价的筹码。

②按最高目标还价。

根据所掌握的情况对整个交易进行通盘考虑，估量出对方和我方的期望值和保留价格，制定出我方还价方案的最高目标。

③制订备选方案，保持灵活性。

根据我方的目标设计出几种不同的备选方案，以保持我方谈判立场的灵活性，在允许的空间范围内做出随机应变。

（2）还价的方式。

目前在商务谈判中还价的方式，从性质上讲分为两种：

①按比价还价，指己方不了解所谈产品本身的价值，而以其相近的同类产品的价格或竞争者产品的价格作为参考进行还价。这种还价的关键是所选择的参照物的产品的可比性，只有比价合理才能使对方信服。

②按分析的成本还价，指己方能计算出所谈产品的成本，然后以此为基础再加上一定百分比的利润作为依据进行的还价。这种还价的关键是所计算成本的准确性，成本计算的越准，越有说服力。

以上两种还价方式又可具体分为三种做法：

第一种，单项还价，根据所谈标的物每一个具体项目进行还价。比如对成套设备，按主机、辅机、备件等不同项目还价。

第二种，分组还价，把谈判对象划分成若干项目，并按每个项目报价中所含水分多少分成几个档次，然后逐一还价。

第三种，总体还价，又叫一揽子还价，是对所谈标的物进行全面还价，仅一个价。

一般来说，哪种还价方式对己方有利就采用哪种还价方式。具体来说，两种还价方式的选择取决于谈判者手中掌握的比价材料，如果比价材料丰富且准确，自然应选择“按比价还价”；反之，就用“分析的成本还价”。

选择了还价方式后，就要具体选择还价的做法，如果卖方价格解释清楚，买方手中比价材料丰富，卖方成交心切，买方有时间和耐心，采用逐项还价对买方更有利。对卖方则充分体现了“理”字，卖方也不会拒绝，他可以逐项防守。如果卖方解释不足，买方掌握的价格材料少，但卖方有成交的信心，时间紧时，采用分组还价的方式对双方都有利。

5. 评估与调整

在谈判的磋商阶段，根据谈判的发展变化，要对谈判的计划方案、策略、人员安排等进行分析、评价和调整，以适应不断变化的谈判形势。

评估中，需要结合谈判实际对己方获得的信息资料进行重新分析研究，以确定哪些是真实的，哪些是虚假、无用的，把在谈判中获得的有用的信息资料收集到谈判资料档案中，撤出那些虚假无用的信息资料。

在谈判过程中，如有必要，及时调整谈判班子成员，特别是对业务能力差和不能主动协调配合的人员进行更换，以免削弱己方的谈判力量，但同时要注意保持谈判班子的相对稳定。

在整个谈判的磋商阶段，要做好谈判的专门记录，填写情况汇报表，以供会后研究，调整谈判策略。谈判记录还可以作为向上司请示的材料和草拟协议的原始资料。在做完每次谈判记录后，都要与谈判班子进行核对，以保证记录的全面、准确，必要时还需要双方过目、签字。

三、签字仪式礼仪

签字仪式一般较隆重、正规，礼仪要求十分严格。举行签字仪式时，除双方代表外有时还要邀请各自的上级领导参加仪式。除非双方都要求第三方作为见证人参加签署，否则，一般不邀请他人参加仪式。谈判双方参加签字仪式的级别、人数应大致相当，不能一方人数多、级别高，另一方人数少、级别低，否则不合乎礼仪要求。

（一）签字仪式概述

签字仪式，简称签字，通常是指订立合同、协议、条约的各方在合同、协议、条约正式签署时所举行的正规签署仪式。举行签字仪式，不仅是对谈判成果的一种公开化、固定化、系统化、文字化，而且也是有关各方对自己履行合同、协议、条约所做出的一种正式承诺，它标志着有关各方相互关系取得了更大的进展，以及消除了彼此之间的误会或抵触而达成了一致性见解的重大成果。因此，受到了各方人士的高度重视。

（二）签字仪式的准备

签字仪式是一种很正规的活动，因此对于其准备工作，要安排好签字仪式和程序以及庆贺的场面，使签字仪式顺利进行。一般来说，在举行签字仪式之前，应当尽力做好以下几个方面的工作：

1. 布置好签字厅

签字厅既有常设专用的，也有用会议厅、会客室临时代替的。但不管怎样，为了体现出签字仪式对于协议双方的重要性，在布置会场时都要注意把握这样一个总体原则，即表现出庄重、整洁、清静的氛围。

一间标准的签字厅，首先不可忽视的就是地毯的运用，柔软的地毯可以减轻脚步声，从而有助于缓解与会代表们内心的紧张情绪，地毯应该铺满整个房间。另外，除了必要的签字使用的桌椅外，其他一切的陈设都不需要。正规的签字桌应为长桌，可供签字各方同时使用，以体现协约各方的平等地位，其上最好铺设深绿色的台呢，显得庄重、大方。

按照签字礼仪的规范，签字桌应当横放于室内，在其后，可摆放适量的座椅。签署双边性合同时，可放置两把座椅，供签字人就座；签署多边性合同时，可以仅放一把座椅，供各方签字人签字时轮流就座，也可以为每位签字人各提供一把座椅。签字人就座时，一般应面对正门。

签字桌上，应当事先安放好待签的合同、协议或者条约文本，以及签字笔、吸墨器等必需的文具。事先必须对签字笔进行检查试用，千万不能出现临时流水不畅的尴尬局面，一般选用黑色签字笔。

如果是与外方人士签署合同、协议或者条约，还应注意在签字桌上插放有关各方的国旗。插放国旗时，在其位置与顺序上，必须按照礼宾序列而行，例如，签署双边性涉外合同、协议或者条约时，有关各方的国旗须插放在该方签字人座椅的正前方。

2. 预备好待签文本

依照接待礼仪的规则，在正式签署文件之前，应当由举行签字仪式的主办方负责准备待签合同、协议或者条约的正式文本。

举行签字仪式，是一桩严肃而庄重的大事，在决定正式签署合同时，就应当拟订合同的最终正式文本，即不再进行任何更改的标准文本。

负责为签字仪式提供待签的合同文本的主方，应会同有关各方一道指定专人，共同负责合同的定稿、校对、印刷与装订。按照常规，应为在合同上正式签字的有关各方，均提供一份待签的合同文本，必要时，还需向各方提供一份副本。

签署有关涉外的文件时，按照国际惯例，待签的文本还应该同时使用有关各方法定的官方语言，或者使用国际上通行的英文、法文。使用外文撰写文件时，应反复推敲，字斟句酌，不要望文生义或不解其意而乱用词汇，以免出现不同语言文本表述的差异，或是某一语言文本内容的缺失或增加。

待签的合同、协议或者条约的正式文本，应该以精美的白纸印制而成，按大八开的规格装订成册，并以高档质料，比如真皮、金属、软木等来装饰其封面。

3．规范签字人员的服饰

按照规定，签字人、助签人及随员，在出席签字仪式时，一定要简约、庄重，切记不可“摩登前卫”或者是标新立异。一般而言，应当穿着具有礼服性质的深色西装套装、中山装套装或西装套裙，并且配以白色衬衫与深色皮鞋，男士还必须系上单色领带，以示庄重。

在签字仪式上露面的工作人员以及礼仪人员，可以穿自己的工作制服，或是旗袍一类的礼仪性服装。

在参加签字仪式之前，应当认真修饰个人仪表，尤其要选择合适的发型。女性工作人员应避免佩戴过多的饰物，应以淡妆示人，表现出落落大方的气质。

4．座次安排

从礼仪规范上来讲，举行签字仪式时，在力所能及的条件下，一定要郑重其事，认认真真。其中最为引人注目者，当数举行签字仪式时座次的排列问题，它能直接体现出签字各方的礼遇问题，不可有怠慢之嫌，应突出签约各方的平等地位。

签字时各方代表的座次，是由主方代为先期排定。一般而言，举行签字仪式时，座次排列共有3种基本形式，它们分别适用于不同的具体情况。

（1）并列式。

并列式排座，是举行双边签字仪式时最常见的形式。它的基本做法是：签字桌在室内居中面门横放。双方出席仪式的全体人员在签字桌之后并排排列，双方签字人员居中面门而坐，客方居右，主方居左。并列式签字仪式排位，如图6－8所示。

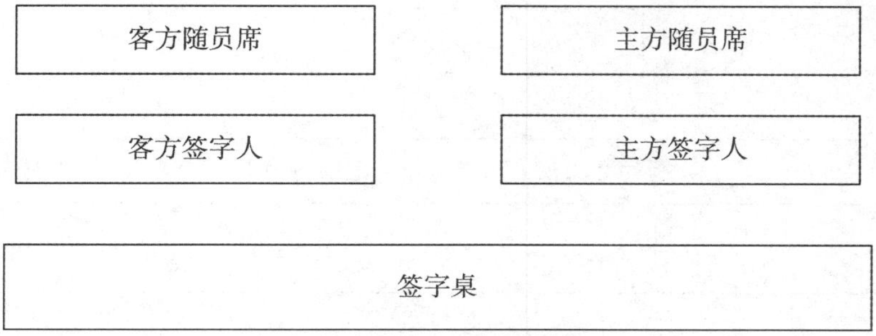

图6－8　并列式签字仪式排位

（2）相对式。

相对式签字仪式的排座与并列式签字仪式的排座基本相同。两者之间的主要差别，只是相对式排座将双方的随员席移至签字人的对面，即签字桌在室内居中面门横放。双方签字人员居内面门而坐，客方居右，主方居左。双方出席仪式的全体人员则在签字桌之前并排排列。相对式签字仪式排位，如图6－9所示。

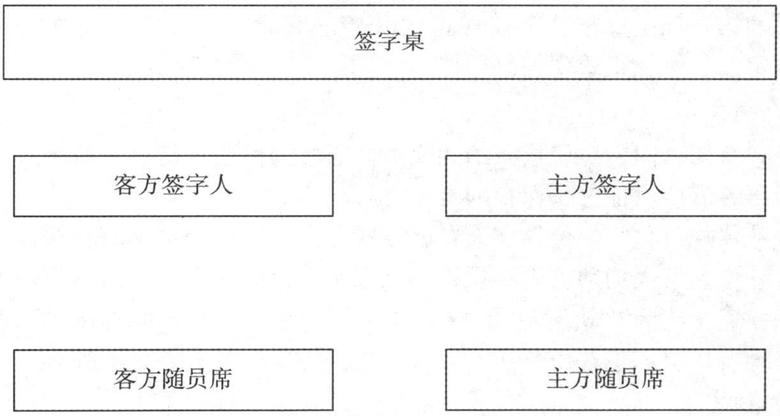

图6－9　相对式签字仪式排位

（3）主席式。

主席式排座，主要适用于多边签字仪式。其操作特点是：签字桌仍须在室内横放，签字席仍须设在桌后面对正门的位置，但只设一个，并且不固定其就座者。举行仪式时，所有各方人员，包括签字人在内，皆应背对正门、面向签字席就座。签字时，各方签字人应以规定的先后顺序依次走上签字席就座签字，然后即应退回原处就座。主席式签字仪式排位，如图6－10所示。

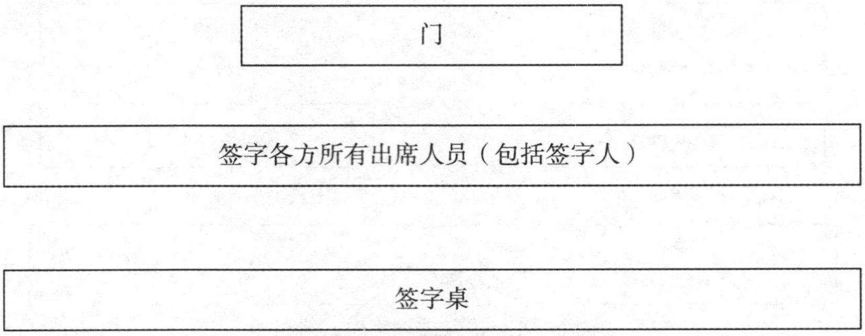

图6－10　主席式签字仪式排位

（三）签字仪式的程序

签字仪式的时间不应太长，但其程序必须十分规范、庄重而又热烈。签字仪式的正式程序一共分为4项。在具体操作签字仪式时，可以依据下述基本程序进行运作。

1. 签字仪式开始

签字仪式的第一项是宣布签字仪式正式开始。此时，有关各方人员应先后步入签字厅，在各自既定的位置上正式就位。

2. 签署合同文本

签字人正式签署合同、协议或条约的文本。通常的做法，是首先签署应由己方所保存的文本，然后再签署应由他方所保存的文本。

依照商务礼仪规范，每一位签字人在己方所保留的文本上签字时，按惯例应当名列首位。因此，每一位签字人均须首先签署将由己方所保存的文本，然后再交由他方签字人签署。此种做法，通常称为“轮换制”。它的含义是：在文本签名的具体排列顺序上，应轮流使有关各方均有机会居于首位一次，以显示机会均等，各方完全平等。

3. 交换合同文本

签字人正式交换已经由有关各方正式签署的合同、协议或条约文本。此时对双方的礼仪十分必要。各方签字人应该起立并诚挚地握手，互致祝贺，并相互交换方才用过的签字笔，以示纪念。全场人员应热烈鼓掌，以表示祝贺之意。

4. 互相道贺

签字仪式的最后一项是饮酒互相道贺，所饮用的酒水应为香槟酒，由主办方开启香槟，有关各方人员一般应在交换文本后当场饮上一杯香槟酒，并与其他方面的人士一一干杯。这是国际上所通行的增加签字仪式喜庆色彩的一种常规性做法。

第十节　网络交往礼仪

随着全球信息一体化和信息技术的不断发展以及电脑应用的普及，网络已经成为人们高效便捷的交往工具，人们在网上交往的频率越来越高。网络交往虽然不见其人，只见其字、闻其声，但网络交往就更需要遵循一定的交往礼仪，使彼此相互信任以达到交往的目的。

网络交往，即网络主体以网络为工具与其他人或网络中介本身之间进行的交往活动，网络主体在该活动中形成一定的网络化的社会关系，这里的网络主体指的是人。目前网络交往方式有电子邮件、网络论坛、网络聊天、文件传输、网络游戏、网络搜索与浏览、博客等。

网络本质上是一种非面对面的联系，是不同的电脑用户进行信息共享、通讯与交流的渠道。人们在使用网络进行交往时必须遵循一定的言行举止的准则和规范，此即网络交往礼仪。

一、网络交往原则

（一）诚信

网络世界偌大无边，给人最大的时空言论自由。网络交流，具有匿名的性质，你看不见我，我见不到你，但这并不意味着可以随心所欲地制造虚假信息，欺骗网友。孔子说：“言必诚信，行必忠正。”汉代韩婴在《韩诗外传》中说：“与人以实，虽疏必密；与人以虚，虽戚必疏。”自然，诚信是每个网民做人的根本与资本。真正的友好交往不会因为隔着互联网就肆意妄为，弄虚作假，骗情骗财。

（二）尊重

电子邮件，或者 ICQ、QQ、微信等内容都属于个人隐私，未经本人同意将其公布于众，则是不友好的行为。不尊重他人的隐私，视内容秘密程度而言，有的不仅是损坏人格的行为，甚至属于刑事犯罪行为。

（三）自然

网络交际，对人热情固然是好事，但如果对初次交际的人表现得过分亲切热情，会令人难以相信和接受，甚至会让人产生怀疑和恐惧。所以，要做到彼此自然而不虚伪，亲切而不假意。

（四）节制

网络平台是自由的、开放的，但这并不意味着就可以在网络世界无节制地畅游，以致荒废了学业和事业。网络交际实践中，网络虚拟的社交形象成了一部分网友自我放纵的托词，以致遍地撒网、交友泛滥。利用网络进行一些交际活动，应做到择时上网、限时上网、适度交际。

二、网络交往礼仪

人们在互联网上交往所需要遵循的礼节，是一系列使人们在网上使用合适的表现的规则。只有当使用互联网的人们懂得并遵守这些规则，互联网的成效才能得到更充分、更有效的发挥。网络交往礼仪如下：

（一）对方的存在

互联网给予来自天南地北、五湖四海的网友一个共同聚集的平台，这既是信息科技带给人类的好处，但同时也使其面对电脑屏幕忘了自己正在与“存在的人”打交道，有时，某些行为就可能忽略了谦虚、尊重和恭敬的礼仪表现。

（二）线上线下言行统一

现实交际生活中的人是遵纪守法、彬彬有礼的，看得见、摸得着、感觉得到的一切行为及其结果均受到道德和法律的约束。那么网上交际只是调换成了另一种平台和互动方式，也理应如此，也就是说，网上交际不可降低做人做事的道德和法律标准。

（三）入境问禁

网上不同的论坛有各自的要求、纪律和规矩。往往在这个论坛可以做的事情而在另一个论坛就不可以做，比如在同学聊天时相互打哈哈、逗趣儿、逗哏儿，甚至发布调侃对方的“小道”消息是无可厚非的，但在一个新闻论坛就必须谨言慎行，不能妄自发表言论。《礼记·曲礼上》上说的“入境而问禁，入国而问俗，入门而问讳”，就是这个道理。

（四）尊重网友

网上互动交流节省了彼此很多时间成本，但并不意味着没有时间的概念，一是上网要有节制，自觉遵守自己的时间，也要尊重别人的时间；二是当对方提出问题或有商量之事时，要及时给予答复，给出自己明确的观点和态度，不能久拖不复，让人失去与你继续交往的热情和信心。

（五）将心比心

网络是个不折不扣的各抒己见的大舞台，可以自由发出心声，就某一论题发生争论是正常的现象。但在交流讨论，发表自己的见解时，要平心静气、以诚待人、以理服人、以情感人、以法劝人，切忌进行人身攻击，谩骂、诋毁、中伤、侮辱、诽谤、污言秽语都是摆不上桌面的，同时有损自己的人格和道德修养。

三、网络礼仪技巧

人们在网上交往所需要遵循的礼仪，是一系列讲礼貌的言行举止的表现规则，只有当使用互联网进行交往的人们懂得并遵守这些规则，互联网的效率才能更充分的发挥，交往的目标才能更有效地实现。网络交往，学会礼仪技巧是有必要的。

（一）自我保护

网上交往、网上交流、网上交友、网上恋爱，都要时刻提高自我保护、防范意识，既让自己的所作所为不伤害到他人，也要做到让他人的所作所为不伤害到自己，例如，当发现有人对自己过于亲近、穷追不舍时，就要考虑到是否正处于险境。

（二）洁身自好

进其境，入其俗，从其令，自觉遵守网络各“领地”规则。明辨是非，不造谣生事，发现有违章违法的言论发生，不参与、不评论、不宣传、不煽动，主动疏远造谣者、肇事者，迅速屏蔽不良网站。

（三）审视是非

有人认为，网络上的人永远比现实中的人“可爱”。的确，网络给人们提供了一个私密的空间，一个倾诉的对象，一个世外桃源。因为网络上永远会有无数只耳朵在听你说话，苦的甜的均有人倾听，甚或躲藏得无影无踪，自得其乐。其实，网络环境不可怕，网络对面的那个人也不可怕，然而，怕就怕自己不能明辨是非善恶，不能自觉抵制“温柔”的诱惑，重要的是要学会建立自己审视是非善恶的标准，并时刻严于律己。

（四）享受资讯

互联网成为当下人们聚会的热闹舞台，各种社交网站如日中天，成为很多人的交往主“标配”。只要你有一颗清醒的心，一双明亮的眼睛，就可以在此自由游览，享受各方资讯，满足汲取知识营养，开阔心灵视野的需求，领略网络给予的五彩斑斓的风景，获得如此享受，是必做到交往礼仪在先。

本章小结

（1）交往礼仪是指人们在人际交往活动过程中形成的应共同遵守的行为规范和准则。

（2）交往礼仪的功能体现在：交往礼仪是个人教养、学养、涵养、修养的外在表现；在社会交往过程中是构成第一印象的主要因素；在社会交往过程中，是一张没有文字却形象生动的名片，体现个人形象和组织形象。

（3）交往礼仪特征为规范性、实践性、差异性和时代性。

（4）个人交往礼仪是在个人参与交往活动过程中，体现出来的仪容与仪表的总和。仪容，通常指人的外观外貌，保持外观外貌的“整”和“洁”是不难做到的；仪表通常指人的修饰、言行举止、风度、风韵、气质等。服装礼仪和举止礼仪都属于人的仪表。

（5）家庭不仅是家人吃、穿、住的场所，也是充满情感的温暖港湾。家庭交往礼仪包括家庭成员关系、接待宾客和亲戚关系三个方面。

（6）远亲不如近邻，邻居交往要遵循一定的礼仪规则，把握一定的分寸，正常的邻里关系是“老吾老以及人之老，幼吾幼以及人之幼”。

（7）学生应具有的礼仪常识。学生在课堂、服饰方面、参与活动、与教师、同学相处时，以及在学校公共场所都要遵守一定的校园交往礼仪。

（8）我国人民非常看重传统节日的交往，交往必须遵守一定的节日礼仪。

（9）人们处于影剧院、图书馆、阅览室、交通工具、旅游景点、舞会等公共场所时，要十分注意交往礼仪。

（10）职场交往指人们一旦就业，就会加入某一特定的职业群体和场所，成为其中的一员，并因工作关系必定同其他成员建立起相应的交往关系。在工作交往过程中应当遵循相关的礼仪。如工作关系礼仪、面试礼仪、公务礼仪等。

(11) 商务活动是指企业为实现生产经营目的而从事的各类有关资源、知识、信息交易等活动的总称。在商务庆典活动、商务谈判、商务签字仪式中的礼仪非常重要。

(12) 网络交往礼仪是人们在使用网络进行交往时必须遵循一定的言行举止的准则和规范。

关键术语

交往、交往礼仪、个人礼仪、家庭交往礼仪、邻居交往礼仪、校园交往礼仪、节日交往礼仪、公共场所交往礼仪、职场交往礼仪、商务活动礼仪、网络交往礼仪

案例分析

案例1　塑造总统形象的专家

美国著名政治公关专家——罗杰·艾尔斯，为不同的美国总统竞选人效力了二十多年，美国人称赞他为“利用媒介塑造形象的奇才”。

1968年，当理查德·米尔豪斯·尼克松（Richard Milhous Nixon）尼克松与林登·贝恩斯·约翰逊（Lyndon Baines Johnson）竞争总统宝座时，罗杰·艾尔斯精心指导尼克松在电视竞选演讲中克服怯懦自卑心理，在赢得美国民众支持方面取得了连尼克松自己也想不到的奇效。

1984年，罗纳德·威尔逊·里根（Ronald Wilson Reagan）参加总统竞选。起初美国民众对他的形象不太认可，觉得他年龄偏大，演员出身，有些轻浮、无实在感。但在罗杰·艾尔斯的策划与协助下，竞选讲演时，给他选择了恰当的服饰、发型与身体姿势，以致让他给民众留下了得体庄重、经验丰富，体魄健康的印象。彻底颠覆了民众对他的不佳印象，最终取得了竞选的成功。

接下来的1988年，在这一年的8月份以前，美国民主党总统候选人迈克尔·杜卡基斯（Michael Dukakis），猛烈攻击乔治·赫伯特·沃克·布什（George Herbert Walker Bush）是罗纳德·威尔逊·里根（Ronald Wilson Reagan）的影子，嘲笑他没有独立的政见与主张。当时布什的形象没有在民众中产生影响力，整个美国的舆论几乎一边倒，杜卡基斯的声誉渐涨。在一次民意测验中，布什甚至落后杜卡基斯十多个百分点。于是，布什请来了“利用媒介塑造形象的奇才”罗杰·艾尔斯，艾尔斯从公关角度指正了布什的两个突出弱点：一个是讲演语言没有吸引力，生硬刻板，无法引人入胜；另一个是体态语言呆板木讷，风格俗气，缺乏独立和新颖的形象魅力。艾尔斯重点帮助布什进行了纠正，诸如讲话尖细的声音、生硬的手势和不够灵活的两臂摆动的姿态，并提出让布什讲话时要表现出果断、自信以及强烈的自我表现意识，如此这般的言谈举止才能成为广大美国民众瞩目的中心。于是，1988年8月举行的共和党新奥尔良代表大会上，布什真正实现了生动的、富有吸引力的提名讲演，就是这一次，局面彻底翻转。经过以后一系列的竞争努力，布什最终击败杜卡基斯，获得了总统大选的胜利。

案例2　“U”出的不愉快

长林天马石材有限公司的南票分公司要举办一次重要研讨会议，邀请了总公司总经理和两位副经理，同时还邀请了当地一位政府要员和北京业界两位专家出席会议。

由于出席会议的重量级人物多，南票分公司领导决定使用“U”字形布置会议桌。分公司3位领导坐在了位于“U”字会议桌的横头处。其他参会者的座签放置在了“U”字的两侧。

与会者纷纷进入了会场，按着早就安排好的座签找到了自己的座位就座，可当会议正式开始不到5分钟时，南票分公司领导发现会议气氛有些异常，来自北京的两位贵宾相互低语后，借口有事站起来说有事要马上离开，南票分公司领导不知道发生什么事或出了什么差错，留人也不是，不留也不是，这会继续开也不是，不开也不是，局面非常尴尬，只好愣愣地杵在那里。

案例3　永远不能飞跑的名片

2015年10月，铁岭市举行了一场春季商品交易会，来自世界各国的商界大咖云集“知名”与“不知名”的大小企业家们济济一堂。

辽宁省沈阳华新公司的胡立本总经理听说西安华鑫科技有限公司欧阳玉婉总经理也来到了交易会。胡立本早就听说过欧阳玉婉经营的公司不同凡响，心想终于有机会可以见一见此人了。

胡立本想到这位素未谋面的商界美女名人，不免心中荡漾几分。午餐会上他们竟然被分到一张餐桌上。趁着各位还没入座，胡立本彬彬有礼地走上前去，“欧总，您好，我是华新公司的总经理，我叫胡立本，这是我的名片。”说着，便从随身带来的公文包里拿出名片，递给了对方。欧阳玉婉显然还沉浸在与朋友的热聊中，她顺手接过胡立本的名片，并主动与胡立本握了握手：“你好，你好。”接过名片握在手中，随即转过身去继续与原来的朋友聊下去。

欧阳玉婉欲将名片放入皮包中，这时，又涌过来两位故交，接着又是握手，又是拥抱，胡立本被晾在了一旁，尴尬了一会儿，他还是不见欧阳总经理有交换名片的意思，只得悻悻而去。

当午宴结束之时，胡立本发现自己的名片已在众人的脚下被践踏得面目全非了。

思考与辩论

（1）礼仪的内涵体现于几层意思？

（2）交往礼仪的特征包括几个方面？

（3）怎样让仪容这个“硬件”“硬”起来？

（4）如何让仪表这个“软件”通过后天的“修炼”给自己加分？个人礼仪包括多少个方面？举实例谈谈修炼个人礼仪的重要性。

（5）学生如何在“家庭交往礼仪、邻居交往礼仪、校园交往礼仪、节日交往礼仪、公共场所交往礼仪、职业场所交往礼仪、商务活动礼仪、网络交往礼仪”的不同场合实施礼仪？举例说明。

（6）选择性地理解《学生文明礼仪三字歌》。

①仪表礼仪：

新时代，讲文明，好青年，树新风。懂礼仪，在言行，好习惯，贵养成。
坐立走，要规范，古有训，记心间。站如松，坐如钟，行如风，姿态正。
要做到，有技巧，眼平视，面含笑。身立正，精神好，挺起胸，要记牢。
重仪表，讲身份，穿和戴，有学问。首整洁，次美观，要大方，更自然。
按校规，穿校服，不攀比，宜朴素。仪容美，贵洁净，勤洗手，衣冠整。
背容直，头容正，胸容宽，肩容平。爱清洁，保健康，讲卫生，促成长。

②交谈礼仪：

文明语，记心间；十四字，挂嘴边。请和您，最常用；字虽少，意无穷。
致歉意，贵心诚；表谢意，话先行。谈话时，身端正；话诚恳，意简明。
听人言，要专注；不插话，获友情。手势语，含义广；宜含蓄，用恰当。
笑甜美，挂脸上；人见爱，心宽广。肢体语，流传广；宜优雅，重大方。

③校园礼仪：

入校门，衣冠整；情绪昂，步履正。见师长，问您好；遵校纪，护校风。
铃声响，进课堂；互致礼，起勿响。坐姿正，勿摇晃；专心听，细心想。
要发言，先举手；起立答，声洪亮。写作业，贵独立；老师见，心欢喜。
课间时，要活动；文明玩，会放松。遇老师，要让路；与师谈，要谦恭。
花儿美，草青青；爱校园，护环境。班集体，是个家；同学们，爱护它。
同学间，互关心；善理解，乐助人。要诚实，懂谦让；团结紧，有力量。
敬人者，人恒敬；集体荣，我才荣。食堂里，有规矩；勿喧哗，食不语。
爱公物，惜粮米；讲卫生，防疾病。节水电，当仔细；好习惯，在自己。
宿舍里，建友谊；室清洁，物整齐。寝有规，按时起；会生活，能自理。
有集会，守时间；明纪律，姿态端。入有序，位有方；好风格，要发扬。
升国旗，要庄重；身肃立，情感浓。降国旗，止步行；爱祖国，记心中。
共青团，是先锋；红五星，飘在胸。手高举，把礼敬；红火炬，伴我行。

④家庭礼仪：

父母恩，比海深；对父母，要称您。晨和晚，要问安；若进门，举止稳。
学自理，助父母；是生日，要记住。亲有疾，侍身旁；吃和用，知礼让。
兄和弟，手足情；兄爱弟，弟敬兄。家餐饮，手要勤；帮做活，表孝心。
待客人，要热情；去做客，仪态恭。打电话，意专注；先问好，再称呼。
声清晰，语简短；话说完，道再见。邻里间，常见面；互尊重，心相连。
敬老人，如家亲；爱幼小，如自身。乐交往，情趣融；虽近邻，胜远亲。

⑤公共场所礼仪：

行路上，整衣装；守规则，要礼让。遇师长，要行礼；遇友朋，要致意。
路上行，讲卫生；骑车时，守规定。不横骑，不逆行；勿带人，勿强行。
乘公交，守秩序；依次上，不拥挤。让老弱，助残疾；懂谅解，不斗气。
医院里，有规矩；要安静，讲顺序。去看病，能配合；探病人，择时机。
做观众，讲文明；不喧哗，利视听。对演员，要尊重；善理解，不起哄。
图书馆，要肃静；声要低，走要轻。借图书，要爱护；阅览毕，归原处。
去旅游，长见识；乘车船，守秩序。乱刻画，失德行；玩不忘，护环境。
有理想，有道德；有文化，有纪律。做四有，明志向；新青年，在成长。

（选自 http：//school. ggedu. gov. cn/，有改动）

第七章　大学生异性交往与恋爱策略

学习目标

（1）明确人际交往中的爱情心理、爱情本质；

（2）识别大学生恋爱动因、择爱标准的心理差异；

（3）了解大学生恋爱特征、大学生恋爱中出现的问题；

（4）掌握爱情心理策略；

（5）学会在人际交往中把握好与异性交往的“度”，加强恋爱道德修养，稳妥打理爱情。

正值青春期的男孩女孩，由于生理和心理日渐成熟，对异性产生了好感、爱慕甚或性意识的萌发，渴望和异性接近、相处或交往，这都是青春期发育中正常的心理现象。

第一节　异性交往爱情心理

歌曲《远方》的歌词写道：“宽厚肩膀，手指干净而修长。笑声像大海，眼神里有阳光。我想象你，一定就是这样；还没出现，就已对你爱恋，还没遇见，就先有了思念。要给我的爱，如果你还在灌溉。要我等待，我就等待；北方南方，某个远方，一定有座爱情天堂。我们用爱幸福对方，共享一对翅膀飞翔。请找到我，到了对的时候。相遇的路口，请认出我，属于我的爱，先种在你心中，请感动我，等它成熟。北方南方，某个远方，一定有座爱情天堂。”

法国著名作家雨果曾说过：“人生有两次出生：第一次是在开始生活的那一天；第二次，则是在萌发爱情的那一天。”对于正值青春韶华的大学生来说，爱情以它的独特魅力撩动着他（她）萌动的心弦，令人神驰向往。的确，爱情是幸福的，爱情是美妙的，爱情就是天堂。

一、恋爱

大学生喜欢交往，需要朋友，期盼友谊，渴望爱情。男女同学同窗几年，异性同学共事共处一室，电梯里突然邂逅儿时玩伴，宴会上心仪某个俊男靓女，爱情真有可能来得太快、太猛、太炫。大学时代是“骄子”的黄金时代，青春——心的萌动，使之开始涉足于另一个领域——爱苑。初恋，是一场情感世界的巨变，生理与伦理意识的更新与骤变。

然而，恋爱问题恰恰是大学生最感困扰的问题之一。一项临床心理咨询实验表明，80%的大学生的心理障碍问题是由于“两性”和“婚恋”问题引起的。有恋爱就有失恋，失恋或者恋爱过程受挫的大学生常常一蹶不振，沉湎于痛苦之中不能自拔，严重者影响身心健康，导致各种心理、生理障碍。个别大学生甚至因恋爱问题处理不当导致极端恶性事件的发生。

二、爱情的本质

爱情对每个人来说，是一种潜意识层面的心理需要。

（一）爱情

爱情是世界上最复杂的情感现象，而爱情到底是什么呢？这是一个很难回答的问题。社会心理学认为，爱情是人际吸引最强烈的形式，是男女之间基于一定的客观物质基础和共同理想，在内心形成的对异性最真挚的仰慕，并渴望对方成为自己终身伴侣的强烈、稳定、专一的情绪，其特点如下：

1．相异性

爱情一般是在异性之间产生的，狭义的爱情专指异性恋，不含同性恋。

2．成熟性

爱情是在个体身心发展到相对成熟时产生的情感体验，幼儿没有爱情体验。

3．高级性

爱情是异性间的感情升华到一定的成熟、深厚、稳定时期，是一种高级情感，不同于低级情绪。

4．生理性

爱情有其生理基础，包括性爱因素，不是纯粹的精神上的依恋。

5．利他性

爱情的基本行动倾向是奉献。衡量一个人对异性有无爱情、强度如何，可以通过“是否发自内心，帮助所爱的人做其期待的事情”这个指标来衡量。

美国著名心理学家、心理计量学家罗伯特·斯腾伯格在 1988 年对爱情的内涵提出了新的见解，他的“爱情三角理论”认为，爱情包括亲密、激情、承诺三种成分。亲密是指异性伴侣间心灵相近，互相契合，互相归属的感觉，属于爱情的情感成分；激情是指强烈地渴望与伴侣结合，追求浪漫和沉迷于外在吸引力的动机，也就是与性相关的动机驱力，属于爱情的动机成分；承诺则包括短期和长期两个部分，短期的部分是指个体决定去爱一个人，长期的部分是指对两人之间亲密关系所做的持久性承诺，属于爱情的认知成分。

仅有激情的爱是一种迷恋，仅有承诺的爱是一种空洞的爱，仅有亲密的爱只是喜欢，激情与承诺结合是迷恋的爱，激情与亲密结合是浪漫的爱，承诺与亲密结合是伴侣的爱，三个维度结合在一起才是圆满完美的爱（如图 7－1 所示）。

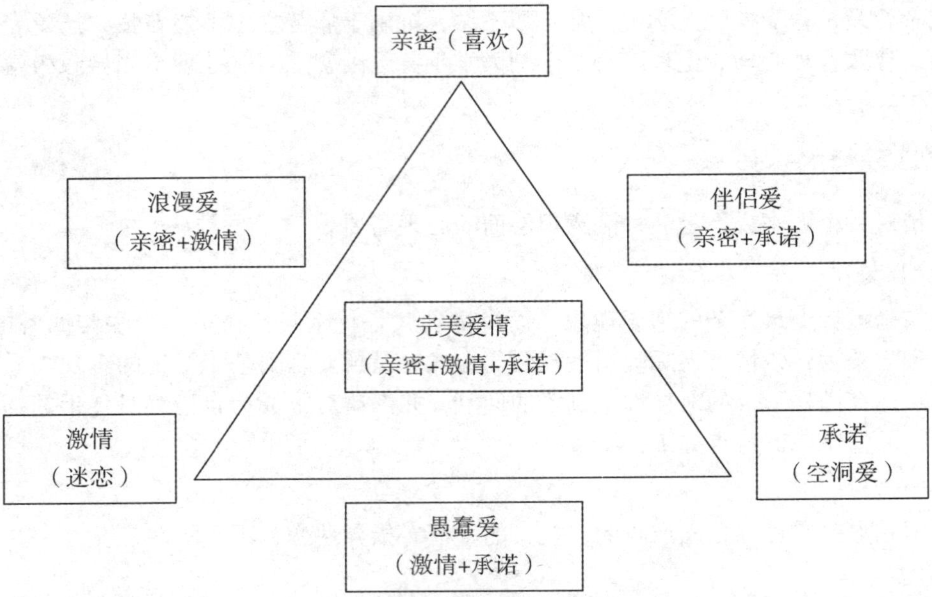

图 7－1　斯腾伯格爱情三角形

（二）爱与喜欢的区别

生活中我们经常听到“我喜欢他（她），但不爱他（她）”的情感表白。社会心理学家扎克·鲁宾（Zick Rubin）认为爱情与喜欢根本就是两种不同的情感，喜欢的对象往往是广泛的，而爱情的对象则是单一的。爱情与喜欢的区别主要表现在以下三个方面：

1. 依恋

卷入爱情的双方在感到孤独时，会特意去寻找对方来陪伴和安慰，而喜欢的对象不会有同样的作用。两人在交往中，喜欢产生的是愉悦与满足的情感体验，而爱情产生的是一种依恋与关怀的情感体验。

2. 利他

恋爱的人之间会高度关怀对方的情感状态，觉得让对方快乐和幸福是自己义不容辞的责任。在对方有不足时，也会表现出高度的宽容。以自我为中心、自私自利的人，在恋爱中也会表现出某种理解、宽容、关怀和无私。

3. 亲密

处于恋爱之中的双方，几乎对对方有着高度的情感依赖，往往体验到“我的眼里只有你”的心理感受，渴望与对方单独相处，拥有亲密的个人交往距离，以及彼此愿意袒露心扉。

三、大学生恋爱动因分析

斯腾伯格曾指出：“青少年期心理的发展是这一时期个体生物的、认知的和社会的三种基本的发展变化与这些发展变化发生的社会背景的综合产物。”大学生的恋爱从生理、心理、社会三个方面归纳起来，有以下几种主客观因素。

（一）大学生生理发育成熟的影响

目前我国大学生的年龄多在 17～25 岁之间，生理发育的成熟，特别是性器官的成熟和第二性征的发育，促使性激素的分泌，因而出现了性意识的萌发和觉醒，导致对异性向往、追求和爱慕的情感产生。这是人类的自然属性，也是爱情萌生的原始契机，是大学生恋爱的内驱动力。

（二）心理因素的影响

爱情是在男女双方交往中产生的，正是潜意识里隐藏着各因素糅合而成的异性偶像，在茫茫人海中才会选择他（她），而不是别人，当遇到某一心仪的异性，就会马上被他（她）吸引住，并产生爱情。

（三）爱与归属的心理需要

爱与归属的心理需要是人的基本动机需要之一。爱的需要包括给他人的爱和接受他人的爱。大学生对于爱情的追求正是满足这种需要的行为的反映。爱与归属的实现也可以满足大学生对于亲密关系的渴求。走进大学的大学生开始独立求学生涯，他们脱离了以前的高中生群体进入大学新环境以及人际关系网络，陌生、寂寞与烦恼，让他们通过在共同的校园里学习、生活和交往完善自我等多重目的，也使他们对亲密关系的心理需求空前强烈，此种需求自然包括对异性的心理需求，亲密关系发展的顶点就是爱情。

（四）从众心理的影响

社会心理学研究表明，人在群体生活中容易出现从众心理。所谓从众心理，就是个人的认知或行为会不知不觉地迫于所处群体的无形压力，而不由自主地与多数人保持一致的心理现象。大学生在共同的校园里学习、生活和交往，加上思想观念的相似性，促使他们在恋爱问题上表现出明显的从众趋向。

（五）社会文化因素的影响

大学作为社会的一个缩影，其校园文化也并非一潭静水，而是无时无刻不随着社会文化的嬗变而微澜四起。随着市场经济的深入发展和对外开放的力度加大，海外影视、网络、书籍等大众传播媒介中情爱生活的刻画和描述日益增多，猛烈地冲击着中华民族传统的爱情道德。尤其互联网上大量关于两性及恋爱问题的信息也使大学生眼花缭乱，难辨是非。在好奇心的驱使下，他们渴望尝试涉足爱河，有的甚至偷尝禁果，造成无可挽回的后果。

（六）择爱标准的心理差异

由于男性女性生理、传统观念、思想意识、社会环境和家庭背景的不同，致使男性女性择爱标准在心理上就存在着诸多的差异性。

1．男性

男子择爱定向和他在生理、心理上所占的优势相关。男子与女子不同的性别优势，造成他的自强和自立心理，使他们在考虑爱情与婚姻时，在潜意识里把女子放于附属地位。他们觉得自己有把握创造身外之物，认为女子只要吸引我就行，并不注重女子的社会条件，所以，男子往往愿意与迷醉自己的女子恋爱。女子形体方面的吸引力在男性择爱中尤为重要，男子更多使用性吸引标准，常把女子的形体魅力放在第一位。男子择爱另一特点是把女性的优美性情放在十分重要地位，都希望自己未来的伴侣温柔贤惠，因为男子认为，女子的天然性情是婚姻的生活现实性和感情稳定性的基础，是缔结良缘的可靠保证，他们认为贤惠温柔不仅是男子的感情需要，更重要的是家庭婚姻质量的需要。美貌本来是天生的，但许多男子把爱情与美貌连在一起，从而使某些美女滋长了盲目的骄傲，于是美貌的女子有时与轻浮浅薄相伴而生，甚至染上世俗的恶习。因此，真正社会经验成熟的男子，他的择爱常把女性的内在美放在至关重要的位置。

2. 女性

女子的择爱定向明显不同于男子，二者存在着较大的差距。首先是由于性差的不同造成她们的依赖性，把婚姻生活作为一种“托附”，要求男方要有坚实的依靠感，尤其是经济基础；其次，男子的情欲尤其具有冲动性与不稳定性。这样，男子的思想道德、爱情道德对女子的选择具有十分重要的意义。因而，择爱时她们必须慎重，希望有忠诚的爱人与安定宁静的家庭，女子择爱常常从婚姻及未来的角度考虑，也就是为了结婚而恋爱。多数女子不能离开“成家立业”这一恋爱目的来设想对男子的爱，即对两性间的感情度要求甚严，择爱侧重男子的内在美——思想、道德、能力、发展潜力、温存体贴等，更注重男方的社会条件。

四、当代大学生恋爱特征分析

大学生恋爱除了具有一般青年恋爱过程中所具有的排他性、冲动性、强烈性、直觉性和依存性以外，还具有属于自己的特征。

（一）浪漫色彩浓厚

大学生的恋爱谈论的话题大多是学习、娱乐、人生、社会等，注重“花前月下，诗情画意”，追求丰富多彩的精神生活，对爱情浪漫色彩的追逐和窥探心理表现浓厚。追求浪漫自然缺少不了经济基础的支持，大学生作为一个没有收入但需要高消费的特殊群体，本身不具备稳定的经济基础，因此只能侧重以精神层面来满足对浪漫性的追求。

（二）求偶标准趋于理性

有一项针对751名大学生进行的婚恋观调查表明，最为大学生所看重的择爱标准为品德、性格、才华、学历及健康。按照重要性对于9项择爱标准的排序结果见表7-1所示。

表 7－1　大学生的择爱标准调查表

项目	男（N=466）	排序	女（N=276）	排序	合计（N=742）	排序
外貌	57.60%	4	50.30%	5	46.20%	5
品德	84.20%	1	86.50%	1	85.60%	1
性格	79.80%	2	85.40%	2	84.70%	2
健康	56.40%	5	49.30%	7	53.40%	4
家庭	32.10%	9	35.80%	8	33.90%	8
感情	35.80%	8	49.40%	6	44.30%	7
才华	60.60%	3	75.70%	3	67.40%	3
贞操	43.10%	6	16.30%	9	30.10%	9
学历	37.90%	7	52.10%	4	45.60%	6

尽管在择爱标准上当代大学生尚存在部分非理性因素，但从总体上看大学生的择爱标准更加重视个人素质和内在修养，表明当代大学生对爱情的理解已经进入深层，择爱的价值取向不仅仅停留于肤浅的外部条件层面。

（三）开放意识和传统观念并存

现代的大学生恋爱早已抛却了东方民族的含蓄和深沉，校园内处处可见携手同行的恋人，部分大学生甚至旁若无人地拥抱接吻，用鲜明地个性昭示着爱情的到来。但另一方面，大部分的大学生还恪守着传统的伦理道德观念，调查表明，男女大学生中表示不能接受婚前性行为的分别为60.1%和86.6%，60%以上的大学生认为“婚姻中的双方要对彼此忠诚”，这些结果表明大学生在婚恋态度的主流上还是以中国传统的婚恋价值为取向的。

（四）自控力与耐挫力较弱

现在的大学生较多生活条件优越，很少经受生活的挫折，因而在人格特征上表现出自由、任性、缺乏自控力和对挫折的承受应变能力。这种人格特征也必然体现在大学生恋爱中。有些大学生一旦陷入热恋，往往不善于控制自己的情感，对恋爱对象过分依赖，稍有波折就痛苦万分。一旦恋爱受挫即会情绪失控，无法自拔，从而对学习、生活造成严重影响，有的学生甚至选择自我伤害等极端行为，或者心理失衡走上蓄意报复的犯罪道路。

五、当代大学生婚恋问题面面观

大学期间，学生会不由自主地遇到很多关于恋爱的问题，这让多数大学生手足无措。甚至有的学生不懂得如何处理，不可避免地产生了心理问题。

（一）大学时代——爱情是必修课还是选修课

某项大学生恋爱现状调查表明，大学生恋爱的比例为3.2%，准备谈恋爱的占10.4%，没有谈恋爱的占53.4%。而关于大学生在校期间是否应该谈恋爱，则有两种不同的态度。多数大学生对大学期间谈恋爱持肯定态度，甚至有的大学生认为恋爱是大学生的必修课，如果没有发生几次恋爱则是不可弥补的缺憾。与之不同的观点则认为，青春易逝，韶华难留，大学生应该珍惜宝贵的时光，将主要精力放在工作学习上，至于是否恋爱则仅仅是一门“选修课”，视有无闲暇和是否遇到心仪的人再定。

（二）大学生常见恋爱心理调适

1. 单相思与爱情错觉

单相思是指异性关系中的一方倾心于另一方，却得不到对方回报的单方面的“爱情”。爱情错觉则是指在异性间的接触往来中，一方错误地认为对方对自己“有意”，或者把双方正常的交往和友谊误认为是爱情的来临。单相思与爱情错觉都是恋爱心理的一种认知和情感的失误。

单相思和爱情错觉恰如爱情丛林中的无果之花，当事者一旦陷入其中往往备受心灵的折磨，却等不到任何爱情的回应。存在单相思和爱情错觉的大学生如果确认对方不喜欢自己，则应该果断结束一厢情愿的爱慕，不再缠绵于没有结果的苦苦等待，避免给自己或对方造成更大的心理伤害。另外，单相思的大学生往往具有深层的恋爱自卑心理，他们应从多角度寻找自己的长处，挖掘和排列一下自己能吸引他人的闪光点及优势，从而找到属于自己的自信，挺起腰杆向着被爱的方向出发。

2. 失恋

失恋是指恋爱的一方否认或中止恋爱关系给另一方造成的一种严重挫折。失恋对于每个珍视感情的人，尤其是初恋者的打击都是巨大的，对心灵造成的伤害也是难免的，甚至是持久的。从心理学角度来看，失恋是大学生，特别是大学生求学期间最严重的挫折之一。

“天涯何处无芳草”，失恋不可怕，可怕的是走不出失恋的阴影。大学生面对失恋可以尝试通过以下方法进行自我调节。

（1）宣泄转移法。

心理学研究表明，人在遭遇负性生活事件打击时，如果能够通过合适的途径及时将郁积的不良情绪宣泄，则能促进心理创伤的康复。遭受失恋打击的大学生不妨选择向知心朋友倾诉内心的痛苦，还可以通过参加文体活动、业余体育训练、继续深造学习等，将自己的注意力转移到其他事情上，及时释放和宣泄不良情绪。

（2）价值补偿法。

海伦·凯勒曾说过：“一扇幸福之门对你关闭的同时，另一扇幸福之门却在你面前打开了。”事实上，一段感情的结束，离开的只是那个不适合你的人，你的世界并非因为他的离去一片荒芜，你还拥有着永远爱你的亲人和支持你的朋友，珍惜自己的拥有，把精力投入到学习、工作和感兴趣的事情之中，把失恋的痛苦升华为一种奋发向上的动力，从而弥补失恋带来的心理伤害。

（3）冷静思考法。

心理学认为，当受到外界刺激，情绪不能自主时，排遣这种不良情绪的关键是冷静和理智加理智和冷静。时间是治愈一切心灵创伤的良药，失恋后不妨给自己设定一段时间冷静思考：你们的恋爱是否存在盲目性？对方感情的变化有无道理？这样的爱值不值得留恋？诸如此类的问题可以帮助遭受恋爱挫折的人恢复冷静的头脑，自我修复受伤的心，理智地面对今后生活。

（4）积极认知法。

任何事物都有其正反两面，失恋虽说是一次失败的恋爱，但同样有其独特的积极意义，比如，失恋能增长阅历和耐挫能力，有助于澄清自我的爱情观，让人学会珍惜、尊重和宽容等，多从积极的角度认识失恋问题，能有效降低痛苦感，将失恋的负面影响减到最低。

如果上述调试途径不能有效排解失恋带来的心灵创伤，大学生还可以选择向社会心理医疗机构和校内心理咨询老师求助，通过专业人士的指点和帮助早日走出失恋的泥沼，学会以阳光的心态面对崭新的生活。

3. 多角恋

常言道：“爱之酒，甜而苦。两人喝，如甘露，三人喝，便如醋，随便喝，毒中毒。”有些大学生在选择恋爱对象时奉行“广泛撒网，重点培养”的原则，用情不专，频繁更换恋爱对象，甚至有的大学生以追求者众多而到自豪，视恋爱为游戏，玩弄他人的情感，如此在多人之间造成了情感纷争，甚至引发了爱情悲剧。

4. 中止恋爱关系

生活当中，“落花有意，流水无情”的爱情错位现象常常发生。当恋爱过程不顺利而提出中止恋爱关系或拒绝接受求爱时要注意两个方面：一是要果断、勇敢地表明立场和态度，爱情来不得半点勉强和将就，如果优柔寡断或屈服于对方的穷追不舍，发展下去对双方都是不利的；二是尊重对方，掌握恰当的拒绝方式。虽然每个人都有拒绝爱的权利，但是珍重每一份真挚的感情是对他人的尊重，也是一种自我修养的体现。

【案例赏析】

摇　摆

心理医生对面是一个清秀的女孩儿。

女孩低着头，揉搓着双手，有些紧张，终于她鼓起勇气，吞吞吐吐道出了她的心事：

“我和他是同一所学校的，在一次学校的社团聚会上认识的，并很快相爱了。我们几乎每天一起学习，一起吃饭，一起上网，一起逛街，一起参加老乡和朋友的聚会，大家也理所当然地认为我们俩是一对。我们彼此很爱对方，他对我也真的非常好，我想我也会一直爱他。我们俩都感觉很幸福，我也很珍惜这份感情。

可有的时候，当我们俩非常亲昵的时候，他会向我提出性要求，说既然两个人是真心相爱的，就要把全部都给对方，他还发誓说会对我一生负责的。我是一个比较保守的女孩，可每当看着他既难受又急迫的样子，我又心疼又为难，好几次就想妥协，算了算了。

我真的很爱他，这件事我能不能也顺了他？”

第二节　大学生异性恋爱策略

爱情是人类永恒的追求，爱的培育需要理性与心智，需要等待和观察，需要技巧和策略，确立健康的爱情观是大学生未来幸福生活的钥匙。当代大学生应该如何树立健康的爱情观呢?

一、爱情萌动期把握好交往的“度”

青春期爱情萌动、性意识萌动是完全自然、正常的现象。正像春天的花蕾即将绽放一样，男孩会钟情，女孩也会怀春，这是大自然的规律。这期间，与异性交往切记“五不”与“四要”:

1. 不必过分拘谨

与异性交往，消除异性交往中的不自然是建立正常异性关系的前提。最好体现为，像对待同性那样对待异性，像进行同性交往那样进行异性交往。

2. 不应过于随意

在与异性交往，不免产生好感，进而心中滋生爱慕之情，这是正常之情。但有人来者不拒，接触一个“爱”一个，甚至同时与几个异性朋友亲密交往，这种随意亲密的态度一定会某种程度地伤害到异性朋友。毕竟男女有别，亲密异性要有所选择和谨慎接触。

3. 不应过分随便亲昵

男女之间过分拘谨固然令人难堪，但也不可过分随便，诸如嬉笑打闹、你推我搡、勾肩搭背之类的举止应力求避免。须知，男女毕竟有别。过分随便会使你显得轻佻，进而引起对方反感，容易造成不必要的误会。有些话题只能在同性之间交谈，有些玩笑不宜在异性面前乱开，这些都是需要注意的。

4. 不宜过分严肃冷淡

男女交往时，理智、善于把握自己的感情固然是必要的，但过分冷淡、严肃，会伤害对方的自尊心，也会使人觉得你高傲无礼，从而对你望而生畏、敬而远之。

5. 不可过分卖弄

在与异性交往中，如果想卖弄自己见多识广而讲个不停，丝毫不给别人说话的机会，或者在争辩中有理不让人，无理也要辩三分，都会使对方反感厌恶。当然，也不要总是缄口不语，或只是“嗯”“啊”不已。如果这样，尽管你面带笑容，也会使人觉得你城府太深，使人扫兴而去。

6. 要举止端庄、稳重大方

特别是女性，“端庄自爱、洁身如玉”是我国妇女的传统美德。交往时，要语气和蔼、态度诚恳、文雅庄重。不要装腔作势、扭扭捏捏、风情万种，要体现出自己高尚的情趣和良好的道德修养。

7. 要循礼守节

思想要真诚，心理要纯洁，一言一行，一举一动，必须“入乡随俗”，遵守传统的礼节。尊重彼此的关切，如自尊、人格与宗教、信仰。这样才能正常地交往，才会有良好未来希望的可能。

8. 要理智对待异性的爱慕追求

对于异性对自己的任何爱慕的表示与追求，需要理智、冷静地对待和妥善处理。如果要拒绝，最好先通过面谈的方式慎重地、委婉地回绝；如果回绝不了，可通过信息的方式告之。公开羞辱对方不道德，也会损坏你在其心目中的美好形象。

9. 要敢于反击异性的挑逗侵害

自尊自爱既是大学生的高尚情操，也是自我保护的条件之一。与异性交往，要提高警惕、掌握分寸，例如避免对方拥抱和吻自己；与异性同处一间室内时，不要锁门等；要学会一些关于自我防范的措施和方法。

二、摆正爱情的位置

大学生所处的年龄阶段，正是大脑中枢神经系统最发达的阶段，其思维和记忆能力都进入了最佳时期。因此，大学阶段是大学生获取知识的黄金时期，更是实现专业知识储备、智力潜能开发、个性品质优化的主要阶段。大学生在追求美好爱情的同时，应该摆正爱情在人生中的位置，明确坚持学业第一的观点，正确处理学业、工作、爱情、友谊之间的关系。

三、加强恋爱道德和责任心的培养

大学生在进入恋爱状态之前就应该懂得，爱不仅是得到，更是一种责任和奉献。在社会生活中，人具有两个方面的责任：一是个人对社会应尽的责任；二是个人对家庭、父母、孩子和伴侣的责任。第二方面的责任属于私人生活的性质，是社会干预最为微弱的领域，是完全需要道德和自觉的责任感来维持的。大学生在面对爱情时要懂得为恋人负责就是为他人负责、为社会负责，同样更是为自己负责。这样今后步入社会才有可能成为一个有责任心的人。

四、爱是一种能力

爱本身就是一种能力，一个人如果没有爱或不愿意爱，那么他本身就是不完整的。爱的能力不是与生俱来的，也非随着生理成熟自然形成的，而是在社会生活中逐渐成长起来的。这种能力包括施爱的能力、接受爱的能力和自我成长的能力。爱意味着尊重对方的独立个性，促使双方积极的潜能发挥而非按照某种愿望或标准塑造对方。

五、自尊自爱，做最好的自己

每个人都期待着在最合适的时候遇到合适的人，在遇到最心仪的他（她）之前，最需要做的不是怨天尤人，也不是日日“对镜贴花黄”——对自己的外部形象精雕细琢，首先应该自尊自爱，由内而外地提高自身修养，努力做最好的自己。试想，对于气质优雅内心美好的人谁不欣赏呢？古诗云，“幽兰在深谷，本自无人识，只因香气重，求者遍山隅”，说的就是这个道理。

【案例赏析】

网　恋

小雪在网上邂逅了一场浪漫的恋爱。然而见面后小雪发现对方根本不是和她年龄相仿的大学生，而是一个人过中年的成熟男士。小雪本来想抽身而退，可最终还是在对方甜言蜜语的挽留下继续和他保持着联系，甚至相信了对方还是单身，将来一定会娶她为妻的诺言。直到有一天，正在上课的小雪接到一个陌生女人的电话，对方不由分说地把小雪骂了一顿，最后甩出的一句话是：“我是你爱上的那个人的老婆！”小雪的梦破碎了。

六、尊重性爱，稳妥打理爱情

谈到爱情，就不能不谈到性。性作为爱情的成分之一，是人类美好感情生活的自然组成部分。徜徉在爱情河畔的大学生体验着爱情的美好，同时也感受着性的困扰，我们从了解大学生性心理的一般特征开始解读大学生的性困惑。

（一）大学生性心理的基本特征

由于受文化层次、教育程度以及所处特殊环境的影响，大学生性心理发展有其特殊性，主要有两个方面的特征。

1. 性意识的强烈性和表现上的文饰性

青年早期显著的心理特征之一是闭锁性和强烈的求理解性，这就导致了其心理外显方式的文饰性。在对待性问题上也是如此，比如十分重视自己在异性心目中的印象、评价，但表面上又表现得拘谨、羞涩、冷漠；心中对某一异性很感兴趣，表面上却有意无意表现得无动于衷，不屑一顾，或装出回避的样子；表面上十分讨厌某种亲昵的动作，但实际上很希望能够体验。诸如此类的矛盾心理与表现使大学生内心产生了种种冲突和苦恼。

2. 性心理的压抑性和心态的动荡性

大学生所处的年龄阶段是一生中性能量最旺盛的时期，性生理的发育趋于成熟导致了性冲动的自然发生。由于受学业、就业压力和经济条件的制约，大学生结婚年龄不断推后，出现漫长的“性等待期”，在这个时期内，性冲动不能通过符合社会、文化和法律的途径解决，大多数大学生能够通过对性冲动适度的压抑、转移和疏导，达到适应的目的。还有个别大学生容易受周围不良环境的影响，性意识受到错误强化而动荡不安，可能因自控能力较弱而放纵自己的性行为，甚至发生性过失和性犯罪。

（二）大学生的性困扰

性作为一种生理、心理和社会现象，始终伴随着每个人，深刻地影响着每个人的健康、幸福和人格完善。大学生面对性的问题时往往面临很多心理困惑，主要有以下几种：

1. 性自慰

自慰行为，又称手淫行为，调查表明自慰是构成大学生性心理困扰的重要因素之一。从现代医学的角度来看，自慰本身并没有什么害处，在一定程度上，适度的性自慰对于调节大学生压抑的性冲动是有好处的。但是过度自慰以及强迫自慰则可能在生理和心理上产生不良的影响。对于自慰，我国著名泌尿外科专家吴阶平教授说过："不以好奇去开始，不以发生而懊恼，沉溺在自慰中要有克服的决心，克服以后就不再担心，这样便不会有任何不良后果。"

2. 性罪恶观念

性罪恶观念的产生与我国几千年来封建社会长期的性愚昧和谈"性"色变的保守观念有关系。多数大学生在中小学时期未受到系统的性健康教育，学校、家庭、社会都未能给他们创造消除陈旧性观念的客观条件。所以有些大学生认为出现性的想法是"可耻"的，从而背上不必要的思想包袱。

3. 性幻想

性幻想是把性幻觉作为性兴奋或性欲满足的主要手段，并成为习惯的一种性心理现象，表现在日常学习生活中，经常出现无法摆脱的性幻觉。大学生由于性冲动的压抑而偶尔产生性幻觉是一种正常现象，不过如果过分发展，无疑会以常态开始，以病态告终。

现实生活中遇到性意识困扰的大学生可以求助相关心理专家来摆脱困境，也可以通过学习性生理、心理的有关知识，了解青春期性意识发展规律，这有助于消除对性意识观念的罪恶感、自卑感和种种自我否定的评价，树立科学健康的性意识观念。

（三）真爱需要等待——慎重对待婚前性行为

1994 年，美国青年发表了"真爱需要等待"的宣言——本着真爱需要等待的信念，我愿意对我自己、我的家庭、我的异性朋友、我未来的伴侣及我未来的子女，有一个誓约：保证我的贞洁，一直到我进入婚约那天为止。一向标榜"自由开放"的美国青年如今也倾向于珍视自我，慎重对待婚前性行为，这昭示着美国青年个人生活更加严谨，也是自尊自爱的行为表现。

随着西方文化和生活方式的冲击，传统观念覆盖下的两性关系的帷幕被徐徐拉开，当今大学生涉足婚前性行为的比例逐渐增加，对婚前性行为持较为宽容的态度的比例也有显著增长。与此同时，近年来大学生因发生婚前性行为而出现心理问题的比例正逐年攀升。大学生婚前性行为不利于自身发展，主要有以下原因：

1. 主流文化的制约

社会的主流文化并未对婚前性行为持认同态度，对大学生在大学期间性行为持否定性评价。现在大多数人虽然可以以自然的、科学的、严肃认真的态度来对待性，但总的来说，人们对婚前性行为还远没达到"毫不介意"的地步，"偷食禁果"或被迫失身可能带来的消极影响在一定程度上仍是客观存在的。因此，恋爱中的男生女生，应该理智地爱惜自己的"心"和"身"。

2. 对心理健康的影响

从心理学角度看，婚前性行为给双方带来巨大的心理压力，如恐惧、焦虑、自卑、心理冲突加剧等。受传统观念和“贞操观”的影响，女性在有亲密行为后，对男方的心理依赖增强，希望与对方走向婚姻，担心如果被对方抛弃则无法被他人接受，时常处在自责焦虑之中；而对男性而言，婚前性行为会提高他们的心理优势，对容易到手的东西产生厌倦而不承担由此带来的后果，从而对女性造成更大的心理伤害。

3. 对身体健康的影响

从医学角度看，和谐性行为需要安全、私密、舒适的环境，而大学生的婚前性行为多数在隐蔽状态下进行，常常伴随内心的恐惧、紧张、羞愧感和罪错感，容易引起性反应抑制和性焦虑的产生，导致男性阳痿早泄和心因性性功能障碍；女大学生还可能因意外怀孕而流产，流产对女大学生的心理与身体伤害极大，还可能因此感染各类生殖系统疾病。另外，由于缺乏必要的性传播疾病预防知识，大学生因不安全的婚前性行为所导致的性病患病率也逐年上升。

4. 影响未来婚姻生活

一些研究表明婚前性行为还直接影响婚姻质量，有婚前性行为的人婚姻满意度普遍低于没有婚前性行为者，且有婚前性行为的夫妻离婚的比例大于没有婚前性行为的夫妻。儿童心理学曾做过“延迟满足”的实验，告诉被试者如果选择等待，将能获得更多的奖赏，比如糖果，而即时满足只能获得极少的奖赏。随着年龄的增长，儿童会主动选择延迟满足，对爱情中的性也是如此，恋爱中的大学生只有学会延迟满足，将性和婚姻进行对比和结合起来，才能为将来美满的家庭婚姻生活做好铺垫和打牢基础。

莎士比亚有句名言：“爱和炭相同，烧起来得想办法让它冷却，不然会把心烧焦。”大学不是爱情的终点站，更不是爱情的试验田，恋爱中的大学生，一定要用理智驾驭感情，把握住两性交往的尺度，这样才能真正收获甜蜜的爱情和幸福的人生。

本章小结

（1）正值青春期的男孩女孩，由于生理和心理日渐成熟，对异性产生了好感、爱慕甚或性意识的萌发，渴望与异性接近、相处或交往，这都是青春期发育中正常的爱情心理现象。

（2）爱情本质是潜意识层面的心理需要。

（3）大学生恋爱的内驱动力是受其生理心理发育成熟、从众心理与爱与归属的心理需要因素和社会文化因素的影响。

（4）男性女性择爱标准存在着心理差异。

（5）大学生恋爱过程中，除具有排他性、冲动性、强烈性、直觉性和依存性等一般性特征外，还具有属于自己的特征：浪漫色彩浓厚、求偶标准趋于理性、开放意识和传统观念并存、自控力与耐挫力较弱等。

(6) 大学期间的恋爱会出现诸多问题，如大学时代的爱情是必修课还是选修课？大学生应该学会恋爱心理调适方法。

(7) 爱情心理策略有：爱情萌动期把握好交往的“度”、摆正爱情的位置、加强恋爱道德、培养恋爱责任心、爱是一种能力、自尊自爱、尊重性爱、稳妥打理爱情。

关键术语

交往爱情、爱情心理、从众心理、恋爱心理调适、恋爱动因、择爱标准、心理差异、恋爱道德、恋爱责任心、性罪恶观念

案例分析

案例1 多情的粽子

张文广与高凝芳是同院、同班、同组、同桌的同学。高凝芳是一个天性热情大方的女孩，平时和别人打交道总是大大咧咧的，即使在素不相识的人面前也从来没有其他女生的那种羞涩腼腆。而且她还是个热心肠，特别喜欢帮助别人的人，总是能在别人困难的时候主动伸出援助之手。因此，高凝芳在班里深受同学们喜欢。

这天是端午节，中午的时候高凝芳正在家吃着妈妈包的粽子，突然她想起了张文广——那个品学兼优但家境贫寒，平时生活极其俭朴的外地学生，平时和自己的关系也很“铁”，可以说是自己的“哥们”了，高凝芳觉得他肯定不舍得给自己买个粽子吃，她又想张文广本来就是外地的学生回不了家，这过端午节的连个粽子都吃不上，真是挺凄凉的。她越想越觉得心里不是滋味，一时间，高凝芳的热心肠又被“激活”了，于是她匆匆带上几个粽子回到了学校。

高凝芳料想的没错，张文广果然没有买粽子吃。当她递过去粽子时，发现张文广的眼眸中释放出比感激更“深刻”的含义。

晚餐，张文广美滋滋地品味着高凝芳的五个粽子，仿佛每个粽子上都浮现着一个女孩儿灿烂的笑脸，他暗自得意起来，觉得这一定是她表达爱慕的行动，他现在的苦恼是：到底该不该“倾心”于她呢？

案例2 爱可不可以重来

娇娇家是大城市的，由于父母双方家中女孩少，所以她成了父母和亲戚的心肝宝贝，平时什么都不用她操心，可以说是“衣来伸手、饭来张口”，衣食无忧，像个小公主。娇娇聪明漂亮，性格活泼，身边经常会有很多追求者。雨涵是一个品学兼优，话语不多，但做事踏实、执着的男孩，两个人在众人的羡慕中开始了他们的恋情。

大学四年，有甜蜜，也有矛盾和摩擦。当出现分歧的时候，雨涵总是很体谅娇娇，为她着想，哄着她，让她开心。可娇娇却觉得这是应该的，雨涵就应该围着自己转，所以只要不合自己的心意，就对雨涵大吵大闹，动不动就说分手，雨涵却从来没有放弃过，还是

照样关心爱护她。

就在毕业的前夕，雨涵突然提出分手，说性格相差太大，长痛不如短痛。娇娇却坚决反对，她回想这四年来的点点滴滴，觉得还是雨涵对她是最好的。于是，一个躲躲闪闪不愿意多说，一个穷追不舍，娇娇甚至用自杀的方法，企图挽回雨涵的心，可还是没能成功。娇娇非常懊悔和痛苦，她整天什么都做不下去，什么都不想做，满脑子都是雨涵，只希望他能回到自己的身边。

思考与辩论

（1）人际交往是男性女性之间产生爱情的根源吗？

（2）爱情的本质是什么？

（3）在你所在组织里，选取几批不同年龄段的青年人，进行调查研究，主题为：青年人恋爱动因分析。

（4）如何在爱情萌动期把握好交往的“度”，然后修成正果？

（5）举出一例你熟知的一位大学生的婚恋问题，分析出失败的原因。

（6）请辩论：怎样理解“爱（主动爱与被爱）是一种能力”，你有好的爱情心理策略吗？请与同伴分享。

（7）观看 2014 年 5 月 13 日《等着我》视频，讨论“爱”可以这样表达吗？

参考文献

1. 刘晓新、毕爱萍：《人际交往心理学》，北京：首都师范大学出版社，2003 年。

2. 何国松：《人际关系心理学》，长春：吉林大学出版社，2010 年。

3. 姚亚平：《人际关系语言学》，沈阳：辽宁教育出版社，1988 年。

4. 林崇德：《发展心理学》，北京：人民教育出版社，2006 年。

5. 吴国华：《论知识文化与交际文化》，《教学研究（外语学报）》1989 年第 2 期。

6. 尚会鹏：《心理文化学要义——大规模文明社会比较研究的理论与方法》，北京：北京大学出版社，2013 年。

7. 岑运强：《言语交际语言学》，北京：中国人民大学出版社，2008 年。

8. 孟昭兰：《普通心理学》北京：北京大学出版社，1994 年。

9. 候玉波：《社会心理学》，北京：北京大学出版社，2013 年。

10. 陈明慧：《一本书学会交往礼仪》，北京：光明日报出版社，2011 年。

11. 中国礼仪网，http：//www. welcome. org. cn/renjijiaowang/。

12. 张先亮：《交际文化学》，上海：上海文艺出版社，2003 年。

13. 冀巧英、谷静敏：《人际沟通与礼仪》，北京：对外经济贸易大学出版社，2010 年。

14. 金正昆：《社交礼仪全集》，http：//www. 56. com/w94/album - aid - 7280461. html。

15. 中华励志网，http：//www. zhlzw. com/sj/ly/771282. html。

16. ［奥］弗洛伊德著，罗生译：《性学与爱情心理学》，南昌：百花洲文艺出版社，2009 年。

17. ［美］罗伯特 · J · 斯腾伯格著，李朝旭译：《爱情心理学》，北京：世界图书出版公司，2010 年。

18. 原田玲仁著，郭勇译：《恋爱心理学》，西安：陕西师范大学出版社，2010 年。

19. 杨丹：《人际关系学》，武汉：武汉大学出版社，2010 年。

20. 程星华：《应用语言学》，北京：外文出版社，2008 年。

21. 金正昆：《社交礼仪》，北京：北京大学出版社，2005 年。

22. 王德春、孙汝建等：《社会心理语言学》，上海：上海外语教育出版社，1995 年。

23. 岑运强：《言语交际语言学》，北京：中国人民大学出版社，2008 年。

24. 金正昆：《公关礼仪》，北京：北京大学出版社，2008 年。

25. 黎运汉：《公关语言学》，广州：暨南大学出版社，2010 年。

26. ［美］莎伦 · 布雷姆、罗兰 · 米勒：《爱情心理学》，北京：人民邮电出版社，2010 年。

27. 曾仕强：《人际关系与沟通》，北京：清华大学出版社，2004 年。

28. 张自慧：《人际关系与沟通艺术》，北京：人民美术出版社，2004 年。
29. 人际关系与沟通技巧视频，http：//www. tudou. com/programs/view。
30. 柳青：《有效沟通技巧》，北京：中国社会科学出版社，2006 年。
31. 金正昆：《商务礼仪教程》，北京：中国人民大学出版社，2011 年。
32. 高一虹：《中国社会语言学》，北京：高等教育出版社出版，2010 年。
33. 戴昭铭：《文化语言学导论》，北京：语文出版社，1996 年。
34. 陈雅、丁旻：《公共关系实务》，重庆：重庆大学出版社，2010 年。
35. 中华形象礼仪网，http：//www. cnida. com/。
36. 中国海峡礼仪网，http：//www. fjlyxh. com/。
37. 孙汝建：《社交礼仪》，重庆：重庆大学出版社，2010 年。
38. 德士特・耶格等：《基本人际关系技巧》，成都：四川大学出版社，2003 年。
39. 人际网络营销，http：//baike. haosou. com/doc/6714992 - 6929036. html。
40. 程德华：《人际关系心理学》，沈阳：辽宁大学出版社，2008 年。
41. 姚平：《人际关系学概论》，西安：陕西人民教育出版社，1987 年。
42. 中华礼仪培训网，http：//53842. szpxe. com/。
43. 孙汝建：《口语交际艺术》，武汉：华中科技大学出版社，2013 年。
44. 陈丛耘：《口语交际与人际沟通》，重庆：重庆大学出版社，2010 年。
45. 金良灏：《语言技巧与人际关系》，延吉：延边大学出版社，2011 年。
46. 刘春勇：《普通话口语交际》，北京：北京理工大学出版社，2009 年。